:D **DAVID WEINBERGER**

網路思想先驅
溫柏格
解構資訊爆炸、
知識轉型與
資訊焦慮

資訊
爆炸
之後

TOO BIG
TO KNOW

DAVID
WEINBERGER

RETHINKING KNOWLEDGE
NOW THAT THE FACTS
AREN'T THE FACTS,
EXPERTS ARE
EVERYWHERE, AND THE
SMARTEST PERSON IN
THE ROOM IS THE ROOM

著→溫柏格

譯→王年愷

:D DAVID WEINBERGER

TOO
BIG
TO
KNOW

Rethinking Knowledge Now
That the Facts
Aren't the Facts,
Experts Are Everywhere,
and the Smartest Person
in the Room Is the Room

# 各界好評

一本分析網路時代「知識權威」如何建立的第一手觀察思考報導。當知識的「權威性」已被網路時代重新改造之時,如何來審思「知識」與我們之間的關係?清算「以往知識」的時代來臨了嗎?我想起了啟蒙時代,法國百科全書派對知識重新定義的野心!

—— 李明哲／世新大學新聞學系副教授

本書輕鬆地說明了一個非常重要的概念:知識已經不再被紙本書籍的形式所限制與保存,網路與連結才是知識無窮盡的聖殿。看完這本書你可能不會變聰明,但你一定會知道如何讓你每天使用的網際網路變得更聰明。

—— 李怡志／Yahoo! 奇摩媒體整合服務總監

網路的出現,特別是近年來社群網站的流行,讓各種真偽難辨的訊息四處流散,也讓我們不得不思考知識的傳統定義是否仍然有效。所幸我們看到網路上仍有許多人透過各種方式試圖幫助

網友過濾訊息，各種各樣的實驗手段轉化成一個又一個的創新與商機。這也是身為網路從業人員最令人興奮之處。

—— 施典志／Yahoo! 奇摩亞太區客戶服務營運管理部社群經理

當知識網路化，變得豐饒、開放、相互連結，我們對「知識是什麼」、「知識如何運作」的既存看法就受到強烈挑戰；如何面對挑戰、建立知識的新架構，是網路時代知識工作者的關鍵課題。這本書引領我們發掘問題、剖析現象、釐清脈絡、思考對策。

—— 陳順孝／輔仁大學新聞傳播系副教授、
輔大傳播創新研究中心主任

網路時代的資訊超載，圖書館員、新聞記者、百科全書編輯首當其衝，當資訊中間人消逝，未來的知識體系會更混亂，或更繽紛，本書提供充滿原創洞見的想像，閱讀全書，本身就是一場知識性的歷險。

—— 黃哲斌／新聞工作者

九年前開始寫部落格時，溫柏格跟他的部落格《Joho the Blog》就已經是我學習網路思維的寶庫。很高興能看見他的最新著作中文版，這本書跟多位網路哲學與思想家對話，包括樂觀派的薛基（Clay Shirky）與悲觀派的卡爾（Nicholas Carr）、巴拉

瑞（Eli Pariser），如果都能先看過他們的著作，對於了解本書將更有助益。

——鄭國威／PanSci 泛科學總編輯

幾乎所有人都知道知識就是力量，卻鮮少人留意這個力量重新分配的原因和結果。所有的革命，都源自於此。

——戴季全／TechOrange 流線傳媒創辦人

一部令人驚豔，淵博有深度的著作，講述的是在網際網路的時代裡，「知識」這個概念如何改變。我沒辦法把這本書放下來。它是一部真正的力作，書寫方式亦十足有趣。

——布朗／電腦工程與數位文化科學家，
合著有《資訊的社群生命》與《學習新文化》

溫柏格以這本洞察深刻的書，奠定了他身為數位時代裡主要思想家的地位。如果你想知道活在充斥著資訊的世界裡代表什麼意義，這就是那本你一直尋找的導覽。

——品克／著有《動機，單純的力量》與《未來在等待的人才》

溫柏格用精采絕倫的方式，將資訊過載、回聲室、群眾的智慧等多種爭論，綜合成一個探討網路化知識時代裡，生命與工作

的遠景。

　　——薛基／著有《鄉民都來了》與《下班時間扭轉未來》


　　在網際網路領軍之下，知識現在變得社群化、行動化和公開化。溫柏格讓我們看到如何從中解密出好處來。

　　——貝尼奧夫／salesforce.com 董事長兼執行長，

　　著有暢銷書《我如何在雲端創業》


　　這本書讀起來讓人深受啟發，對那些早已深信改變世界的知識正活躍著，而且既親切又廣為連結的網路化領袖人物來說，更是如此。溫柏格編織出為大眾利益設計網路的遠景，一面警告我們未來潛藏的危機，同時也舉出極佳的範例，讓我們看到這個遠景實際運作是什麼樣貌。

　　——柏格斯／CompanyCommand.com 共同創辦人


　　對宣告資訊過載為末日降臨的文獻來說，這是一本清新解藥。溫柏格勾勒出一個大膽的網際網路組織策略，這個策略具包容性而非排他性、會創造出更有用的資訊、利用各種互聯的科技，也促成機構層級的參與。最後的結果是一個「既是共有地，又是荒原地」的網路，在這樣的網路裡，最刺激的就是互聯的人類可以實現無限種可能性。

　　——費里洛／美國檔案保管員

# 台灣得儘快跟上這些思考

陳穎青

本書作者在第三章提到的故事，言簡意賅地說出了資訊時代和紙本時代的微妙差異。

二〇〇七年，美國溢油防治技術研究所提供兩萬美元獎金，給第一位能將沉在阿拉斯加海底十八年的溢油成功抽出來的人。直接把石油抽出來沒有用，因為當它到達海面的時候，冰冷的阿拉斯加空氣會讓這個石油和水的混合物凝固，使它無法從平底船抽下來。

一位住在伊利諾州的化學家，雖然不太懂石油，但他非常懂水泥，而且他知道只要一直震動，水泥就不會凝固。他的解答得到了獎金。

傳統知識很難處理這種新發生的困難，而用傳統組織，研究院、大學實驗室，也很難快速找出解決方案。

這幾年我們看過聽過愈來愈多這一類傳奇式的「群體智慧」的解決故事，開始覺得這些事不稀奇了，經常發生嘛，世界就是

這樣進入新時代的。但我們極少覺察這新時代到底跟舊時代有什麼不同，大部分時候我們能碰到的感嘆是「數量型」的，資訊爆炸或者訊息過載，我們不堪負荷。

但本書討論的遠遠超過這些問題，這本書討論的是知識產生的結構，知識儲存的方式，知識的認證模型，甚至知識到底怎樣會成為知識，所有這些事情在我們從紙時代，過渡到線上時代的時候，發生了什麼本質性的變化。如何理解變化有哪些，我們應該怎樣應對，已經有哪些人、哪些學術機構採取了行動。

我們幾乎沒有人思考這些，甚至也沒有人注意到有人正在思考這些。

這些事很重要嗎？人家發明好了，實驗好了，我們拿來用就好，網際網路不也是這樣嗎？大家用得也很愉快嘛。

不妨舉個例子好了。我自己的工作經歷裡，偶爾就會碰到圖書館館長，聊一聊就會聊到學術期刊資料庫的問題。圖書館經費有限，但國際期刊資料庫年年漲價，一旦停止續訂，過去曾經訂過的立刻就不存在了。「館藏」的意義已經消失。這不只是經費問題，也包括知識的所有權誰屬（屬於作者嗎？屬於資料庫公司嗎？還是屬於知識圈？或者屬於公共財呢？畢竟大部分研究經費都來自公共預算）和知識存取的效率和知識回饋問題。

美國學界發展出「開放存取」運動，愈來愈多諸如哈佛等大學、學院要求自家的教授必須把所有「發表在非開放存取期刊的

論文」，放進開放存取的資料庫裡面。而我接觸的圖書館員有一半甚至連「開放存取」運動都沒聽過。

學術發展有一個重環節是「站在巨人的肩膀上」，如果學界的論文都封閉在一個一個需要付費才能檢索的資料庫，經費不足的組織就無法進入（這是學術上的貧窮歧視），而學術社群產生的研究成果，卻由商業公司掌控，學術界需要付錢才能看到自己研究的成果，公共經費被扭轉為商業營利（這是資源的雙重損耗，做研究的時候花一次錢，訂購資料庫又花一次錢），這還不包括封閉的資料庫的檢索效率遠遠低於開放資料庫的問題。

而台灣需要關切這種問題，不只是因為公教部門經費有限，更因為「論文積點」。當台灣還在爭執 SCI 指標是否氾濫的時候，美國已經透過線上服務，如 Mendeley 學術社群（mendeley.com），用迥異於傳統影響係數的方式呈現論文的影響力：

「Mendeley 可以讓大家看到科學家覺得哪些論文重要，還可以將影響力細分成不同類別，系統生物學家現在覺得哪些論文重要？氣候科學家呢？演化生物學家呢？」

「在這個環境裡，新的認證和權威形式逐漸產生，社群和權威之間的連結變得更加複雜，權威的地圖也變得更細緻、更混亂。」（見本書第七章）

這就是本書作者的核心命題，當世界從紙本那個「凍結」的形式，轉移到線上世界的時候，並不僅僅是載體有了改變；發表

速度變了，連結性變了，回應速度變了，一個凝固的「作品」的意義變了，過濾和篩選機制變了，影響力的浮現方式變了。傳統權威的影響力正在失去力量，甚至開始跟不上時代了（「現在的影響係數反映的是兩三年前有哪些東西重要。」）。

而應對方式是什麼？怎樣處理沒有經過專家認證，但實用有效的知識呢？怎樣面對沒有篩選的「全部出版」呢？怎樣適應新時代的「可靠性」呢？怎樣對應隨時會更新，不斷有修正的知識呢？

所有這些問題都需要在線上實驗、尋找解答。尤其台灣的學術領域有許多問題，包括論文倚賴、係數積分、研究本地化等，更需要在這個地方找到新時代解決的藥方。

這些都需要有人意識到當前的知識環境已經跟過去完全不同。我們迫切需要儘快跟上這些思考，以便於尋找我們自家問題的解方。

**陳穎青**　老貓，資深出版人，著有《老貓學出版》等書。

# 目　次

早在十七世紀，已有人抱怨我們現在稱為「資訊過載」的現象。長期以來，我們使用刪去法，將過載資訊過濾出需要的知識；而今，在網際網路的時代，過濾的策略不再是刪除，而是將所需資訊過濾到最前面。

為了應付過載的知識，我們為知識設立了由各種停駐點組成的體系。然而，如同近年來，美國聯邦政府在歐巴馬的指示下，將行政機關所有非機密資料公開；這樣把大量事實公開、供人自由使用，便是拆了停駐點上的釘子，使得知識的根基不再像以前那樣不可動搖，也不再有界線。

# 前言

# 知識的危機：當知識的
# 媒介從紙本轉入數位

　　我寫這段話的這天（二○一○年六月二十一日），《紐約時報》頭版的六個標題裡，有三個都能用「知識發生危機！」來當作副標。

　　在這個隨機挑選的日子裡，這個全美國標竿的報紙，頭條新聞是一篇長篇的報導，檢視了英國石油公司那座弄髒墨西哥灣的鑽油井裡，理論上本來不可能失靈的預防漏油機制[1]。文章的五位作者解釋了什麼是「封閉式剪切閘板」（「兩道堅韌的葉片……準備好隨時切斷鑽油孔、封住油井，並解救大家」），這個閘板如何差一點就能運作，以及那天究竟發生什麼事情。文章以生動的筆法，先帶領讀者看機具失靈的時刻，而後再大幅檢視石油產業所宣稱的事情，最後再討論無能的監管機關的內部運作

流程。這篇文章最後的結論相當有爭議：「不可能失靈」的機制看似讓人安心，實際上卻造成一個可怕又危險的「單一失效點」。

這篇文章的主題也許是英國石油的漏油事件，但真正的主旨是：專業知識在化解複雜的問題時有哪些限制。文章試圖解釋，在對於哪些東西會發揮作用所知甚少的情況下，這起事件能怎麼預防：我們創造出來的完美理論，與機械的不完美之處一定有落差，但這差別有多大？我們所知的事情裡，有多少其實只是我們想要相信哪些事情是真的？有哪些既定的偏見，會阻止我們依照所知情況來行事？我們有沒有辦法抵擋那些腐化知識的力量，還是我們應該承認政治和貪婪一定就會讓知識腐敗？

在這篇文章的下面，是一篇對美國作家厄普代克的遺物收藏的初探；這篇文章認為，厄普代克對他小說的背景非常考究，精細到連豐田汽車加盟店的銷售量和佛羅里達州車牌的樣式都斤斤計較。文章點出了許多豐富的細節，說明了這位作家的私人生活：他在世時非常維護他個人的公眾形象（文章裡說，他像是一個「獨居的門禁社區」），卻似乎預備在他死後將一切公諸於世，不僅保留書信，就連當年在哈佛大學小考的成績都有紀錄。從文物中浮現的厄普代克，跟我們印象中認為的厄普代克有相當的落差。舉例來說，他雖然認真維持不太修改稿件的形象，他細心留下來的遺物卻顯示，他會非常仔細地修訂他的手稿[2]。

這篇文章的主角是厄普代克，但是卻提出一個重要的問題：當藝術家不再留下紙本痕跡時，我們又要怎麼理解、認識他們呢？厄普代克收集和保存下來的紙張，讓我們看到他在小說人物的背後，有多依賴各種瑣碎資料的研究；另外，我們也是從厄普代克留下的筆跡裡，看見他那看似信手拈來的詞藻背後，究竟花費了多大的心思。當作家的初稿和筆記消失在不斷流動的位元組裡時，我們又能知道他們的什麼東西？如果沒有這樣的紀錄，我們又何以像《紐約時報》那篇文章裡所說，發現到厄普代克早年的書信幾乎沒有提到韓戰和麥卡錫主義？如果個人資料就跟老舊硬碟上的磁軌一樣脆弱，有些只能從一個人**沒有**提到的事情觀察出來的資訊，我們又要怎麼知道呢？

《紐約時報》這一天頭版的最下方是一篇專題報導，內容是世界盃裡足球球員假裝受傷，來換得自由球的機會[3]。這篇文章說，如果裁判可以取得錄影重播，這種「演戲」的方式就很容易抓到，但這樣子會犧牲足球的流動性和即時性；這種牽涉足球政治和文化的改變，國際足球總會實在不太願意做。

當然，我們可以把這篇解讀為跟體育有關的報導，但這也事關知識在我們的世界裡扮演何等複雜的角色。精確度到底有多重要？若要有更好的判決，我們願意讓專家介入到什麼樣的程度？人類知識的缺陷，又有哪些優點？我們會想讓專家充斥所有有形和無形的場域嗎？專業度是否有代價？如果讓事情有些我們摸不

清楚的模糊地帶，是否又有些好處？

　　這三篇文章事關生活裡三個不同的層面，但都跟知識的論辯有關；我們從大約兩千五百年前開始，覺得區分沒什麼根據的個人想法和有根據的思想會很實用，而這項爭論也從那個時候一直持續到今天。雖然爭論不斷，我們知識體系的基本架構相當清楚。以下這段再次提醒我們（特別是針對成長在數位時代的人），這個體系如何運作：

　　有些人會認真讀書，成為某些領域的專家。他們會取得公認的條件，諸如學位、著作，偶爾甚至可能是諾貝爾獎，讓我們更容易相信他們。他們會寫書、教課、上電視，讓我們都能從他們的辛勞中受惠。他們辛苦工作的成果，會依照內容的種類和重要性，經由適當的審核程序，讓我們更加確信這些說法的精確度。各種發現愈來愈多，再加以證實以後，整體的知識就會增長。我們又繼續將之擴增，參與一個跨越世代的工程，雖然有時候走錯幾步，但仍舊會不斷推展我們對世界的認知。知識是一種財寶，認知也是人類獨有的一種活動，而知識體系是一個基礎，讓我們希望有一天，也許大家都能達成協議、和平共處。

　　我們長大到現在，一直都覺得知識就是這樣子運作的。但是，數位時代也已經揭露，這是知識還是以紙本為媒介時的運作方式。如果我們發展、保存和溝通知識的媒介改變了，知識也會跟著改變。

在這三篇《紐約時報》的頭版報導裡，我們已經可以發現一些端倪，挑戰了我們對「知識是什麼」及「知識如何運作」的根本想法：

英國石油鑽油井漏油的三個月裡，漏油的畫面可以在任何一個嵌入影片連結的網站上即時看到，周圍更會有網站主人認為有助於理解漏油事件的文字和連結。倘若有人想一邊吃早餐一邊自行成為專家，《紐約時報》那篇報導的線上版本就有連結到它的資料來源，當中包括「先前未曾公布的產業危機管理人員筆記」[4]。每一位部落客都是一名廣播人士，每一位讀者都是一位編輯。

一如該篇文章所說，厄普代克的文物「可能是最後一個大型的紙本遺跡」，而每一位會使用文字處理軟體的讀者（或是，換成我們現在所說的，「會寫東西的讀者」）都會知道，以前我們留下的確切紙本遺跡，跟現在的數位塵埃比起來，差別有多大：現在的數位資料鐵定更為龐大，但也更有可能因為硬碟故障，或是在儲存媒體從軟碟片轉換成 CD 片轉換成 DVD 片轉換成藍光光碟轉換成⋯⋯的時候，就煙消雲散了。像厄普代克那樣的紙本文物收藏，現在看起來非常古色古香：數量、大小都能一手掌握，而且完全控制在操控者的手中。哪一天要是有人必須爬梳我們散布在硬碟裡的草稿，或是散落在臉書頁面的照片時，他們又能從中知道哪些事情呢？

每位觀看世界盃足球賽的觀眾都能看到裁判看不到的重播畫面；比起球場上專業裁判的決定，球迷之間在線上的討論反而更有確切證據，也更加知性。

知識所面臨的危機，遠高過某一天早報的頭版新聞所提出的問題，也比讀者與編輯、作家與替作家立傳的傳記作者、觀賽者與裁判之間日益模糊的界線還要更龐雜。許多與知識有關的問題正衝擊著我們最重要的典章制度，而我們卻以為這些問題早就已經解決，就跟我們認為這些典章制度本身堅不可摧一樣：

　　許多大學都在爭論，是否應該規定教授在網路上公開他們的研究成果，而不是刊登在地位崇高但昂貴的期刊上。另外，如果一位教授積極參與線上及社群媒體討論，足以形塑他所屬的學門，就算他在經過審查的期刊上著作量不足，是否仍然應該給他終身職？

　　圖書館館員苦思未來他們所屬機構應該要有什麼樣的遠景，不僅要爭辯新的資料檢索方式有何優缺，更要思考「群眾」的知識，與那些有專業資格的人士的意見，要如何取得平衡。

　　大型顧問公司曾經要負責交出光鮮亮麗又具有決斷性的報告；現在轉而讓客戶與專家組成的網路取得聯繫，而這些專家彼此之間往往有許多不同的意見。

面對全球化世界永遠無法窮盡的資訊，企業領袖現在紛紛嘗試使用去中央化的決策過程，以善加利用他們遍布全球的網路上的各種人才，並以大型網路合作計畫（如維基百科）的分散式領導架構為模範。

　　美國情報單位和國務院卡在內部爭論之中，爭論的雙方分別擁護老舊的「需要知道」的文化，與新的「需要分享」的心態。美國政府的行政部門正苦思，究竟該讓美國公民知道多少資訊，以及哪些資訊。

　　各個科學學門一方面因為業餘人士的努力而更加豐碩，另一方面卻又要對這些業餘人士捍衛自己的可靠性；這些業餘人士不但可以取得跟專業人士一樣的資料，有時更是派系極度分明，不肯讓步。就算是聲望崇高的科學家，也開始覺得傳統期刊反而是知識系統裡的阻礙，因為期刊收到那麼多值得刊登的文章，真的可以刊登出來的卻少之又少。學術聲望在金字塔頂端的《自然》期刊，就自行創立了一個網站，刊登的文章沒有頁數長度限制，才能與那些聲望與重要性快速增長的新世代開放式期刊競爭。

　　至於各種傳播媒體，面對一個沒有編輯，又認為傳統媒體自恃甚高又有偏見的網際網路，它們總是一直不停討論應該要怎麼辦。

從最壞的情況來看，這種知識危機顯現於一大堆被認為顯而易見的恐懼之中：網際網路是一團沒有編輯過的謠言、八卦和謊言。它會讓我們分心，代表的是內省、長篇思考的末日。我們的孩子不再讀書了；最起碼他們不再看報紙了。任何一個人只要有某個愚蠢的想法，都有辦法跟受過教育訓練的人說一樣大聲的話。我們會在線上形成只讓同一種聲音一直迴盪的「回聲室」，比起廣播時代而言，我們的思考反而更少受到挑戰。Google 正在侵蝕我們的記憶。Google 讓我們變笨。網際網路喜歡有如各種宗教流派的狂熱業餘人士，會讓專業人士沒飯吃。網際網路代表《格列佛遊記》裡粗鄙的「犽猢人」的興起、抄襲份子的勝出、文化的終結、黑暗時代的來臨，未來這個黑暗時代只會有眼神呆滯的自慰狂，他們用點「讚」的次數來評斷真理，用觀看次數來判別智慧，更只會把最有趣的東西當成知識來看待。

不過，在此同時，一些像 Politifact.com 的網站卻用前所未有的縝密和公開程度，檢視各個新聞媒體；另外，《紐約時報》的一位記者坎特也說，她知道她寫的每一個字都會有部落客詳加確認，這讓她的工作品質更好[5]。圖書館開闢新的疆界，使用所有可以取得的資料（包括讀者提供的資料），讓讀者以前所未有的方式更容易找到、理解他們所需的資源。科學也以史無前例的速度快速進展，這一切有賴新的合作技術，以及新的方式發表大量資料，並從中梳出各種模式和推論。企業現在處在一個打破所有

預言的時代，他們的因應之道就是四處在企業組織和廣大利益相關者之中，找尋各種專長。

　　所以，我們處在知識的危機中，同時也處在知識高漲的時代裡。我們會替我們向來賴以提供可靠知識的制度和機構感到擔憂，但同時我們也會在我們的文化裡感受到一股喜悅在脈動。這種喜悅來自不同的地方：這種喜悅來自**知識的網路化**。知識現在不只活在圖書館、博物館和學術期刊裡，也不只活在每一個人的頭腦裡。我們的頭腦、制度和機構根本不夠大，沒辦法承載知識的整體。知識現在隸屬於整個網路，網路讓企業、政府、媒體、博物館、有管理的收藏，和大家的頭腦得以互相溝通。

　　「知識隸屬於網路」這一回事，不只是說明「群眾在特定的狀況下具有某種智慧」而已；如我們以下所見，這也不代表在某些狀況下，一個團體會比最聰明的成員還要聰明。這表示的其實是知識結構的改變，正在改變知識本身的樣貌和性質。當知識變得網路化，房間裡最聰明的人不再是站在最前面對我們說教的那個人，也不是房間內所有人的整體智慧。房間裡最聰明的人是房間本身：亦即把房間裡的人和想法連結起來，並將之與房間外產生連結的網路。這並不是說網路成為一個具有意識的超級頭腦，而是說知識逐漸變得跟啟發知識的網路無法分離（事實上，可以說沒有網路，就無法想像有「知識」這回事）。我們的工作是要學習怎麼建造智慧房間，亦即如何打造讓我們更加聰明的網路，

特別是因為當建造的工作做得不好時，網路反而會讓我們更笨、更懊惱。

　　新的認知方法現在才正要顯現出來。雖然我們不知道它成熟時會如何，有些層面卻已經成形了。網路化的知識比較不確定，但更加人性；比較沒有塵埃落定，但更加透明；比較不那麼可靠，但包容更多的看法；比較不一致，但豐富許多。網路化的知識感覺起來比較自然，因為老舊的知識理想一直都不夠真實，雖然我們一直到了文化被網路連結起來後才學會承認這件事。

　　這本書會經由一條特定的道路，走過一片大到不可能走得完的領域。這樣倒也貼切，因為這種新的知識躍升和改變的核心，是認清一個我們向來都知道，但以紙本為主的知識體系根本無法接受的根本事實：世界太大了，根本沒辦法窮盡一切知識。

# 第一章

# 知識過載

## 三角化的知識

　　組織理論權威艾可夫以會長的身分，在一九八八年向國際一般系統研究學會演說時，畫了一個金字塔；從那時以後，每個小時可能都有人在世界某處的白板上重畫這個金字塔[1]。三角形下面最大的那一層代表「資料」，上面愈來愈小的階層分別代表「資訊」、「知識」、「理解」和「智慧」。這個圖案在視覺上完全合理：世界上當然有很多的資料，可是智慧卻少之又少。最下面的那層從單純的「〇」與「一」開始，而上面每個階層分別從下方的那一層得出若干價值來，一路從這些「〇」與「一」代表什麼、表示什麼意思、表示什麼道理，到頂端則是看出它們提供什麼樣的真知灼見。

　　艾可夫不是第一個提出「資料－資訊－知識－智慧」（DIKW）階級架構的人。捷克管理系統學者瑟蘭尼在前一年的

一篇文章裡就提到類似的概念，而愛爾蘭工程師庫立又在一篇比這稍早的文章裡提出大致相同的概念。事實上，在一九八二年的時候，美國教育家克里夫蘭不僅在《未來人》的一篇文章裡描述了這個階級，還指出這個階級架構最早的版本[2]：

> 我們在活著之中失去的生命在哪裡？
> 我們在知識裡失去的智慧在哪裡？
> 我們在資訊裡失去的知識在哪裡？

這幾句出自美國詩人艾略特在一九三四年寫的〈岩石〉一詩。這個概念下次出現時，又比所有與此主題相關的商業文章和書籍來得早；這個概念再次出現，是在美國搖滾歌手法蘭克·砸帕一九七九年唱的〈帕卡德鵝〉這首歌裡[3]。

當然，沒有人會認為這些思想家抄襲艾略特，更別說法蘭克·砸帕。這種想法似乎遲早一定會有人提出來的。想像你身在一九五五年（比艾略特的詩晚許多，但比法蘭克·砸帕的歌詞早許多），負責的是你公司的資料處理中心；你正在看 IBM 的專家安裝一九五〇年代最熱門的企業用電腦，IBM 650[4]。由於全世界只有七十五台這種機器，你正走在科技最尖端。IBM 650 有最先進的打孔卡讀取技術，每分鐘可以執行七萬八千次加減運算。你在二〇一一年買的家用電腦每分鐘大概可以執行三千億次加減

運算，可是在當時，IBM 650 的運算能力要價不菲：你的公司買這台機器要花五十萬美元，相當於二〇一一年的四百萬美元[5]。這台機器有自己的專屬房間、專屬的維護團隊，團隊甚至還有專屬的衣著打扮：請穿白色實驗衣。不過，這是一台強悍的機器，你也會得到相當高的回報：它能協助你處理員工薪資、計算預估銷售量、管理人力資源資料庫等等。

公司主管造訪你的資料中心，看到那千百萬張的打孔卡而感到讚嘆時，你會習慣性地搬出一套固定說詞。你會很有耐心地解釋，這些只是資料而已。這些資料本身並沒有價值。可是，資料處理過了之後，你就會得到**資訊**。資訊之於資料，有如美酒之於葡萄園，亦即美味可口的濃縮萃取物。一九五五年的時候，那些快速堆積，似乎永無止境的資料所代表的價值，就是資訊。

此後又經過了三十年。你和全世界一樣，把一車又一車的資料萃取成為資訊。現在你的資訊滿載了，就跟當年資料滿載的情況一樣，你又有相同的問題：你花了很多錢來蒐集這些資訊，但它們的價值是什麼？資訊已經成為問題，不再是解答。所以，你把資料處理成資訊所投資的成本，又要用什麼理由來合理化呢？就跟你合理化對資料的投資一樣：你把資料萃取成為資訊，然後又把這些資訊萃取成為一個價值更高的東西。你總要給它一個名稱吧！把它叫作「知識」如何？知識管理產業於是在一九九〇年代初期和中期飛黃騰達，因為它宣稱能幫助企業辨別、分享所產

出的價值最高的資訊。

　　當然，若要讓知識看起來是資訊的產物，你就得大幅重新定義「知識」。對艾可夫而言，知識是讓「資訊轉為指令[6]」的認知內容，像是「知道一個系統如何運作，或是讓它以某種想要的方式來運作。[7]」受艾可夫指導的美國管理學大師華爾特就認為，資訊是有結構的資料，而知識是「可用來運作的資訊」。舉例來說，當你決定今天要穿上毛線衣的時候，資訊就變成知識了[8]。比艾可夫早幾年提出同樣觀點的瑟蘭尼也認為，知識就像是一道把資訊變成麵包的食譜，而資料就像是組成麵粉和酵母的原子[9]。

　　好吧。但是，當詩人艾略特寫下「我們在資訊裡失去的知識在哪裡？」這句話時，他所想的知識可不是「可用來運作的資訊」。科學家和研究人員發現的知識也不是一道食譜；事實上，它根本連資訊都不是（如果用資訊現在的定義，視之為「一大團彼此不相關的事實」的話）。在艾可夫的金字塔之前，當我們最初想到「知識」這個概念的時候，我們和其他動物最重要的區別，就是我們有能力認識我們的世界。我們身為人類，就要實現這一點，而這也是我們的命運。知識本身可以組合起來，成為一個完美又有秩序的整體。也因此，數千年以來，西方一直都認為知識是一個最完美的事物；事實上，我們在認識這個世界的過程中，就是在想辦法在我們身而為人的限制之下，試圖用神自己的方式來理解祂的造物；認識這個世界，就像是用讀書的方法來

閱讀這個世界，而這個世界也正是一本由神所寫的書，裡面解釋了祂如何把世界組合起來的過程。達爾文在一艘小船上航行了五年、伽利略違抗教宗、居禮夫人用手處理輻射物質，都是在追求「知識」這個人類最崇高的目標。這是「知識」在我們文化中的定義；但相較之下，若把一個憑空創造出來的金字塔中的一層，把「知識」扒光到只剩下最無趣、最功利的功用，跟這個定義幾乎沒什麼關係。

雖然如此，DIKW 金字塔在說明我們對知識的想法時，倒是有一件事情說得非常正確。面對一個遠遠超出我們大腦容量的世界，我們最基本的認知策略就是將之過濾、裁剪、用各種方法縮小，成為一個更能處理的樣子。我們有辦法控制這個狂流的水柱，因為我們減少了水流量。我們藉由一套繁複的編輯過濾系統，把大多數書寫作品擋下來，不讓它們出版；又藉由一套繁複的管理過濾系統，把大多數出版的作品擋下來，不讓它們出現在各地的圖書館和書店裡；還藉由一套繁複的專業過濾系統，讓大多數人不必知道有哪些東西通過其他的過濾系統。「知識」這個工作，一直都在減少我們所需要知道的東西。

資訊時代採用這樣的策略，並且一直遵照這個策略來運作。我們建造了電腦，這些電腦所使用的資料庫只會收錄最少量的有用資訊，而且也只會依照預先訂定好的分類方式來收錄：姓、名、身分證字號、出生年月日……。無論它們收錄十項分類，或

是一千項分類，我們的資訊系統之所以能運作，就是因為它們積極地排除幾乎所有的項目。

　　就連「知識」這個概念，一開始也是一種去除各種宣稱的方法。在古代的雅典，與城邦有關的事務可以由任何一位公民在公開場合下辯論──只要這位公民是四萬名完成軍事訓練的男性之一[10]。各種意見都會表達出來，好比是否要發動戰爭，或者是否該宣判一個人觸犯了政治罪名；但這些意見之中，只有一些值得讓人相信。哲學家看到這當中的差別，並把值得相信的信念提升到另一個層次。柏拉圖替我們下了這樣的定義：在所有公開表示的意見裡，可以被稱為「知識」的子集，不僅必須要是表達事實的意見，而且也要因為合理的原因而讓人信服。後面這點之所以有必要，是因為有些人的意見只是湊巧表達事實而已：如果你認為蘇格拉底之所以沒有腐化年輕人，是因為他穿袍子的方式，你的意見表達了事實，但並不代表這是知識。剛好猜中的猜想和臆測也不是知識。知識非常重要，要用來決定國家的政策，還要用來理解我們是誰，世界又是如何運作，也因此標準必須設得很高。最後留下來的是我們可以憑靠、擴增、值得保留和珍惜的信念。這大略就是柏拉圖、艾略特，和我們至今提到「知識」的時候，所表示的一般意義。

　　我們之所以成為主宰這個星球的物種，就是因為我們創造出來的繁複過濾系統相當成功。但我們也付出了一個潛藏的代價：

我們把標準放得太高了，有時候反而排除了一些其實值得好好考慮的想法，而且一旦假的信念被這些系統接受了，就算發現是假的也很難去除。有太多可以知道的東西，但我們偏偏就是沒那麼多空間；我們的科學期刊和雜誌只能登出那麼多的文章，圖書館也只能容納那麼多的書而已。真正的限制不是我們每個人大腦的容量，而是我們用來擴充大腦局限的媒介。紙本為主的工具讓我們可以寫下事情，可是紙張既昂貴又占空間。就算我們有了容量好幾百萬倍的電腦（你的家用電腦的記憶容量可能是 IBM 650 的三十多萬倍[11]），知識很難從紙張轉換過去，在桌上型電腦上也難以使用。

現在，如果你想要知道某件事，你會上網。如果你想要讓你所學的事情廣為人知，你會上網。紙張還會跟隨我們很久，可是當下的驅動力很明顯是在隨時連線的新數位媒體上。但這不只是把紙本上的方塊字轉變為用螢幕顯示的方塊字而已。改變我們最古老、最根本的認知策略的，是知識的連結方式，也就是網路化。我們不再使用刪去法，把知識減量到可以放進圖書館或科學期刊裡，而是改用全包的方式，把每種想法的各種形式用廣泛、鬆散連結的網路收納起來。這也表示知識不再是以前的樣子：對科學來說不是，對商業來說不是，對教育來說不是，對政府來說不是，對你和我都不是。

## 資訊過載的生活模式

資訊過載也不是以前的樣子。

美國未來學家托夫勒在一九七〇年的《未來衝擊》一書裡，把「資訊過載」的概念引介給一般大眾[12]。他把資訊過載當成是感官過載的衍生[13]：當環境向我們丟出太多感官刺激時（比方說，像是在迷幻搖滾樂團死之華的演唱會上，不但有炫目的聲光效果，還有上千炷薰香混合的味道），我們的大腦可能會混亂，使得「迷幻與現實之間的界線模糊」[14]。但是，如果我們比單純的感官刺激再往上一層，讓我們可憐的大腦被資訊塞滿呢？

托夫勒指出相關的研究，認為太多資訊會影響我們的思考能力。如果太多資訊碎塊傳到我們的腦細胞裡，我們有可能會超出自己的「通道容量」——這個名詞更是直接從資訊科學挪用過來的。托夫勒寫道：「當個體陷入一個變化快速又不規則的情境，或是一個充滿新事物的環境時……他的預測準確度會大幅下降。他不再能做出合理的正確判斷，而理性的行為又必須依附這些判斷才能存在。[15]」「因此，正常的神智本身需要」我們避免讓資訊過載[16]。一個名詞、一種恐懼和一本暢銷書，於焉誕生。

行銷人士很快就得知這種想法；他們擔心，消費者若是得到太多資訊，反而會覺得困惑。但是，什麼樣子才叫「太多資訊」呢？在一項一九七四年進行的研究裡，一百九十二位「家庭主

婦」取得十六種不同品牌的十六項不同特性。這些資訊本身也簡化變成二元分法；舉例來說，這些家庭主婦不知道產品的熱量有多少大卡，只知道是「高熱量」或「低熱量」[17]。不過，就算在這種簡化的情況下，這也讓她們的資訊過載，讓她們做出不妥善的採購決定。行銷人士於是告訴自己，他們嚴密控制販售商所提供的資訊，其實是為了保護消費者的理性思考能力。

這項研究一看就知道是一個比較單純的年代的遺物。光是比較十六種不同營養標示的熱量就會造成資訊過載？我們那時的資訊處理狀態一定非常脆弱才是。

資訊過載所造成的心理症狀後來又被人重新命名，而且重新命名的目的往往只是要推銷某本書而已。我們聽過「資訊焦慮」、「資訊倦怠症候群」、「分析麻痺」等名詞，而造成這些讓人耗弱的疾病的，是「資料迷霧」、「資訊貪食症」、「資訊海嘯」等等。我們快要被淹沒了。沃爾曼在一九八九年出版的《資訊焦慮》一書裡，就整理了許多驚人的事實，藉以支持他的論點；這些事實包括：「每天全世界大約有一千本書出版」[18]，以及「每年在美國大約有九千六百本不同的期刊雜誌出版」[19]。

我們現在面對這樣的「危險」只會一笑置之。二○○九年時，Technorati.com 網站就追蹤了超過一億三千三百萬個部落格；在這些部落格之中，每天光是被人**拋棄**的就超過九千六百個了。網際網路現在有超過一兆個網頁，遠比任何人所預測的來得大上

許多。事實上，根據加州大學聖地牙哥分校兩位研究人員的說法，美國人在二〇〇八年一年內總共使用了三·六ZB的資訊[20]。

ZB（Zettabyte）是啥？

這個數字實在太龐大了，我們光是要了解它有多大，就得自己做些研究。幸好，我們現在有網際網路可以替我們解答，所以我們只要把 zettabyte 打進常用的搜尋引擎裡，就會發現這個單位等於十垓位元組[21]。

「十垓」又是啥？

只好再 Google 一次了。十垓等於一〇〇〇〇〇〇〇〇〇〇〇〇〇〇〇〇〇〇〇〇〇個位元組，也就是十的二十一次方。這樣清楚了嗎？

還是不清楚？那換個方式吧：在 Kindle 電子書閱讀器上，電子版的《戰爭與和平》大約占用二 MB 多一點點的空間。因此，一 ZB 就等於五乘十的十四次方本《戰爭與和平》。當然，我們現在就要想一下「五乘十的十四次方本《戰爭與和平》」看起來會是什麼樣子。假設每本《戰爭與和平》厚約十五公分；這樣它們疊起來會超過七百五十六億公里高。若要理解這個數字，我們可以指出，若要從第一本的封面走到最後一本的封底，光必須花上二·九天——當然，這得先排除這個重達兩千兩百六十七億公噸（假設每本大約半公斤重）的物體重力所造成的相對吸引力。或是，再換句話說，如果我們把這部小說對半分成兩份，《戰

爭》就會長達八趟太陽到冥王星的距離，《和平》又會是八趟。

我們渺小的靈長類腦袋根本沒辦法掌握這種等級的數字。可是，我們眼見知識正在改變；就算我們不知道一 ZB 有多長或多重，或是每天省下一塊錢到底能省下多少，也能察覺到這種改變不只是因為資訊大量增加所造成的。這背後一定有別的因素。

畢竟，我們從很久以前就開始抱怨現在稱作「資訊過載」的現象了。早在一六八五年時，法國學者貝耶就寫道：「我們有理由恐懼，每日以龐大數量不斷增長的書籍，會讓未來的幾世紀陷入一個野蠻的情況，就像是羅馬帝國滅亡後的數世紀一樣。[22]」頗讓人欣慰的是，「資訊會讓文明殞落」的想法，本身就已經經歷過好幾個殞落的文明了。

貝耶不是異類。一七五五年時，編寫第一本現代百科全書的法國哲學家狄德羅也做出以下的推論：「只要時間不斷流逝，書籍的數量就會不斷增長」，因此「我們可以推論，終有一日，若要從書中學習任何一項知識，就會跟直接觀察整個宇宙一樣困難。[23]」擔心自己會被精裝書海淹沒的，不只有法國人而已。一六八〇年時，德國哲學家萊布尼茲也寫下自己對「不斷增長的可怕書堆」[24]的恐懼，這個書堆終有一日會讓他找不到任何一樣東西。當然，這種恐懼沒有阻止他把自己的艱澀作品加進這個書堆裡。這種恐懼向來沒辦法阻止人這麼做。

假如我們想要的話，我們還可以再向前追溯。出生於公元前

四年的羅馬哲學家塞內卡就寫道：「擁有無數本書和收藏，但擁有者畢生根本沒辦法讀完，這樣到底有什麼意義呢？這樣一堆書完全沒有指導到學生，反而是一種累贅。[25]」一六四二年時，捷克教育家夸美紐斯也抱怨「書籍已經變得太普及……就連普通的鄉巴佬，甚至是女人都很熟悉書的樣貌。[26]」

當然，這樣的聲音，我們現在聽起來會覺得是無病呻吟。這些人不過是臉貼在地上，被地上的一灘死水淹沒罷了。在我們的時代裡，資訊過載早已突破所有的可怕預測；上述加州大學聖地牙哥分校三・六 ZB 的研究，就比早它兩年的另一項研究所推得的〇・三 ZB 高出許多[27]。〇・三 ZB 與三・六 ZB 之間的差別，是地球上所有沙子的數量的十倍──不過，這些研究大概只能看出彼此測量資訊的方式差得多遠而已。

這一切都無關緊要。不論《戰爭與和平》排得有多長，或是你的立意有多麼良善，你今年暑假八成連一本都看不完。就算這個書架一路延伸到冥王星，再繞回來十五次，都一樣沒差。過載的過載，還是只是過載而已。你在三公尺深的水中淹死，跟你在十的二十一次方公尺（一百萬兆公里）深的水裡淹死，有差嗎？

不過，有件奇特的事情發生了。雖然資訊的數量早就已經過載好幾回了，這並沒有讓我們的「資訊焦慮」、「資訊地震」，或「資訊驚恐症」的症狀加深。資訊過載儼然成為另一種問題了。據托夫勒所言（《未來衝擊》出版後三十年亦是如此），

「資訊過載」是一種個人經歷的心理症狀，會讓人覺得困惑、不合理和失落。不過，我們現在談到「資訊過載」時，通常不會當它是心理症狀，而是把它當成一種文化狀態來看待。讓我們感到輾轉難眠的，不是說這些資訊會讓我們發瘋，而是我們害怕自己得到的資訊還不夠多。

於是，我們快速發展出一套技術來幫助我們。這些技術分成兩類：運算式和社群式；不過我們現有的大部分工具其實綜合了這兩類。運算式工具利用電腦的龐大記憶容量和處理能力，操弄不斷流動的資料雲來找出答案。社群式工具把我們朋友的選擇當成指引，來協助我們找到有意思的東西。

這些技術還會繼續演進。這本書並不會專注在技術層面上。我們會改問另一個更根本的問題：這種新的過載形式，如何影響我們最基本的策略，也就是用刪去法得到知識？

## 過濾到最前面

如果我們一直都有資訊過載的情形，我們以前又是怎麼熬過來的呢？網路學者薛基說：「這不是資訊過載。這是過濾失敗。[28]」如果我們覺得快被資訊淹沒，這其實表示我們的過濾系統沒在運作。解決之道是修好過濾器，而薛基也指出我們發展出來的先進工具，特別是仰賴社群網路集體判斷的社群過濾器。

薛基談到過濾失敗這件事，是為了要讓我們關注到新與舊之間的銜接，並為這個已經燃燒過熱的議題帶來一個舒緩的見解：我們不該為了資訊過載一事驚慌過頭，因為我們一直以來都處在過載的狀態，只是方式可能不一樣。但是當我問他這件事的時候，薛基毫無遲疑就回答，新的過濾方式其實會造成干擾，特別是碰到知識權威性的時候。舊有的制度和機構，如報紙、百科全書和教科書之所以具有權威性，很大一部分是因為它們會替一般人過濾資訊。如果我們以社群網路為過濾器，那麼權威性也從遙遠辦公室裡的專家，轉移到我們熟知、喜歡和尊崇的人所組成的網路上面。

　　雖然我同意薛基所說的，但我認為新舊過濾器之間還有另一個（也是更重要的）差別。

　　如果你是當地圖書館的採購委員之一，就要負責在每年的出版品洪流裡，挑選那少數幾本需要採購的書。因為有你，以及你所參考的專家資訊（如預先評論即將上市出版品的期刊雜誌），圖書館的使用者不會看到那些沒有被挑中的奇怪食譜和乏善可陳的個人回憶錄，就像是報紙的讀者不會看到那些用蠟筆寫出來的奇怪讀者投書。但很多決定比這困難許多。就算你有足夠的預算，你也沒有空間擺放每一本值得買下的書。這就是傳統實體過濾器的運作方法：它們會把一堆東西分成兩堆或更多堆東西，彼此區隔開來。

不過，線上世界的新過濾器，區隔的是滑鼠的點擊次數，而不是內容本身。沒有通過數位過濾器的殘渣，距離你的滑鼠點擊次數仍然不變，但通過過濾器的內容，現在卻只有一個點擊之遙。舉例來說，當《巴爾的摩科學觀察者》的史碧蘿在部落格上貼出〈你絕不該錯過的八個播客節目[29]〉時，她會把這八個播客節目的連結放在部落格上，只要滑鼠點一下就能連上。不過，那幾萬個沒有通過她的過濾器的科學播客節目，依舊在網路上供人存取。你也許得點上十幾下，才會找到布林斯歐德的「認知科學可以撐過超計算的時代嗎？」這個史碧蘿沒有點名的播客，但你仍然可以存取它，一如你沒辦法取得圖書館員或書籍出版商退回的手稿那樣。就算你用 Google 搜尋之後，布林斯歐德的文章是第一百萬個結果，但另一種搜尋方式也許會讓它的排名向前竄升，而且你也很有可能在朋友的電子郵件裡，或是在別人的十大排名裡找到這個連結。

過濾器不再排除東西了。它們會把東西**向前**過濾，把結果向前帶。沒有通過過濾器的東西，仍然處在背景裡，而且依然能夠存取。

比較一下你當地圖書館的藏書策略。二〇〇八年時，總共有二十七萬五千兩百三十二本書在美國出版；這個數字是一九〇〇年的三十倍[30]。但是，在這一百一十年當中，你當地的圖書館不太可能變得好幾百倍大，好容納得下這個成長曲線。圖書館採用

的是唯一一種實際可行的策略，亦即每年忽略的書籍比例愈來愈高。你的城市所採用的過濾器，讓你看不到書籍為主的知識成長幅度有多巨大。正因如此，圖書館使用者所感受到的整體知識，比不上真正的整體知識的成長速度。但在網路上，就算我們提出很簡單的問題，搜尋引擎提供的結果都比我們當地圖書館的全部藏書量還要多。我們看到的每一個連結，都會連向另一組連結，從我們的立足點開始呈現多重指數型的成長，有如瀑布的洪流一般。光是「資訊過載」一詞，Google 就會列出超過三百萬個搜尋結果 [31]。

一直以來，可以知道的事情都太多了，只是現在不論我們身在何處，都會發現這個事實。現在，我們**知道**可以知道的事情遠比我們能知道的還要多。這點就會造成以下的結果。

首先，讓人覺得顯而易見、無法忽視的是，我們老舊的制度和機構實在承擔不了這件事，因為這件事本身實在是太巨大了：如果要過濾網路的上兆個網頁，你圖書館的採購委員會要有多少個人才夠？我們需要的新過濾技術，不再只是用一個小小的濾網過濾資訊汪洋。目前最成功的技術都使用某種社群過濾功能，利用社群網路所做出的直接或間接決定，為我們指出最有用或最值得一看的東西。這些技術包括臉書最簡單的按「讚」（或 Google 的「+1」按鈕），讓你知道你的朋友推薦哪些東西，以及 Bing 搜尋引擎根據你的臉書資訊所提供的個人化搜尋結果，

還有亞馬遜網站的複雜運算方式，從所有使用者的行為裡找出特定模式，再看你在該網站的行為又跟哪些模式相符。

第二，我們每次上網碰到的豐饒資訊，讓我們知道不論過濾器再怎麼新穎或社群化，都無法給我們所有所需的知識。好東西實在是太多了。

第三，壞東西也實在是太多了。我們現在看得到，再怎麼白痴的念頭都會被人認真看待，再怎麼認真的念頭也會被人白痴化。當然，要從這點得出什麼樣的心得是我們自己的事，可是看到傳統權威失去掌控能力，新的工具和權威單位又還沒取而代之，實在不免感到有些絕望。網路也許沒有讓你我變笨，但看起來它讓許多其他人變笨了。

第四，我們看得到（或至少會因為各種因素而這樣猜測）所有的想法在網路上一定都有人反對。沒有事情可以讓**所有人**都同意（就算同意的人占絕對多數），除了一些不太有意思的小事之外。永久無法取得共識這件事，就跟資訊過載一樣，是我們所處環境的一件事實。我們也可以得到另一個結論：就算是我們最堅信的想法，也會有爭辯的空間，不過目前有證據（下文會再詳述）顯示，網路有可能會讓我們更加堅定自己的立場。

第五，「網路會向前過濾」這件事，會造成一個奇特的結果。以前的圖書館採購委員會都是關起門來做事的。最後會公開出來的結果只有架上的書而已，除非偶有爭議讓過濾制度本身受

到公眾關注：為什麼西班牙文的書那麼少，為什麼那麼多傳記都是男性人物的傳記？在網路上，新的過濾器本身就是內容的一部分。從最基本的層次來看，新的過濾器就是連結。連結不僅在網路上看得見，它們更是重要的資訊片段。Google 排序搜尋結果的方式，主要是看哪些人連結到哪些東西去。部落客連結到的內容，有助於定義這位部落客。過濾器本身就是內容。

第六，過濾器是特別關鍵的內容。過濾器添加的資訊（像是「如果你的研究主題是超計算與認知科學，這些是重要的網頁」），本身就可以公開存取，也可能會跟其他網頁和過濾器混在一起。新的「向前過濾」所造成的結果，是一個不斷變得更聰明的網路，有愈來愈多指引人的環節，讓我們可以找到方向，並理解我們所找到的東西。

所以，過濾器本身已經徹底翻轉。過濾器不會再減少資訊，把沒有通過的東西隱藏起來，而是會增加資訊，讓我們看到整個海洋有多深。就連處理資訊過載的工具都讓我們看到，就算再怎麼盡力，總是還有可以知道的東西。我們已經沒辦法躲過資訊過載這件事了。


## 新的知識制度

我們現在面臨（而且也逃不掉）的事實，就是世界大到我們

無法知道全部。就整個物種來說，我們也在改變以適應這件事。我們傳統以知識為主的制度和機構開始嘗試踏出第一步，知識也逐漸展現出新的樣貌：

**寬廣**。當英國媒體需要檢視幾萬頁國會議員的開銷報告時，他們使用「群眾外包」的方式，不只是靠少數幾位專家，而是訴諸好幾千人的力量。結果顯示，只要有夠多人投入一件事，廣度本身就足以成為一種深度了。（要注意的是，這對國會議員來說不見得是一件好事。）

**無界線**。評估專利申請這件事不能外包給群眾，因為這需要群眾所沒有的專業能力。美國專利及商標局有個煩惱，因為他們疲憊不堪的員工需要耗費非常久的時間，才能研究所有的專利申請，於是他們開始試辦一項計畫，讓「公民專家」跨越專業領域的界線，找出這些宣稱的發明是否已有前例。這個當初試辦的計畫，現在已經成為專利申請的標準程序[32]。

**平民主義**。IBM 是使用「jam*」群體激盪的先驅；這種方

---

\* jam 的概念是從表演藝術（特別是音樂和舞蹈）而來，指一群人未經事先排練及討論，一起即興創造一個作品。

式結合整個企業組織，無視階級或薪資級距，讓大家在幾天的時間內一起討論核心的經營挑戰。這些討論激盪出新的經營路線，而在這些大雜燴的粥裡，不論瘦肉、皮蛋或蔥花全都一視同仁。

**擁有「異類」的資格。**在科技狂人網站 Slashdot.com 上（該網站的口號是「給阿宅的新聞」），你會在當日的科技新聞中看到有人快速討論起來。如果你提到自己的學經歷，通常會讓你退居劣勢，而且如果你答非所問，再怎麼樣的學經歷都沒有用。在Slashdot 上面，名校的學歷比不上快刀斬亂麻的幽默感。

**不定。**我們以往都仰賴專家提供確切的答案。正因如此，這件事會讓我們感到驚訝：生物學界裡有些分支已經出現新的策略，在替物種進行分類時，不再要大家吵出一個結果來，而是讓科學家就算彼此在根本上互不妥協，也能一起有所進展。

這些特點綜合起來，對我們知識為主的制度和機構造成徹底的改變。以下再舉兩個例子（一個是商業的例子，一個來自政府機關），來看這種改變的實際效應。

當希達瑞創立派瑞諮詢公司時，他先是看了這個產業的龍頭，也就是顧能集團，並且問了自己：這個集團不會做什麼？顧能集團是一個專門處理商用科技的顧問公司；他們會從資訊科技

業裡聘請專家，給他們一個工作團隊，再要這個產業裡的公司付錢來聽這些專家有什麼話要說。他們往往非常專業又非常權威，不只報告出產業現況而已，有些甚至會塑造整個產業。顧能集團在傳統的知識和專業架構裡運作，把自己打造成一個市值十三億美元的公司[33]。

希達瑞當初之所以離開美國國家衛生研究院的工作，有一部分是因為學術論文的傳統審查程序讓他覺得太過時，令他沮喪。於是，當希達瑞成立一間專門針對基金經理人的顧問公司時，他並沒有找來一大票像顧能集團那樣的全職分析師，讓每個領域都有一個專門人員，而是建立一個擁有數千個非全職專家的網路，並讓他的客戶利用這個網路。這樣的安排不僅讓他們取得的意見更為廣泛，還表示每位基金經理人都能跟一群獨特、可隨意安排的人談話——也就是一個網路中的網路。希達瑞說，這點非常重要，因為基金經理人的競爭力，來自他們知道其他經理人不知道的東西。

再者，希達瑞的專家網路由非全職的專家組成，這些專家都還在他們所屬的領域裡工作。希達瑞認為這是一個優點，因為把他們從所屬領域中抽出來「會讓他們喪失現實競爭力」。希達瑞不肯透露他的客戶會付他多少錢來使用這項服務，不過是在六位數美金的範圍內。他還說，這項訂閱式服務的續訂率「高到破表」[34]。他之所以成功，就是因為他採用的方式，在許多層面都

跟我們習以為常的知識認知相互牴觸。舉例來說：

希達瑞沒有找來少數幾位業界最具代表性的專家，而是建造一整個網路，這個網路的強項就在於裡面的人非常多樣化。

他沒有把各種內容收集起來，像是把內容丟進一個人力資源庫一樣，而是建造一個由各種人和資源組成的網路，而網路也可以任意擴大或利用。

他沒有把「專家」這個職稱視為一個全職工作，或是自成一格的職業，反而堅持他的專家必須親自下田去工作。

他沒有出版一份對所有客戶都一樣的簡報刊物，而總是用獨到又個人的方式來應用他的網路。

他的專家不一定要經由認證機構取得專業資格，也可以從同儕中獲得口碑。

如果希達瑞的派瑞諮詢公司代表一種新的方式，將專業知識制度化，那麼諾芙克的經歷則反映另一種非常不同的制度機構：美國白宮。

歐巴馬執政頭兩年間，諾芙克帶頭負責該行政團隊的資訊公開化程序，她在建立專家社群這方面是一位開創性的人物，有著

讓人驚訝的經驗。二〇〇九年六月時，諾芙克在美國科學促進會的華盛頓會議室裡召來十五個人，讓美國科學促進會可以將自身與大眾的專業結合，給行政部門更好的建議來面對問題。她的目標是要塑造一種新的制度機構，讓專業人士和非專業人士一同處理問題，大家有時會取得共識，但有時又會有許多不同的選擇和見解。

在我寫這本書的當下，「專家實驗室」還很年輕，但已經成果斐然。美國兩個最崇高的機構，白宮和美國科學促進會，已經意識到傳統上用來疏通和應用專業知識的方式，不足以應付今日的挑戰。兩個機構都認為，各種認證機構的老舊體系太過緩慢，也會把太多有識之士拋在對話之外。他們也體認到，就算大家意見不合，或是嘗試一些不會凝聚共識的探索，依舊有其價值在。他們也都同意，架構一個鬆散的網路，讓這個網路反覆咀嚼問題，從中引導出新的想法，有可能產生價值。簡而言之，專家實驗室是一種有意識的回應，應付知識已經超出老舊容器的容量這回事……[35]。

特別是當容器是金字塔型的時候，這個問題更明顯。一個人先蒐集資料和資訊，再一步步將之縮減，就能從中萃取價值出來，這樣的想法現在看起來操縱過度，又相當浪費。派瑞諮詢公司和專家實驗室回應資訊過載（這是因為人和想法的網絡變得明顯可見的結果）的方式，是將知識改變造型：它不再是個金字

塔，而是個**網路**。

　　而且還不是隨隨便便的網路。知識逐漸變成的形狀，就像是那個最重要的「網路」，也就是「網際網路」。就人類創造過的所有通訊形式來說（通訊在歷史裡有各種不同的形狀，包括環狀、輻射狀、星形，還有更多），網際網路是最雜亂的一種。這讓它有個重要的特徵：不論幅員大小，它都有用。過去，當網際網路的索引可以裝進一個比當今筆記型電腦還要小一半的硬碟時，它很有用處；現在，就算網際網路上有超過一兆個頁面，它一樣管用。網際網路能容納多少內容，沒有任何真正的限制；我們能創造多少個連結，把這些內容裡的關係向前帶，也沒有任何真正的限制。這是史上頭一次我們能應付資訊過載，而不會瞇著眼睛，希望回到從前，那個「家庭主婦」會覺得十六種不同產品的十六項不同資訊就太過可怕的年代。我們總算有個夠大的媒介，可以裝得下知識。

　　當然，網際網路可以放大到那樣的規模，是因為它沒有任何的界線，逼得知識必須裝在裡面。沒有界線，就代表沒有形狀。沒有形狀，就代表網路化的知識沒有我們長期以來一直認為知識必須有的結構體：它沒有根基。

# 第二章

# 喪失邊界的知識體系

　　美國出版商人瑟夫之所以成為早期的一位電視明星，不只是因為他是出版商和藍燈書屋的創辦人之一，也是因為他的領帶永遠都打得很整齊，以及他有說不完的小故事。以下這個小故事是從他一九四三年出版的一本故事集選出來的：

　　《哈潑》雜誌的董事長坎菲德，有一次在編輯室裡遇到一位長像甜美但態度堅決的女士，這位女士想討論她當時正在寫作的小說處女作。她問道：「一本小說應該要多長？」

　　坎菲德回答：「這是個沒辦法回答的問題。有些小說，像《伊坦‧弗洛美》，只有大約四萬字。有些其他的，像是《飄》，就長達三十萬字。」

　　「那麼，普通小說的平均長度是多少？」這位女士這樣追問。

「這個嘛，我覺得大概是八萬字。」坎菲德如是回答。

女士跳了起來，發出勝利般的叫聲：「謝天謝地！我的書寫完了！[1]」


當然，她錯了。但她的策略沒什麼值得挑剔的。她問了一位真正的專家，得到一個正確答案，最後得出一項結論。更重要的是，她可以不用一直追問下去。

這個體系發揮了作用。

而且，系統作用的範圍，還不只這種被我們當成嘲笑對象的一九四〇年代蠢女生而已。我們可以知道的事太多了，面對這樣的事實，我們的策略就是替知識設立一個有停駐點的體系。這樣的因應之道相當有效率，頗適合以前用來保存、溝通知識的紙本媒介。

我們就回過頭來看看這個系統如何運作。

現在是一九八三年。你想要知道美國匹茲堡市的人口有多少，所以你不會等個六年，等到網際網路發明出來，而會跑去圖書館。索引卡片把你指向一本年鑑，年鑑的索引又會帶你在一千頁的資料稻草堆裡，找到那一條像根針一樣的資訊。你自言自語：「很好，匹茲堡的人口數是兩百二十一萬九千人」，然後把這件事抄下來，以免忘記。年鑑出版商是從美國人口普查局得到

這項資訊。人口普查局會派幾十萬人出去，挨家挨戶去敲門。這些人當然得接受訓練，而在訓練之前，必須先創造出一個系統，好收集和處理他們所尋得的資訊。最近的一次人口普查，光在二〇一〇年就花費六十九億美元（美國每十年進行一次人口普查，這個金額還不包括人口普查局其餘九年的開銷[2]），換算下來是每位美國人二十美元。圖書館買這本年鑑花費十二‧九五美元。年鑑裡的每一筆資料，各花了圖書館不到一分錢。

我們在年鑑裡查到匹茲堡的人口之後，就停了下來；只有在這種情形之下，知識的經濟體系才有道理。如果大家都說：「這也許猜得還不錯，但我沒辦法信服」，然後自己聘人來重新計算匹茲堡的總人口，那麼知識的費用就會是個天文數字。不信任別人，是一件傷荷包的壞習慣。

我們就算沒有釐清年鑑如何確保資訊正確，就直接信任年鑑，其實也是一件正確的事。我們假設年鑑的編輯有小心收集資訊，也有流程確保年鑑的資訊是正確的。如果有人質疑你的人口資料，你只要說：「我是從最近的年鑑裡得到的」，大概就可以止住他們了。大家假設年鑑具有權威性，這樣的假設就可以止住爭論。這個體系再次發揮了作用。

當然，如果有位你信任的人說，你不該採用《阿明的唬爛年鑑》，因為這本年鑑的品質很糟，而且到處都是錯字，你大概會去查另一本年鑑。如果答案的準確性事關人命或大量金錢（也就

是說，如果答案錯誤所造成的後果夠嚴重），你可能會想辦法找到人口普查局的原始資料，或甚至聘人來自己做人口普查。但是，如果還不到這種地步，你會接受年鑑的答案，正因為它是由專業人士所出版；你當地的圖書館收錄了這本書，又是增加它可靠性的一項認證。這些認證的方式讓停駐點可以「停」得住。正像我們這個物種不可能窮盡心力，對每件事情都追根究柢去查詢，我們也沒辦法追溯每一項認證的憑據。所以，知識是一個由各種停駐點組成的體系，而這些停駐點又各有停駐點來確立它們合理。大致上來說，這個體系運作得很好，特別是因為這個體系的建造方式，讓你一般在有需要的時候可以逐步取得更多資訊：你可以循著注腳走下去，或是拿人口數據跟其他資料來源對照，不需要花費自己聘僱人口普查團隊的龐大開銷。

我們的知識體系是一種靈巧的適應方式，讓我們可以面對以下的事實：我們的環境太大了，沒有任何一個人可以知曉全貌。一個物種如果得到答案後就可以停止繼續追問，就有辦法把自己擺脫開來，去追尋其他的問題。這個物種會建造出金字塔，總有一天還會建造出大型強子對撞機和奧利奧餅乾。這種策略跟紙本為主的知識搭配起來，可以說是天衣無縫。書籍設計的方式，就是讓跟書籍主題有關的問題都能停止下來。可是，既然我們的媒介現在可以應付多上好幾倍的想法和資訊，既然它是一個可以互聯的媒介（想法與想法、想法與人、人與人），我們的策略也就

跟著改變。這也改變知識本身的樣貌。

## 由事實構成的歷史

　　一九五四年時，波士頓的小兒麻痺案例多到兒童醫院必須在人行道上，面對車內焦急的家長進行分診。所以，當沙克的小兒麻痺疫苗在一九五五年試驗成功時，他成了那整個世代的英雄人物。不過，沙克的疫苗之所以能製造出來，依靠的是恩德斯更早的一項突破：恩德斯與同僚在一九四八年發現了在人體以外培養小兒麻痺病毒的方法。在那個時候，就算是最高倍率的顯微鏡都看不到病毒。恩德斯的團隊要知道他們是否培育成功，只能把它打進猴子的腦袋裡，看看猴子會不會發病。恩德斯的技術讓沙克得以發展出讓他獲得諾貝爾獎的疫苗，而恩德斯自己也在一九五四年獲得諾貝爾獎，那時沙克的疫苗還未證實是否有效 [3]。

　　讓沙克最後可以生產出疫苗的知識鏈，依循的是當時最先進的醫學流程。不過，在一個很重要的方面上，他們的各種突破所依循的道路，其實跟我們最古早的路徑沒什麼兩樣。舉例來說，正如我們知道病毒是什麼，能打敗病毒的又是什麼，古人也知道人類可以分成四種類別，由四種「體液」主宰：血液、黏液、黃膽汁和黑膽汁。每種體液都是一個龐雜的概念系統的一部分，這個系統包括內臟、體內的液體、歲令時節、天文星象，和治療方

式。如果你的體液不平衡，你可能會被送到你家附近的理髮師那裡，來個有益身心的放血或「清洗」（詳細的過程就別問了）。這種身體如何運作和如何融入環境的知識有許多人相信，包括埃及人、希臘人和羅馬人，以及伊斯蘭教徒、基督教徒、猶太教徒，和眾多的「異教徒」。有將近兩千年的時間，我們人類知道體液是真的，而且也相當重要。

當然，我們錯了。你的膽汁跟你的星座無關，肝臟也跟你的個性無關。但是，就算我們現在完全駁斥體液學說，別迦摩的古代醫生蓋倫、康乃狄克州的恩德斯，和紐約的沙克，橫跨了一千八百年，卻都認為並且接受知識大致用以下的方式運作：知識是一個建構在穩固根基上的結構體，這讓我們可以安穩地放新東西上去——小兒麻痺之所以會有道理，是因為你已經知道跟病毒和免疫系統有關的事。由於我們可以打下穩固的地基，我們這個物種才會愈來愈聰明，更能應付這個充滿病毒的環境。

當然，蓋倫所代表的知識體系，和恩德斯與沙克所代表的知識體系有重要的差異。體液學說者認為他們的基礎穩固，是因為這個學說讓他們可以從生理到社會、心理、天文層面之間，有一套類比的方式。那時我們深信神用最美好的方式規畫祂的宇宙，而祂讓我們有頭腦，好讓我們可以領會祂的創造，我們的頭腦也是用連結各種想法的方式來運作的（也是依照祂的形象來運作的）。也因此，我們若是看到可以類比的方式，就是看見神的

秩序。當然，我們現代人不認為找出類比的方式是科學的思考過程；不然的話，我們就會覺得有些腫瘤會讓靜脈擴張，看起來像螃蟹一樣，因此一定跟天上的巨蟹座有關。我們相信，知識的根基之所以穩固，不是因為可以找到各種類比，而是因為建基在各種事實之上。古代人和我們現代人的差別，只差在如何奠定基礎，但我們深信這些基礎本身為真。

事實就是事實。小兒麻痺疫苗有效，巨蟹座跟腫瘤無關，這些都是事實。但是，知識的房子建構在事實的根基之上，這個想法本身卻不是事實。這只是由來已久的想法，而它現在要來個急轉彎。

二〇〇六年時，美國前總統柯林頓在《紐約時報》上投書，討論他十年前支持的社會福利法修正案帶來什麼樣的結果[4]。他的論點是：「過去十年以來，可以看見我們確實終結了所知的社會福利方式，替數百萬美國人創造新的開始。」他再用例子來支持他的論點：

> 過去十年來，接受社會福利補助的人數大幅下降，從一九九六年的一千兩百二十萬人，到現今的四百五十萬人。停止接受社會福利的母親裡，有百分之六十找到工作，遠遠超過專家先前預估的數字。我執政時開始推

行的「社福到工作合作計畫」，目的是為了加速過渡到就業的過程；在這個計畫下，超過兩萬個公司行號僱用了一百一十萬名之前接受社會補助的人士。社會福利改革顯然非常成功。

　　柯林頓立論的核心，是一連串的事實。如果想要反駁他，我們也許可以說這些事實是特地挑出來的，沒有從更廣的脈絡來看，或甚至根本是在撒謊。但如果要這麼做，我們就得提出自己的一套事實出來。我們也許可以指出，貧窮人數在柯林頓的法案生效以前就已經在下降了[5]，而且柯林頓這項法案切斷了其他援助來源，使得沒有收入、必須領糧票過日子的美國人飆升到六百萬人[6]。柯林頓一定會再用更多的事實來回應，因為我們是用事實來對抗事實。

　　以前並不是這樣子的。一八一六年時，英國下議院討論成立一個委員會，來規定兒童必須至少九歲才能工作，並限制每日只能工作十二‧五小時。開工廠的老闆堅決反對這個議案；他們往往要年紀只有六歲的兒童每天工作長達十六小時。不論是支持或反對這個議案的論點，都是建立在籠統的概念和概述上，而不是以事實為基礎：有一位柯文先生相信，父母最能決定什麼事情對孩子最好，認為「這樣的議程是對家長人性的一種汙辱。[7]」雖然如此，下議院最後還是成立這個了委員會來調查。但就連委

員會召來的專家（這在當時本身就是相當開創性的作法），也都沒有以事實為憑據。有位名字叫庫伯的外科醫生，在委員會前發表證詞時說，他覺得七到十歲的兒童每天工作超過十小時，一定會傷害健康。他說：「關於這樣的議題，我們必須以廣泛的概念來回答」，並指出他們需要「空氣、運動和營養」。醫學博士布萊恩先生也支持這個論點，不過他指出：「我對工廠運作沒有經驗，因此我的答案必須憑靠一般的推測。[8]」一般泛用性的概念也許是真的，泛用性的揣測也許真的可以應用，但我們現代人知道，這些都需要大量的事實來佐證，我們才能信服。柯林頓不可能讓我們看到一些沒有經過證實的說法。

當然，十九世紀開始之前，世界上就有各種事實了；在人類還沒嘗過以前，「海水是鹹的」就是一件事實，我們在發現病毒之前，「小兒麻痺是由病毒造成的」也是一件事實。不過，事實成為知識的根基和爭執的最後憑據，是相對晚近才發生的事。

事實上，我們也是到最近幾百年才有「事實」（fact）的字彙出現。耶柔米在公元四百年左右翻譯聖經，當他把約翰福音第一章第十四節（「道成了肉身」）翻譯成拉丁文的「et Verbum caro factum est」時，「factum」一字代表「已做的事情」，字源是動詞「facere」（「做」的意思）[9]。「Fact」一字在一五〇〇年代初進入英語裡，那時的意義跟拉丁文的意思一樣，但是到了一六〇〇年代時「fact」表示的是範疇更窄的事情，像是：「他

在……『事實』發生處的附近……被處絞刑」（He is... hanged... neere the place where the fact was committed，一五七七）[10]。「Fact」表示的是犯罪行為，所以殺人會是一件「事實」，但「金字塔在埃及」就不是一件「事實」。這麼久以來，我們一直都沒有一個字，表示現在「fact」一字所代表的意思，我們到底是怎麼撐過來的？

對我們現代人來說，最穩固、堅定的事實都跟細節項目有關（像是「路旁有一個石頭」、「桌邊有六張椅子」），但我們的祖先比較瞧不起這種細節項目，因為這些都是透過身體感官而來的，而這是我們跟所有動物一樣都具備的能力。對他們來說，知識必須是比光透過感官就能知道的東西還要更崇高的事情，因為這是我們靈魂特有的能力，而靈魂又是神以祂的形象賦予我們的。身體感官看得見個別的物體（「這個果實」、「那隻貓」），但知識會判別出這隻貓有哪些跟其他貓相同的特性，使得牠是一隻貓；換句話說，知識看得見牠身為一隻貓的精髓。對我們的祖先來說，如果要他們認為「知識」是許多細節的合體，他們一定會覺得這大大地辜負了神所賦予的靈魂。

那麼，十九世紀發生了什麼事情，讓事實成為知識的基礎呢？這條路相當蜿蜒。美國史學家普薇指向十六世紀由義大利人發明的複式記帳法；只要依照正確程序，任何人不論階級地位如何，都能確保帳上每個條目的真實度[11]。不過，大部分史學家都

指向十七世紀，那時哲學家和政治家培根為了讓知識有更穩固的基礎，發明了科學方法。培根跟亞里斯多德一樣，追尋的是普世性的知識[12]，但他提出來的方式，是用針對特定細節的精密實驗，去找出普世皆然的知識。舉例來說，培根當時想知道液體變成氣體時體積會增加多少，於是用酒精裝滿一個一盎斯的瓶子，用一個氣囊蓋住，把酒精加熱到氣囊被灌滿，然後再測量剩下的液體有多少[13]。透過這個針對細節的實驗，他就能提出一個可以適用所有液體加熱的理論。

把特定細節當成普遍通用的基礎，是把傳統建構知識的方法絕妙地顛倒過來：理論不再是從概括一切的大準則演繹而來，而是用各種事實建構起來，就像房子是用磚塊蓋起來的一樣[14]。

再轉一個彎，我們就會到達現代的事實。二十世紀英國哲學家奧斯丁在理解一個像「事實」這麼根本的字彙時，認為應該考量這個字被用來與什麼相對。培根將事實與理論相對，但現代對事實的觀念，是等到我們把事實跟自身利益相對的時候才浮現出來的：舉例來說，像是清洗煙囪對小男童所造成的傷害，與上層階級想要乾淨煙囪的自身利益相對（後面這一點，讓有錢人說服自己，說辛苦的工作會培養男孩的人格）[15]。「事實」的意義出現了這樣的改變，讓事實躍進社會舞台的中央，因為我們就是在社會中激辯，來統合我們的利益。事實從科學理論的基石，同時變成社會政策的基礎。

正如一部花朵綻放的停格動畫片一樣，我們從一位偉大思想家的生平裡，就可以看到事實在社會上的角色如何興起。一七六六年出生的馬爾薩斯，最有名的一件事是他在一七九八年提出的警告：人口數量會等比成長（二、四、八、十六），但用來支持人口的食物卻只會以等差成長（一、二、三、四、五）。以下是他有名的「證明」[16]：

> 首先，食物對於人類的存在是必須的。
> 其次，兩性之間的情欲是必須的，也幾乎會維持現狀。
> 假定我以上所提的假設為真，我認為，跟大地產生物資涵養人類的指數比起來，人口的指數會高出無限大。

馬爾薩斯沒有仔細蒐集人口數量和穀物收成的數據，而是從他認為不證自明的假設裡，用邏輯演繹出結論。從這個結論，他還做出更進一步的推論：飢餓是無可避免的，因此出身貧寒的人不應該由政府來扶養，因為本來就沒有那麼多的食物。我們應該提高道德標準，減少人口增長。

在接下來的篇幅裡，馬爾薩斯展開一系列大膽又沒根據的泛論，解釋地球上的人口為何還沒多到面臨餓死的情況。就算他談到英國當地的狀況時，他仍然用沒有事實根據的方式推論，相當

不可思議。「較高的社會階層」不覺得他們需要結婚，因為他們「相當容易就能沉浸在不正當的性交之中。[17]」商人和農夫必須要等到年紀大一些才有結婚的經濟能力。勞工沒辦法讓「四或五個人平分他們微薄的收入」，因此也不會過度生育。僕人如果結婚的話，會失去他們「安逸」的處境。現代的研究人員看到這些概括性的結論，會覺得無法置信。每種階級的平均家庭大小為何？勞工的平均薪水有多少？養活四口或五口之家的開銷要多少？有錢人「不正當的性交」到底有多普遍，跟其他階級比起來又是如何？如果馬爾薩斯把他的書當成大學低年級的期末報告交出去，他會被打回研究方法的補救課程裡，整本書都要重寫。

在他一生之中，馬爾薩斯確實有重寫這本鉅作。當第六版（也是最後一版）在一八二六年出版時，書裡充滿各種事實、數據，以及有關對比研究適切性的討論。他比較了不同地方的死亡率，解釋了不尋常的統計數據，整體說來，作風就像現今以事實為根據的研究人員一樣。這樣的轉變，很明顯是因為他可以取得更多事實，但是事實之所以比較容易取得，也是因為事實的地位提升了。以事實為依據的知識體系即將來臨，有一部分是拜馬爾薩斯這部作品所賜，另外還有改革派人士的推動；這些改革派人士想藉由事實，讓社會面對英國勞工和貧窮階級悲慘的現實生活。在這樣的政治鬥爭之中，事實不僅跟理論相對，更與利益相對。

各方利益的差異也不可能比十九世紀初期相差更大了，那時上層階級相當確信自己的地位是上天規畫好的，所以把小孩子送進工廠裡工作，或是叫五歲的小男孩爬進只有不到二十公分寬的煙囪裡，一點都不會讓他們良心不安。一八一九年時，英國下議院討論一個新的議案，禁止十四歲以下的孩童清洗煙囪；有一位叫丹曼的議員就認為，與其讓這些男童進行「現在年幼男童之間常見的詐騙、偷竊之事[18]」，還不如讓他們做些有報酬的工作。另一位叫奧曼尼的議員也認同這個說法，因為他所見到的清煙囪男童都相當「快樂、神采奕奕、知足」。另外，丹曼先生也說，若要清洗煙囪裡細小的通氣管，沒有其他可靠的方式，只有小男童的身體完全適合這些通氣管的形狀。

　　不過，這種說法大勢已去。議案的支持者反駁奧曼尼先生認為清煙囪男童「快樂、神采奕奕、知足」的看法，用的是醫生提出來的事實根據：這些男童身上「可以看到所有早年衰老的症狀。」支持議案的人最後辯贏了。這些孩童經歷的苦難是一件事實，推翻了老舊的看法──認為這些人之所以貧窮，就是因為他們應該貧窮；這種老舊的看法，正好讓丹曼先生、奧曼尼先生，和其他觀念老舊的人可以維持自身的利益。

　　禁止男童打掃煙囪的法案只是一個徵兆，不是一個轉捩點，事實的勝利是逐漸到來的。不過，這項勝利背後有一位大功臣特別重要：這位思想家建立出來的思想架構，讓政策可以依照事

實制訂，而不是根據擁權者的道德猜想或是利益制訂。邊沁是「少數在世時就受到推崇的改革家」之一[19]。他四歲的時候就已經在學習拉丁文和希臘文，五歲的時候就已經被人稱為「小哲學家」，十三歲就進入牛津大學，跟隨父親的腳步，接受成為律師的訓練。不過，他的好奇心太強了，沒辦法只留在一個領域裡面，因此最後在許多方面皆有所成就，其中包括他在哲學上最有名的效益主義論點：邊沁認為，由於對所有人來說，享樂和痛苦都是驅動力，若要評斷一件行為的好壞，最重要的根據是這件行為是否會造成「最多數人的最大幸福」。邊沁讓我們有一種新的方式來衡量社會政策，可以說是一種讓整體進步的記帳方式。

邊沁的想法應用到政治領域上時，是相當激進的想法。假設丹曼先生和奧曼尼先生的幸福，不能大於那些清理他們煙囪的小男童的幸福。另外，也假設政府的政策應該由一種務實的態度來主導，看的是什麼可以增加整體的幸福。若是如此，政府就必須先調查所有公民的生活實際上是什麼樣子。它必須根據**事實**來制訂政策。

不過這種改變本身，還需要用一種當時剛開始被接受的工具：統計。「Statistics」一字直到一七七〇年左右才進到英語，這個字源自德文，意指「關於國家的資訊」（這也說明了為何這個字帶有「stat」的部分）[20]。統計數據的意圖，就是要獨立於各種意見和定論之外。統計數據成為社會改革運動的工具，用來對

抗利益團體偏好的結論[21]。

　　一八三〇年代時，統計學讓邊沁的想法有了實際可用的方法；國會有一部分在邊沁的影響之下，不久後就委託各個單位撰寫跟貧窮、犯罪、教育，和其他社會議題有關的報告。這些報告以充滿軼事、訪談和統計表格的「藍皮書」出版，就算使用的統計方法比不上現代的標準，但仍然讓國會用事實根據來辯論社會議題。藍皮書也讓大眾小說有了題材，更進一步推動社會改革運動[22]。

　　這些社會改革小說家中最著名的人物，當然就是狄更斯。不過，藍皮書在倫敦不斷湧進國會，賣出的速度也飛快，到了一八五四年的時候，狄更斯反而成為反對以事實根據為主的人士之一。在小說《艱難時世》裡，狄更斯讓學校教師葛萊恩向學生勸道：「事實！事實！事實！[23]」沒有同情心的葛萊恩先生跟學生說，未來在打點家裡的時候，不可以用上面畫著花的地毯。「你事實上不會走在花朵上；你就不可以走在地毯畫的花上。你不會看到異地的鳥和蝴蝶飛到你的瓷器上停留；你就不可以在你的瓷器上畫出異地的鳥和蝴蝶。[24]」對狄更斯而言，事實與想像力和藝術相對，用事實來了解人類生活會太過枯燥。

　　狄更斯向他的讀者明確指出，他所反對的處處講求事實這件事，就是源自政治界。葛萊恩向他的學生說：「我們希望不久後就會有一個講究事實的委員會，裡面的成員都是講究事實的人，

他們會強迫人民成為一個講究事實的人，而且只有事實，別無他物。[25]」如果這樣的政治指涉還不夠明確，狄更斯也告訴我們，葛萊恩的書房裡「充斥著藍皮書」。狄更斯寫道：「但凡他們能證明的事（通常也就是你想得到的所有事情），他們就在那裡找到證明……。在那個彷彿被下咒的房間裡，最複雜的社會問題會被提起，得出精確的總合，最後得到結論……。就像是一個天文館可以蓋成沒有窗戶一樣，裡面的天文學家光是用筆、墨和紙，就能排列出整個蒼穹。[26]」由於狄更斯十二歲的時候就在鞋油工廠工作，並看到父親被關進負債人監獄，他對窮人非常有同情心[27]。但是，藍皮書裡的事實不能揭露真實的面貌。若要看到真實的面貌，你必須深入了解並同情社會下層人士在生命裡面對的困難，就像是我們閱讀小說一樣。真是個巧合啊！

　　就算當紅的狄更斯反對過度依賴事實數據，它們的地位依然不斷增長。「事實調查團」的發明，讓事實變成調解國際糾紛的主要方法。我們可能很難想像這是個現代發明，不過《紐約時報》第一次提到「事實調查團」這個名詞是一八九三年的事，那時的美國總統克里夫蘭，派人調查夏威夷最後一位女王利留卡拉尼為何遭到罷黜[28]。這種委員會直到一九〇四年，海牙和平會議首次成立事實調查團後，才成為標準程序；那時由五個國家共同調查俄國波羅的海海軍，失誤擊沉一艘英國拖網船的事[29]。這個糾紛稱為「多格灘事件」，最後俄國賠償了英國，這也是首次由

非當事國（亦即沒有利益糾紛的國家）共同釐清事實（而且也只有釐清事實而已），最後達成和解的國際糾紛。到了一九二〇年代，事實調查團已成為國家之間解決問題的例行程序，也是大家認同的作法 [30] —— 這也可能是因為第一次世界大戰造成一千六百五十萬人死亡，讓大家看到另一種經常用來處理糾紛的方式其實沒什麼用。如今，如果有件大規模的事出了問題，我們就會成立事實調查團來調查真相，好像這是個自然又古老的處理方法。

在這兩百年間，事實獲得了很大的進展。事實從與理論相對，變成與自身利益相對，最後成為不友善的國家解決紛爭的方法，更是世界最根本的真相 —— 不論我們怎麼想或信念為何，這些真相依然為真。記者蒐集事實，年鑑集結事實，桌遊用事實來考我們，專家根據前一季的事實推測一整季的棒球賽事，而政府也依照冷血的事實評估，來部署末日武器。事實已經跌到谷底，這也是我們想要它們待的地方。


## 達爾文的事實

一八五〇年代的某一天，美國哲學家梭羅看到一隻他從來沒看過的鳥，「低空以沉重的翅膀飛過。」鳥從他頭上飛過時，他看到翅膀下面有兩個斑點，發覺這是一隻海鷗。「察覺到一個新的自然事實有多麼甜美啊！ [31] 」他這樣說著。他發現了一項新的

事實：這隻鳥是一隻海鷗。梭羅的事實，是「事實」最基本的形式：某個東西屬於那種東西。

但是，梭羅辨認鳥的這回事，不是那種真正要緊、事關重大知識的事實。它並沒有讓我們對海鷗、翅膀，甚至斑點有更進一步的了解。美國哲學家愛默生在悼念他這位好友的時候說：「他沒有替全美國構思，而是一個採越橘大隊的隊長。[32]」

梭羅忙著採越橘的時候，達爾文正在花七年的時間仔細研究蔓足下綱──也就是藤壺。記載研究結果的兩冊書籍既枯燥又艱澀（完全不像幾年後出版的《物種起源》那樣），只是重述許多的事實，合起來以再仔細不過的方式描述這些微小的生物。不過，這些細節最後得出「某個東西屬於那種東西」的結論，比梭羅的結論重要許多。這是以事實為主的知識體系的經典範例，而且成功的程度之大，就算連續七年帶著滿身的甲殼類動物腥味用餐都值得。

達爾文對藤壺的研究，起始於一件意外發現的事實；這件事實雖小，但卻堅韌不摧。一八三五年時（這時他還沒想出他的偉大理論），達爾文還是一名在「小獵犬號」上航行的年輕人，正在探索加拉巴哥群島上動植物的細微差異。他在那裡發現一個軟體動物的殼裡有藤壺寄生；對於一個通常附著在石頭上的物種來說，這種情況非常奇特。當他更仔細地檢查這些寄生物的時候，發現看起來很像甲殼類動物的幼蟲。軟體動物跟甲殼動物分屬不

同的物種，這一種怎麼會產出另一種的幼蟲呢？達爾文把這個問題擱到一八四六年，在那之後的七年間，他完全沉浸在這個問題之中。

如果說達爾文對此問題「錙銖必較」，恐怕還低估了他的精密程度。不過他用跟針一般細的解剖工具和放大器具進行的所有研究，背後主導的都是同一個大理論。「生物會一步步演化」的想法，促使達爾文找尋這些生物的共通性。也因此，他研究了雌雄同體的藤壺，發現了「微小得出奇」的雄性器官；「若非我的物種理論 —— 一個雌雄同體的物種必須經過無法察覺的細微階段，才能成為雙性的物種 —— 說服了我，我可能就察覺不到[33]」

達爾文第一本關於藤壺的著作長達三百七十頁，但是其實都只跟一件事實有關：藤壺是甲殼動物。如果你整天坐在瓦爾登湖畔，思考著整個世界，然後把髒衣服帶回家讓你的母親和妹妹洗（換言之，就像梭羅那樣）[34]，你就沒辦法發現這樣的事實。達爾文的事實讓他必須從英國跑到加拉巴哥群島去，還必須仔細檢驗裡面有寄生物的軟體動物，一批批取得許多不同的標本，花費七年詳加解剖，最後還要有一個撼動世界的物種起源理論。

察覺到一個新的自然事實，確實非常甜美。

快轉到當下，問一下 Hunch.com 關於品味的任何事。我該去哪座城市玩？萬聖節的時候我該打扮成誰？今天我該煮哪種中國

菜？Hunch.com 會給你統計上相關的答案，依據的是網站所有使用者如漣漪般重疊的共通性。為了讓網站可以這樣運作，網站必須知道很多關於使用者的事，多到就算請使用者填寫一個普通的個人檔案（像是「最喜歡的音樂」、「政治立場：偏左、中間、偏右」等等），也完全不足以應付。如果早個幾年，Hunch 要找尋的事實可能會讓達爾文、梭羅，甚至我們大多數人都覺得困惑。

　　我第一次造訪 Hunch 網站時，想的是我那天晚上應該看什麼電影；Hunch 問我的一系列問題，卻都跟電影無關。我把杯子收起來的時候，是正面朝上的嗎？我比較喜歡穿步鞋、靴子，還是涼鞋？我丟掉紙張的時候，會不會把它揉成一團？我有沒有碰過海豚？自從我開始用這個網站以後，我已經回答了三百三十四個這類問題，主要是因為回答這些問題其實非常好玩。根據我的答案，Hunch 推薦了《二十八天》、《北非諜影》、《絕命追殺令》，和《謀殺綠腳趾》這幾部電影。Hunch.com 還真了解我。

　　它之所以了解我，是因為它在其他使用者提供的幾百萬個答案的脈絡裡，分析了我的答案。這種分析完全只有統計學上的意義，而且形式是十九世紀的科學家和統計學家完全不可能預測到的。這些分析並沒有拿來佐證某個理論，也不會從中推得什麼樣的理論。Hunch 完全不知道，為什麼一個喜歡在海灘上穿涼鞋、過去一年沒有吹過蒲公英種子的人會喜歡這四部電影。它沒有任

何的猜想或假設，只有統計相關而已。

Hunch 的事實（像是我怎麼擺放我的杯子，我多久前吹過蒲公英種子）跟達爾文的事實相反：

達爾文的事實是經歷千辛萬苦才得到的。他花了七年的時間，證明藤壺是甲殼動物。在 Hunch 網站上，你在一分鐘之內就能回答十二個問題。所有使用者平均回答的問題數多達一百五十個。在 Hunch 網站上，事實來得又快又有趣。

達爾文的事實全都集中在一個特定的問題上：他要了解藤壺到底是什麼樣的生物。Hunch 的事實則是刻意沒有範圍。前一秒鐘，你回答的是你最喜歡 ABBA 樂團的哪一首歌；下一秒鐘，你就要決定俄國屬不屬於歐洲的一部分。Hunch 必須讓答案盡可能分散開來，才能產生有用的結果。

達爾文的事實集合起來，全部都與一個有限的主題有關。達爾文花了三百七十頁的篇幅，重述三種藤壺的所有相關事實，再斬釘截鐵地提出他的論點。是沒錯，他花了非常多的頁數，也記錄非常多的事實，但合起來有個起點和終點，可以放進一本書裡。Hunch 的事實並沒有跟任何事情「有關」。網站成立的最初七個月裡，

就收集到超過七千個不同的問題，而且幾乎全部都來自網站的使用者。唯一的終點，是在你受夠了回答蠢問題的時候。而且就算如此，你還是可以隨時回去再回答更多的問題。

達爾文的事實在他還沒發現以前，就已經存在了。達爾文還沒仔細察看之前，雌雄同體的藤壺就已經有微小的雄性器官了。Hunch 到底是在揭露或生產事實，還沒有人知道。我喜歡棉花糖勝過請人擦亮我的鞋子，這是一件事實，但是由於以前從來沒有人要我做這樣的比較，這比較像是一個沒有問過就不會存在的事實。如果「我沒摸過海豚」是一件事實，那麼我沒摸過《星艦迷航記》的克林貢人、紫色萊姆、藍色萊姆、格子圖案萊姆也一樣是事實──這樣下去是一系列沒完沒了的事實，而且都是沒有人問過就不會存在的事實。

達爾文的事實之所以會浮現出來，是因為他有個主導他的理論；否則的話，又何必關心藤壺的雌雄同體特性呢？Hunch 並不知道為何你對鹹的點心的偏好，能用來推測你喜歡玩哪一種撲克牌遊戲，而且它也懶得管為什麼。

最後，達爾文看到加拉巴哥群島裡有個寄生藤壺，這個事實之所以值得記下來，是因為他（正確）推測這

個藤壺個體可以代表整個種類。當他在第一冊書籍裡寫下「只有在 *L. anatifera* 這個物種裡，柄部頂端是深色的 [35]」的時候，他不是指某個特定藤壺的柄部，而是整個物種的柄部。對達爾文而言，值得記下來的事實是那些不只適用在一個特定個體上的事實。Hunch 上的事實則完全相反。在 Hunch 網站上，「你是不是靠呼吸空氣維生的？」並不是一個有用的問題，因為只要使用者是哺乳類動物，都會回答同一個答案。

當然，Hunch 所提供的結果，自然不能跟達爾文的藤壺研究或《物種起源》相提並論。Hunch 上面的事實，也不會讓我們不再需要達爾文式的事實（不過，在第七章裡，我們將會看到科學如何應用 Hunch 的一些基本技術）。Hunch 所做的事情確實有用處（像是幫你決定下一部電影要看什麼，或是結婚禮物該買什麼才好），可是它完全沒有宣稱它製造的是永恆的知識。它的一切，只跟猜測有關。

雖然 Hunch 是一個不太嚴肅的例子，不過從這個例子可以看到我們認知裡的知識樣貌，經歷了相當劇烈的轉變。達爾文的事實相對稀少，一方面是因為這些事實難以取得（要花七年的時間解剖藤壺），另一方面也是因為這些事實很難出版。有些事實到現在還是難以取得，難到必須由許多國家一起花費好幾十

億美金，建造出高能量的粒子對撞機，才能見到它們量子層級的一面。不過，我們的資訊科技就是我們的通訊科技，所以學到一件事實，跟向全世界公布一件事實，也有可能是一模一樣的行為。網際網路有著充足的空間，使得舊有的人工出版限制不再存在──這當中包括檢查、驗證內容的機制。新的策略就是要發布一切我們發現的東西，因此造成一朵龐大的資料雲，當中沒有理論，在發布前未經過驗證，而且只要有網際網路連線就能存取。

這也改變了事實身為知識之基礎所扮演的角色。


## 大型的拆釘計畫

已故的紐約州參議員莫伊尼漢頗受景仰，他曾經有一句名言：「所有人都可以有自己的意見，但不能有自己的事實。」

美國總統歐巴馬簽署《透明治理與開放政府備忘錄》時，想到的可能就是這句名言；這也是他上任之後做出的第一項行政決定。這個備忘錄要求行政機關「以大眾可以直接搜尋和利用的行式，快速地公開資訊。[36]」兩個月後，歐巴馬任命的首位聯邦資訊長孔德勞，宣布成立 Data.gov 網站的計畫，要求行政機關必須把所有非機密的資料放在上面，讓大眾可以存取──從農業部收到的基因改造植物許可證申請書，到國家墓園管理局的顧客滿意度調查都有。Data.gov 網站創立的時候，總共只有四十七個資料

集。九個月以後，網站的資料集數量達到十六萬八千個[37]，點閱數也多達六千四百萬次[38]。

　　歐巴馬這項行政命令，是要建立一個新的預設值（這裡借用軟體工業的詞彙）。軟體的預設值就是該軟體出貨時的選項設定；使用者如果想要改變這些設定，必須特意採取某些步驟才能改變（就算只是在一個選項上打勾也一樣）。預設值非常重要，因為這會決定使用者對軟體的初次使用經驗：預設值如果弄錯了，你就會失去很多不想改變設定，或是不知道某個設定可以改變的客戶。不過，預設值更重要的一點，就是它們象徵一個軟體是什麼樣子，以及軟體應該如何運作。以微軟的 Word 文字處理軟體而言，預設值是讓使用者撰寫多頁以文字為主的文件，而不是製作海報或宣傳單。從外盒上的圖案來看，麗滋餅乾應該是要單獨吃，或搭配乳酪吃[39]。

　　歐巴馬發布這項行政命令以前，大部分政府資料的預設值是不對外公開的。國家環境保護局以前會公布高速公路里程測試的結果，但不會公布這些測試本身的資料。新的預設值生效之後，你可以從環境保護局的資料網站 FuelEconomy.gov 下載一個里程測試資訊的試算表檔案，上面不僅會告訴你，二〇一〇年生產的豐田普銳斯油電混合車在市區內每公升約可跑二十一・七公里，更會告訴你這台車一年的平均油資會是七百八十美元，以及車子有「多點式／序列式燃料噴射」系統，甚至還有目前不存在的氫

氣燃料電池車的資訊[40]。

　　孔德勞替歐巴馬政府改變行政機關的預設值，本意是針對政府的角色和性質宣告重要的內容，但這件事也告訴我們，事實扮演的角色和性質也有所改變了。FuelEconomy.gov 網站也許有一百種資料分類，但這些分類裡並沒有道路測試當日的外在環境溫度、輪胎胎壓，或月球地心引力等等；這些都有可能會以些微幅度影響資料。我們知道，資料分類可以再多個一百欄、一千欄，或一萬欄，但現實依舊會超出我們的試算表範圍。Data.gov 網站上龐大到難以想像的資料（要想像這些資料有多龐大，我們又要搬出成疊的《戰爭與和平》了），並不會讓我們覺得對世界的認知更完整。這些資料本身之巨大，就說明了這樣的認知根本不可能。

　　Data.gov 和 FuelEconomy.gov 網站不是國會藍皮書。它們並沒有像釘子一樣，直接釘出一個結論出來。Data.gov 網站、世界其他國家政府起而仿效的同類型網站、世界銀行發布的龐大經濟資訊資料庫、整個人類基因組、數十億顆星星的地圖、Google 圖書開放的超過一千萬本圖書全文、各種替地球全部物種編目的嘗試 —— 這一切都是大型拆釘計畫的一部分：讓大量的事實公開，成為任何人都可以取用的研究資源，而且跟觀點或目的完全無關。這些開放的資料收藏現在常常被稱為「資料共享空間」，而且這種方式也逐漸成為無保密需求的資料的預設值。

有些人認為這種拆釘的方式會有潛在的危險。舉例來說，在 Data.gov 開始運作不久後，開放政府資料的提倡者很意外地在一本自由派的期刊裡，看到一篇由雷席格撰寫的文章；雷席格是提倡開放政府資料的重要人物之一，但他在文章裡卻指出開放資料的缺點。在這篇標題為〈反對透明化〉的文章裡，雷席格提出警告，認為開放大量未經詮釋的資料，可能會讓有政治目的的單位找出似是而非的聯想：只要一個人接受某個遊說團體的政治獻金，又投票支持那個遊說團體支持的議案，這些有政治目的的單位就可以宣稱，這是那個人貪腐的證據。正因如此，這種拆釘後的資料可能會讓互相指控的文化更加猖狂。（雷席格在文章裡提議，若要減少美國公民憤世嫉俗的指控，應該要改革美國選舉募款的流程。[41]）

　　這是大型拆釘計畫的第二個諷刺之處：公開的資訊大幅增加，反而讓我們更容易出錯。我們現在唾手可得的事實太多了，使得這些事實不再具有把結論釘下來的能力，因為一定會有其他事實可以佐證其他的詮釋方式。假設我從世界資源研究所收錄的兩百個國家資訊裡，找出關於全球氣候變化的資料，而你從歐洲動物群的資料庫裡找出其他關於物種分布的資料。你不喜歡我的結論嗎？只要幾秒鐘的時間，你就可以用各種事實填滿你的袋子。

　　我們的根基不再像以前一樣，那麼容易就釘下來固定住。

事實不僅在論證裡的角色改變了，連自己的基本形狀都變了。我們在近代事實史裡可以看到三個明確的階段（不過真正的分法又比這個雜亂許多）。

首先，是古典事實時期，代表的是拿著解剖工具的達爾文和英國國會的藍皮書。這些事實相當稀少，又花費許多心思才發現出來，而且是用來證明理論的。

再來，到了一九五〇年代，我們進入了資料庫事實時期，代表的是大型電腦主機旁的成疊打孔卡。那時我們以為擁有非常多的資訊；現今的筆記型電腦如果硬碟容量只有兩百 GB，會顯得很虛，不過在那時大概要將近二十億張打孔卡，才能儲存那麼多資料，疊起來會超過四百八十公里高[42]。因此，那時的資料庫必須嚴格限制儲存的資料大小：可以儲存的資料包括員工姓名、出生日期、到職日期，和身分證字號，但不包括興趣嗜好或居住過的國家。資料時期依舊延續我們認知世界的古老策略，也就是限制我們所知的內容——亦即，由少數人選擇和整理的少數幾個資料欄位。

現在在網路的時代裡，「網路化的事實」變得比較有道理。假如我們把古典事實和資料庫事實視為根本上孤立、不連結的知識單位，那麼網路化的事實就要視為一個網路的一部分。網路化的事實存在於一個由連結組成的網路裡，而網路讓這些事實有用又可以理解。舉例來說，在印刷品為主的時代裡，科學論文裡的

表格，是從龐雜的事實和資料裡抽出來的少量資料，剩下的事實和資料都不會出版。現在在網際網路上，科學期刊在列舉資料時，愈來愈常放入超連結，直接指向這些資料源頭的資料庫。舉例來說，當《公共科學圖書館醫藥期刊》[43]藉由分析十四萬四千一十八次體外受精的嘗試，來檢視「活胎出生的預測徵兆」時，它會連結到英國政府開放資訊的網站，因為那裡有原始資料的出處（「全世界最早、英國最完整的生殖醫學資料庫」）[44]。新的預設值是：如果你要援引資料，你最好也連結到資料出處去。網路化的事實會指出它們來自何方，有時候還會指出它們往何處去。事實上，一種名為「鍵連資料」的新標準，讓網站更容易以各種意想不到的方式利用其他網站上的事實──也就是建立各種臨時的世界性資料共享空間。鍵連資料的一個關鍵，就是電腦程式不只要有能力找到事實，還要有能力從提供事實的資源找到連結，連到更多跟該事實有關的資訊脈絡[45]。

事實之所以會網路化，是因為新的資訊架構正好是一個超連結化的出版體系。如果你想讓人看到某件事實，放個連結到這件事實的出處是一件非常簡單的事，簡單到你還得想個好理由才可以不放連結。不過，我們新的網路不僅把我們的資訊和出版體系結合在一起，更讓我們與其他人整合。在美國環境保護局的車量里程資料庫裡，豐田普銳斯的每公升二十一・七公里只是一個數字而已。這個數字放進一個有欄位標籤的表格裡面後，就開始有

意義了。之後，如果有人再把這個表格放到網頁裡，它又會有更多意義。不論這個網頁的論點為何（豐田普銳斯的油耗很棒、很爛、這是個大騙局），別的地方很可能有另一個網頁連到這裡，來支持另一方的論點。如此一來，網路化的資料「二十一・七」一方面往回指向一個傳統的資料庫，一方面又往前指向網路化討論的混亂陣仗裡。這使得我們一般對事實的體驗，跟以前的經驗非常不一樣。我們不再認為它們在一部藍皮書、科學論文，或印刷書籍的論證裡整齊排成一列。我們看見它們被人拿起來、被丟向牆壁、遭到反駁、被人放大，又被人嘲笑。我們見到牛頓第二定律的變體：**在網路上，一切事實都有與之相等、方向相反的作用力。**這些反作用力的事實可能根本是錯的；事實上，如果兩個事實真的完全矛盾，一定有一個是錯的。不過，這樣讓每件事實都有連續、多方面，又相互連結的反駁方式，讓我們文化裡事實的角色和性質都改變了。

莫伊尼漢說出「所有人都可以有自己的意見，但不能有自己的事實」這句話的時候，我們聽到的是：事實讓我們有解決紛爭的方法。但是，網路化的事實會通向整個網路的紛爭。我們也許會懷念古典事實時期，但我們必須了解到，那個時期對於事實的看法，不是來自事實本身，而是建立在出版事實的紙本媒介上。由於紙張的經濟限制之故，事實相對稀少，像是寶石一樣，因為沒有空間存放太多事實。由於紙張的物理限制之故，一旦一件事

實印刷出來，它就會留在那個頁面上，而且至少在那個頁面裡，不會有其他的東西反駁它。跟我們現在看到事實連結到無邊際的網路比起來，紙張的局限，使得事實在那時看起來比現在容易控管得多了。

當然，事實在某些重要的領域裡仍然扮演傳統的角色，而且我們也不願看到它們的角色改變──沙克有一套方法來證實他的疫苗有效，也因此救了許多人一命。網際網路讓我們看到這件事實，並且探究它的根源。不過，你待在網際網路上的時間愈久，你就愈會發現在諸多領域裡，事實盡不到傳統的責任。那些認為疫苗會造成自閉症、歐巴馬在肯亞出生、政府握有地球上外星人祕辛的人，都有更多的事實來證明他們的理論。認為這些理論是無稽之談的人（包括我），也有更多的事實來佐證。我們都看到，事實面對堅定的信念時會變得多麼無能，而且看得再清楚也不過了。我們可以取得比以前更多的事實，也因此更可以確切看到，事實沒有盡到我們賦予它們的責任。

在此我必須強調，事實的老舊角色並沒有從網際網路上消失。感謝老天，科學家依舊用舊時的方法建立事實。政策的辯論依舊會想辦法建立在事實之上，只是一如往常總是會有許多爭論，吵著哪些事實才有意義，又該如何解讀。更重要的是，物件化的事實（亦即大多數社群相信不值得為此爭論的事實）愈來愈多，而存取這些事實的方法也愈來愈便利：任何一個電腦裡有瀏

覽器的人都可以得到匹茲堡的人口數據，這個數據在幾乎所有想得到的情況下都夠可靠。可是，只要不停追究下去，一定可以找到人反駁這件事實。如果想辦法以事實為根基來立論，就一定可以找到連結，連到一路到底一直跟你意見不合的人。新的知識媒介，讓舊時「大家都能同意這些事實，因此可以得到結論」的樂觀態度消失殆盡。事實上，我們應該要思考一下，舊時這種樂觀的態度，是不是建立在紙本媒介出版的天生限制之上：我們以為我們在事實的根基上，建立了屹立不搖的房舍，其實只是因為眾多不認同的聲音沒有一個公開的發聲管道。

長話短說：雖然事實依舊是事實，卻不再是莫伊尼漢堅信的那種社會磐石。

對了，其實我們也不能完全相信莫伊尼漢說過「所有人都可以有自己的意見，但不能有自己的事實」這句話。也許他說的是這句話的變形，像是「你可以有自己的意見，但你不能有自己的事實」。說這句話的可能是美國第一任能源部長施萊辛格。總而言之，莫伊尼漢是否說過這句話，其實不是一個已知的事實。

我是在網際網路上學到這件事的[46]。

# 第三章

# 知識的整體正在流逝

　　聖經的亞伯拉罕身在崇拜偶像的國度裡，認為知識是人在眼睛所見以外看到的東西。雅典人認為知識是描述的情況為真，我們又有理由相信的想法。笛卡兒認為，知識是你在任何可預見的狀況下都不會錯的東西。科學家認為，知識是設計良好、可重複的實驗，讓我們可以有信心。「知識」的定義有千百種，也沒有從一而終的看法。

　　不過，在西方各個歷史階段裡，知識一直有些始終不變的特點：首先，「知識」是「信念」的子集。我們相信的事情很多，但只有一部分才是知識。

　　第二，知識是由我們認為有理由可以相信的信念所組成的；這些理由可能是我們做過實驗，我們用邏輯證實過，或是神向我們揭示過。

　　第三，知識是由一大團的真理所組成的，這些真理合在一起則表現出世界的真理。

知識的網路化會影響前兩點，而第三點正被抹除。知識的整體正在流逝中：這裡所謂的「整體」，是一個可以理解、駕馭的想法與作品之集合，合起來會反映出世界的真理。好幾個世代以來，這些想法都不斷受到挑戰，像是認為「新聞」可以全部收納在一份報紙或一次新聞播報裡、有一套大家都公認的「世界文學名著」、有合理的方法把百科全書弄到只有六萬五千個條目，以及我們知道哪些東西可以組合成為一種「文明」等。網際網路會讓這些想法蓋棺論定。

　　從一方面來說，我們會懷念知識的整體。我們喜歡把知識當作是一個真理的集合，而這些真理又是經由有智慧的監護者所挑選出來的。這個集合（最傳統的象徵就是圖書館）會隨著人類不斷地學習而不停增長。我們可以從中學到東西，也許自己的作品也會讓這個集合增長。

　　但從另一方面來說，我們不太會想念它。我們依舊有讓我們可以在世界上運作的知識。公車時刻表依舊會有點準。我們依舊有我們仰賴的電影評論，不論是在印刷的報紙上或在部落格裡。我們依舊保有我們習以為常的事實：二加二等於四，奧巴尼是美國紐約州的首府等等；這一類的事實也會比以前更容易找到。行銷人員依舊會宣稱襯衫跟「夏日和煦的暖風一樣柔軟」，我們也會知道那件襯衫其實沒這麼軟。現在有問題的是比這些小事更大的**知識**，亦即那些經過實證、認定後，小心翼翼存放在知識殿堂

裡的知識；這些知識可能是科學原則，可能是那些我們認為「不可否認」的、跟人生目標和性質有關的廣泛想法，也可能是把資料碎片整合在一起的根本架構。真理依舊為真，但我們逐漸不再知道要如何建造一個固定、一致、公認，又比宇宙本身小的知識殿堂。

所以我們先假設一下，直接放棄以下這個念頭：我們可以歸納出哪些精挑細選後的說法既不可能推翻，又非常重要，因此應該收錄進「人類整體知識大成」裡。這個念頭放棄後，我們仍然保有知識這種非常重要的信念，而且我們也有理由相信這很可能是真的。我們仍然可以整理各種想法，給它們不同的可信度：從不證自明的肯定結果（二加二一定等於四），到可證明的真理（水煮沸時會打破分子之間的氫鍵），到相當可能發生的行為（逃稅會被抓），到可能為真的假設（要求公司企業做好事，可以減緩氣候變化的速度）。我們仍然有事實，仍然有專家，仍然有學術期刊。我們仍然保有一切東西，只差沒有一個整體的知識。換句話說，我們仍然保有一切東西，只差我們以前所認為的知識。這樣我們會缺少什麼呢？

這不只是個思想實驗而已。這是網際網路對知識做的事。網際網路說穿了，根本就沒有建立一個知識整體所需的條件：沒有編輯和館員來決定什麼該進、什麼該出；沒有大家認定的圍牆（至少沒有所有人都公認的圍牆），讓我們知道在某個範圍裡面

是知識，在範圍以外則是不確定性當道。一個知識整體所需要和隱含的恆久性、穩定性，和團體忠誠度，在網際網路上不是微小，就是沒有。當大家都是博物館館員，所有東西又跟所有東西互相連結在一起時，結果就是網際網路。

當媒介是紙張的時候，得到的東西就是傳統的知識。這沒什麼神奇的地方。舉例來說，如果你的媒介沒辦法讓你輕易修正錯誤，知識就會傾向經過嚴密考察。如果出版的費用昂貴，你就會設立機制來淘汰競爭者。如果出版時用的是紙張，你就會設立集中收集書本的地方。正因為紙張本身的特性，知識才會像一大堆認證過的著作的整體。傳統知識的形成，其實是紙張造成的意外後果。

在本書接下來的篇幅裡，我們會追循一條思路下去；這條思路的緣起是這個愈來愈多證據支持的假設：在一個網路化的世界，知識並不存在書本或腦袋裡頭，而是存在於網路本身。這並不是說網路是個超級頭腦，或是即將變得有自我意識；網路並沒有這樣＊。網路反而讓群體可以比任何個體更進一步發展各種想

---

＊ 我把這點留做一個未證實的想法，因為這不是本書的主旨。在此只是想
　讓讀者不要用一種特別誘人的方式，對我做出錯誤的解讀。另外，這
　個注腳本身就是長篇幅思考下兩個問題的實例（這些問題在第六章會繼
　續加以探討）：預想可能的異議，並且把讀者留在既定的思路上，不讓
　他們深究一些有趣的岔路。（這條岔路會認為思想由肉體而生，而不是
　一個純粹的成形過程。對這個議題有興趣的人可以到網路上，深入探討
　「體現思想」這個概念。）

法，這也讓知識從各別的頭腦轉移到網路化的群體裡。我們仍然需要從聰明、有知識的許多個人那裡得到最大的共同利益，可是我們做到這一點的方法，就是用網路把他們連結起來。**第四章講的是專業技能的網路化。**

不過，網際網路的天性就是具有多樣性，也包含許多不同的歧見。我們必須探討，在一個大家不會（也不可能）在任何事情上取得共識的世界裡，要怎麼理解事情。**第五章講的是多樣性的重要性和限制。**

超連結挑戰了傳統以一頁接著一頁組織思想的方式。雖然如此，我們依然需要方法把各種想法組織起來，並帶出結論。**第六章講的是長篇幅思想（書本）與超連結網路的優劣。**

而後，我們會針對兩個領域來看，實際運用這些想法。在這兩個領域裡，知識似乎一定要安定下來，拋開網際網路上的一切歧見，認真面對世事。**第七章看的是網際網路時代的科學。** 在這個新的連結大混亂裡，最仰賴真實情況的學科究竟要怎麼運作呢？

再來，我們要看當知識必須引領決策時，知識又會發生什麼事。**第八章講的是網路化世界的決策和領導過程。**

最後，我們當然會想知道知識的網路化到底是好事還是壞事。這個問題的問法也許非常糟糕，可是我們還是想要有個答案。**第九章講的是我們需要再做些什麼，才能讓網路變成一個更**

**適合知識的架構。**

這些章節都在探討同一件事：當老舊知識媒介的限制逐漸褪去，我們要怎麼去做「知道」這件事？就算房間裡最聰明的那個人是房間本身，這個房間也不會像變魔術一樣，讓任何一位走進去的人都變聰明。我們必須了解，古老科技哪些部分值得我們繼續保留，新科技又有哪些部分會蠱惑我們。現在正要興起一種新的策略來認識這個世界，但我們並不是被動地接受它的到來。

## 第四章

# 專業知識在雲端

## 專家簡史

一九八六年二月三日,美國的雷根總統發布第一二五四六號行政命令,成立一個直接向總統報告的委員會,探討挑戰者號太空梭為何在五天前,升空一分十三秒之後爆炸[1]。

這份報告開頭先以平靜、就事論事的方式,以千分之一秒的間隔重述整個悲劇:〇·六七八秒時首見灰煙;五十九·二六二秒時見到「持續、形狀清晰」的火苗;七十三·一二四秒時見到「環繞四周的白色煙霧」;挑戰者號在幾毫秒後就「完全被爆炸的火焰包覆」。報告最後針對九個領域提出建議,以彌補美國航太總署的工程失誤、程序缺失和政治壓力。

我們可以很容易就看出這份報告為何那麼受到推崇。領導這個委員會的是前國務卿羅傑斯,委員會的成員又包括將軍、物理學家(包括費曼)、太空人(包括美國第一位上太空的女太空人

萊德，以及阿姆斯壯）、飛機試飛員（包括世界第一位超越音速的試飛員葉格），和火箭科學家。委員會廣泛地研究悲劇背後的原因，最後寫出一份以各種事實為根據的文件，並促使美國航太總署進行迫切需要的改革。這份報告救了許多人命，之所以這樣，是因為它展現了傳統的專業知識最佳的一面：相對少數、接受過高度訓練，又具有高度資格的專家集合在一起，遵循一套細心制訂的流程，得到大家都認同的結論，將結論寫下來，並將之出版。

英國詩人喬叟在十四世紀寫下《特洛伊羅斯與克麗西達》，裡面提到「愛情專家」認為可以說出自己的傷痛是一件好事；此時所謂的「專家」，只不過代表有這方面的經驗而已[2]。「專家」之所以能變成一個全職給薪的工作，跟我們的文化日益相信科學可以主導社會政策有關。

有些史學家把職業專家的興起，追溯回美國內戰結束後六個月舉行的一場會議[3]。在這場會議中，一百位各個領域的改革派人士在麻薩諸塞州議會裡集合，成立了美國社會科學促進協會，依據最新的科學研究，對成員所屬的社群和州政府提供各方面的建議，從改革教育到減少城市貧困狀況都有[4]。到了二十世紀初，各種標榜「科學化管理」的專家，橫掃了各個領域。（這種管理方式是由美國工程師泰勒所開創的，他在歷史上留名，就是因為他拿著手寫板和碼表，記錄下工作中所有動作的時間。[5]）

就連家裡都是專家著手進行管理的地方；家政之母理察茲夫人是第一位從麻省理工學院獲得工程相關學位的女性，她曾寫道：「在這個科學的時代，家務事必須依據工程的原則來規畫，並由受過訓練的男女來一同參與。[6]」

專家若要成為全職的專業知識人士，就必須有專業的機構來支持他們。這類機構最早成立的是一九一六年創立的布魯金斯學會，學會的宗旨是為政府提供政策方面的建議。到了一九五〇年代，美國國防部仰賴蘭德公司來推算各種攸關全球生死的問題，包括要如何讓核子戰爭「成功」，以及應該為此開發什麼樣的炸彈等等。蘭德公司（RAND 這個名字來自 Research and Development，亦即「研發」）塑造了現代專家的形象，這個形象看起來就跟卡恩一樣。體形像顆蛋一樣的卡恩把「思考無法思考的事」（這正好是他的一本暢銷書的書名）當成他一生的事業。這件無法思考的事，就是要如何打贏一場核子戰爭。這種超理性的思考方式可能會建議政府採取核子武器戰略，是因為這樣做「只會」殺死一千萬人。卡恩讓大眾看到的一面，是一個與他所構思的殘暴行徑完全脫節的蛋頭，就算在甘迺迪的行政團隊裡有十足的影響力，他仍逃不過在電影《奇愛博士》裡被諷刺的命運。在我們的腦袋裡，專家被定型為極具理性、不為個人和政治利益所動的人，而且有時候還跟現實生活脫節。

一九七〇年時，世界上大約有二十幾個智庫。如今，全世界

已經有超過三千五百個智庫，當中大約有一半都設立在美國[7]。美國政府依賴智庫和智庫專家，已經有一百年的歷史了。

智庫對政府政策的影響力與日俱增，連帶使得文化裡各個層面都充滿對專業知識的崇拜。舉例來說，在第二次世界大戰以後，家長開始依賴「育兒」專家，即使這些專家彼此意見不合也不打緊。什麼時候訓練小孩子用馬桶最好？白天把還小的嬰兒送去托兒所會有什麼影響？輕打小孩子的屁股到底會讓他們學到什麼？一本於二〇〇六年出版的書評估了五位專家的看法，發現就算是這麼基本的議題，他們的意見幾乎都不一樣[8]。雖然如此，我們仍然認為不但有人可以成為育兒專家，而且這些專家還可以把這種技能傳授給我們，而且靠的往往只是幾個琅琅上口的口訣而已。

若要發展出各種想法，一種古老又有效的方式就是把聰明的人集合在一起。網際網路也可以把聰明人連結起來，並讓他們互相溝通。不過，網際網路會用新穎的方式讓人跟人互相連結，有時甚至有點詭異──這種詭異的方式現在反映在專業知識的運作上……

## 從群眾到網路

如果我們要畫出一張圖，表現出各種組織群眾方式的效率，

一直到過去幾年以前，這張圖看起來可能會像一座金字塔。最下方的是單純的群眾，大家各有各的想法和事情，就像是和煦春陽下在城市裡走來走去的人群一樣。一旦往更高的層次走，社群團體的大小就會愈來愈小，組織的緊密度也會增加。當然，這不是一個完美的金字塔（我們不需費心去想，就可以找到很有組織的大型團體，或是散亂的小型團體），不過金字塔愈往上會愈小這件事，根據的是以下這個觀察得出的通則：當你想從一個很大的群體裡得到很有效率的結果，通常會造成某種社會組織崩解，或者也可以說是浪費精力。組織本身可以用控制的機制，讓整個群體的人可以一起做事，可是這會耗費大量的能量。欲知詳情，且問各地的軍隊或跨國企業便知。

這個隨意畫出的社會金字塔，表現的是一種絕對的心態。如果我們把一票人稱為「群眾」，這表示他們集合起來沒有任何附加的社會價值。更糟的是，在這個大眾傳播的年代裡，群眾會讓人聯想到抑制心靈的一致性和疏離感。舉例來說，在一九五〇年的暢銷書《寂寞的群眾》裡[9]，三位作者黎士曼、葛雷澤和鄧尼認為，美國的企業文化正生產出一群群像綿羊一樣的人；這些人會遵循大家的作法，只為了讓自己被社會所接受。比群眾更糟的是金字塔底端的另一種社會形式：行動族群。「行動族群」指的是受到刺激而做出最粗鄙的事情的群眾。舉例來說，一八六三年紐約市一票反徵兵的群眾就變成行動族群，開始扔石頭、放火和

掠奪。過了沒多久，這些行動族群就對黑人動用私刑，並放火燒了第五大道上的有色人種孤兒院 [10]。

正因如此，一個有意思的現象是，這幾年來我們使用「群眾」和「行動族群」等詞彙，反而將之視為網際網路社群力量的正面用語。瑞格德二〇〇三年的作品《聰明行動族》中，將這個名詞套用到那些透過即時數位媒介聯繫彼此的人 [11]；另外，索羅維基在二〇〇四年的《群眾的智慧》一書裡指出，彼此無相關性的人群可以比單獨的個人找出更準確的答案 [12]。這兩本書（都是非常出色的好書）的標題所用的字眼，都是我們對於共處一堂的人所聯想的負面詞彙。論功用而言，這兩本書都說：「看吧，讓一大票陌生人聚在一起，會有新的正向潛能。」

聰明行動族和有智慧的群眾，代表的是兩種可能在網際網路上發展知識的方法，而且往往只需要讓大家都連線，就能出現這樣的效果。以下讓我們看看網際網路最基本的五個特性，先從最簡單的開始，再到比較複雜的。這些特性都各自醞釀出不同種類的網路化專業知識。

## 一、網路連結許多人

網際網路第一個，也最重要的一項事實是，它是我們看過最大的一個群眾體。

正如索羅維基所說，光是讓大家集合在一處，不用再經過任

何組織的動作，就能產生一種專業知識了。《群眾的智慧》一書開頭就提到一個例子，這個例子現在被視為一種典範。在十八世紀的地方賽會上就有人發現，如果想知道一頭牛到底有多重，所有人的猜測的平均值，很可能比任何一位專家的猜測更接近真實數字。索羅維基在書裡很小心地列出群眾比專家更出色的條件──必須要有多樣的意見、獨立性、分散性，以及從中產生集體決策的方法。不過，索羅維基的書一出版，「群眾的智慧」一詞幾乎馬上就被用在各種事情上面，從選總統、制定暢銷時尚產品，到在《美國偶像》節目裡選出最受歡迎的參賽者。我們把這個名詞延伸得這麼廣，光從這點就可以看出我們對於社群知識的新潛力有多麼熱中。

　　知識向來是社群化的東西。我們把專家集合起來，放進智庫和學校系所裡，就是因為我們發現他們集合在一起後會更聰明。十八世紀時，西方偉大的思想家建立了一個他們自稱「文人共和國」的組織；他們會用書信互相分享想法，以馬匹傳信和船隻航行的速度你來我往地討論議題。就算在「知識」這個想法的發源地古希臘，最有名的思想家若要追求知識，也完全是透過跟其他人的對談。

　　不過，這種網路本來都有自然的大小限制。文人共和國的居民只有少數菁英，而且如果你是一位有閒的白人男性，進入文人共和國的機會更大。大學系所也都只是小型的知識領地。書籍

（以及後來的廣播和電視）是單向的媒介，更只有少數人可以透過這些媒介傳播想法。在這些限制之下，我們建立了一個把專業知識集中在相對少數人手上的知識系統：如果跟許多人溝通的代價這麼高，我們應該把麥克風交給那些最具專業知識的人。

網際網路瓦解了這些限制。光是它的規模，就有可能讓新的專業知識產生——換句話說，它能讓許多群不相關的人集合起來理解一件事，或是成為大型的知識資源庫，以應付任何單一專家無法駕馭的大型議題。

最簡單的形式，就是郝杰夫在二〇〇六年《連線》雜誌的文章裡所稱的「群眾外包」[13]。他創的這個詞主要是跟「外包」一詞相對，而他舉的例子大部分都是「連上線的熱中份子」；跟傳統員工比起來，這些人願意接受非常低的薪水。不過，這個名詞取得實在是太好了，很快就脫離創造者的控制。現在只要是原本貴到無法達成的事情，可以藉由網際網路的規模以低成本（甚至零成本）完成的，幾乎都能用上「群眾外包」一詞。

如今，大家都已經相當熟悉群眾外包的例子。當有人發現英國國會議員經常因為各種瑣事請款，英國《衛報》就架設一個網站，讓兩萬個人檢視七十萬個請款申請書。當電腦科學家格雷駕船在海洋中失蹤時，亞馬遜網站就讓大家可以搜尋數千張衛星影像來找尋線索——不過最後徒勞無功。網際網路之所以讓我們可以蒐集、詮釋資訊，純粹只是因為網際網路實在是太大了，只要

極少數的人願意貢獻心力就夠了。

　　有時候，網際網路包含廣大的地理幅員這件事，就足以產生群眾外包的專業知識。舉例來說，美國國防高等研究計畫署（DARPA，也就是美國國防部的研發部門）在二〇〇九年慶祝網際網路的先驅 ARPANet 創立四十周年。DARPA 在美國境內一般人可以到達的地方，放了十個兩百四十公分高的紅色氣象氣球，並提供獎金給第一位準確回報所有氣球位置的人[14]。DARPA 想看的是臉書、MySpace、推特等社群網站，能不能當作快速蒐集全國情報的平台；這項任務因此具有國防上的意義。大約有四千個團隊共同角逐四萬美元的獎金。不到九個小時，麻省理工學院的一個團隊就打敗了所有對手；他們做的只是架設一個網站，承諾讓最先回報氣球位置的人分得獎金的一大部分，而那些把找到氣球的人邀請到團隊裡的人也可以分到一些獎金[15]。原本很難讓一個人知道全貌的事，由網路來做就變得非常容易。

　　熱門科技網站癮科技貶低了這個競賽的重要性。「DARPA想要你相信，麻省理工的團隊之所以能贏得這個周末的紅氣球挑戰，是因為當今社群網站非常出色的關係。」但其實到頭來只是因為麻省理工的團隊讓大家都能分得一杯羹[16]。這種說法把重點搞錯了：要不是有網路，那些獎金就不會有著落。

　　事實上，若要取得群眾外包的專業知識，有些最有效的方式就是要付錢。亞馬遜在二〇〇五年創設的「機械土耳其人」，讓

許多人可以進行分配下來的小型任務，每完成一個任務都能得到一小筆錢。（這個名字來自一台十八世紀的西洋棋「機器」；這台「機器」幾乎打敗了所有的對手，包括拿破崙和富蘭克林，但其實只是因為「機器」裡暗藏了一位西洋棋高手。）公司企業利用「機械土耳其人」替上千個線上圖片標記，在電話簿裡找到重複的名字，以及評量搜尋引擎結果的相關性。一如我的同事齊特林所說，這種作法有被惡意人士利用的可能性，像是有人利用「機械土耳其人」讓網路群眾比對照片，但不讓他們知道雇主是一個高壓政府，利用網路來辨認抗議示威活動裡的人[17]。但是，不論「機械土耳其人」的用法是好是壞，代表的都是一種網路化的專業知識，而這種專業知識在以前會貴到無法取得。在網路讓任何人都能得到群眾的幫助之前，若要替幾百萬張照片上標籤，必須雇用好幾百位專門編目的人。舉例來說，數位影像銷售商Corbis 的專家就會做得比較精確，因為他們受過訓練又有經驗。不過，群眾做得也不會太差，而且成本只要專業人士的好幾分之一。再者，若有必要的話，網路群眾能在相當短的時間內處理大量的照片，而且我們也確實可以說，利用群眾來編目（或說「標記」）東西，製造出來的標籤系統可能比較貼近使用者想法[18]。

　　大部分群眾建立專業知識網路的例子都跟金錢無關。比較常見的例子，是像崔林在一篇輕鬆的《紐約客》雜誌文章裡所說的：熱愛食物的人會費盡心思追尋中國川菜師傅張彼得，這位

張師傅會不固定地在各地商場裡換來換去[19]。這個非正式的「食物狂」網路的成員，都是在 ChowHound.com 等網站上互相認識的，並且透過電子郵件和部落格來宣布他的行蹤。這種網路合作背後的主要動機，在馬斯洛需求層次理論中屬於相當低等的層次：張師傅實在太會煮菜了。不過這整體的過程現在已經太普遍了，我們幾乎都會視而不見：我們會仰賴彼此不認識的人所做的事；他們分散在跟世界一樣大的網路裡，也許回答了問題、蒐集了資料、讓結果更精確、替部落格寫文章，甚至是撰寫一部百科全書。最後，貢獻這些網路化專業知識的人會平分獎勵，可能是金錢、名譽，或是「切成薯條狀的鹽炒脆茄子，佐上青蔥、少許孜然粉，還有辣椒。」

## 二、網際網路上有各式各樣的人

　　戴維斯是住在美國伊利諾州布盧明頓的化學家，本身不太懂關於石油的事。不過跟水泥有關的事，他倒是懂得夠多，因此有辦法解決石油專家解決不了的問題。

　　二〇〇七年時，溢油防治技術研究所（這是一九八九年埃克森瓦迪茲號油輪在阿拉斯加外海的漏油事件發生後，美國國會成立的非營利組織）提供兩萬美元的獎金，給第一位能將沉在海底十八年的溢油成功抽出來的人[20]。直接把石油抽出來沒有用，因為當它到達海面的時候，冰冷的阿拉斯加空氣會讓石油和水的混

合物凝固，使它無法從清理漏油的平底船上抽取下來[21]。不過戴維斯知道，只要你一直震動水泥，水泥就不會變硬；假如有辦法在平底船上一直攪動石油，石油也許就不會變成固體[22]。於是問題就解決了。後來戴維斯把一部分的獎金拿來買機票飛到阿拉斯加的事故現場，還願意替溢油防治技術研究所的其他計畫免費工作。

戴維斯的智慧不是群眾的智慧。不過，如果你的群眾夠大，你就會找到像戴維斯一樣的專家——只要你的網路包含許多不同的人，懂許多不同的事，又有機制可以讓人找到專家。這正是網際網路的特性：龐大又異常多樣。網際網路發明前沒辦法實現的專業知識，現在就有辦法體現了。

競賽是一種區分專家和群眾的方式。這也許是首獎一千五百美元的競賽，頒發給研究柏油路長期表現的最佳大學生論文（美國聯邦高速公路管理局從一九八八年以來就主辦這個競賽[23]）；也許是美國交通部替飛航界可再生能源創新的 X-Prize 加碼的五十萬美元[24]；也許是 Prize4Life 提供的一百萬美元獎金，頒給找出漸凍人症治癒方法的人。在這些例子裡，專家網路之所以有價值，全是因為網路裡包含各式各樣的人。

意諾新是二○○○年由禮來藥廠出資成立的公司，目前已經成為專業知識競賽的領先仲介公司，他們的客戶包括寶僑家品、美國航太總署、諾華與洛克菲勒基金會等，通常會提供一萬到十

萬美元不等的獎金給解決問題的人。不論身在何方、受過何種訓練的人，都能提供解決之道。舉例來說，本來是空調系統裝修工人的梅卡瑞，就贏得兩萬五千美金，因為他替高露潔－棕欖公司想到一個新穎的方式，將氟化物放進牙膏管裡：將牙膏管接地，並讓氟化物粉末帶正電[25]。

　　如哈佛大學商學院教授拉克尼所說，這一類競賽早在網際網路到來前就有了。一七一四年時，英國國會懸賞兩萬英鎊，給第一位發明在海上辨別經度的方法的人[26]。哈里森窮盡了畢生心血在這個問題上，到了一七七三年，他總算在七十九歲高齡時獲得這筆獎金[27]。不過，在網際網路出現以前，這種競賽基本上需要動用國會頒布法令，才有可能讓專業領域以外的人知道有這樣的競賽。如今網際網路的資訊相當容易散布，使得競賽成為一種解決難題的正常方式。舉例來說，你也許會在社群網路頁面上貼個消息，說你的領域裡有某個競賽，可是這個貼文一定會被你的領域以外的人看到。就算你的生活圈狹窄到只有同一個領域的朋友，這些人裡面一定有人會跨過界線：在每個人離彼此都只有六度距離的世界裡，真正有意思的事會在第二度距離發生。當消息從一個人傳到另一個人的時候，就會流散到更廣的網路裡去。這點非常重要，因為拉克尼對意諾新的研究發現：「問題距離解答者的專業知識愈遠，他們就愈有可能解決問題。[28]」換句話說，網際網路之所以能讓專業知識浮現，不只是因為有許多人連結到

網際網路上面（即特性一），也是因為這些人的思想和知識都不同（即特性二）。

這一類的事情當然不只在意諾新那裡發生。TopCoder 網站從二〇〇一年以來就為軟體開發人員舉辦各種競賽，通常會有超過一百個競賽同時進行。二〇〇六年時，電影串流網站 Netflix 懸賞一百萬美元，給開發出能讓網站推薦影片算式更有效百分之十以上的最佳團隊；二〇〇九年時，一個稱為「貝克的務實渾沌」的團隊讓算式的效度增加百分之十・〇九，因而獲得這個獎項[29]。另外，致力增加政府透明度的非政黨組織陽光基金會，在二〇〇九年推動「給美國的應用程式」競賽，鼓勵大家發展出創新的方法，來利用歐巴馬行政團隊公開出來的政府部門資訊。這個競賽於二〇一〇年再次舉行，優勝隊伍獲得了一萬五千美元的獎金。

不過，競賽不是唯一一個在群眾礦坑裡挖出專業知識寶石的方法。《紐約時報》科技專欄作家波格有時候會丟出問題，讓推特上超過一百萬名的追蹤者來回答。二〇〇九年一月時，他為了在拉斯維加斯一千名觀眾前示範推特的力量，做了一件很著名的事情：他問他的追蹤者要怎麼治好打嗝。不到十五秒的時間，就有好幾百個人回答，有些答得很認真，但大部分都不正經[30]。不過波格也常常會問一些比較重要的問題。舉例來說，他在二〇一一年一月時，用推特研究美國電信商威訊在紐約市的 iPhone 訊

號覆蓋率，方法就是要他的追蹤者在推文裡指出收訊死角[31]。他還拿更專門的問題來問他的追蹤者：有沒有人知道怎麼把推特上的推文存成純文字檔？有沒有什麼方法可以管理拋棄式設備的環保問題？有哪些早期的電腦設備是設計讓人在廚房裡使用的？當然，波格提出的問題之所以可以這麼快就有答案，而且答案又這麼豐富，是因為他在推特上有一百三十萬名追蹤者。不過網路上有些網站也可以讓不有名的人提問，並從群眾裡的任何人身上得到答案，而且這些網站也已經存在十幾年了。有些醫藥資訊網站會特別標出通過認證的醫藥從業人員所提供的答案；有些則是仰賴群眾對答案按「讚」或是「噓」，或是以答題者在網站上的評價為依據。Quora 網站從二〇一一年開始流行起來；這個網站建立一個複雜的社群網路和評價系統，來評估網站使用者自發提供的答案有多高的價值。在這些例子裡，網路之所以可以產生答案不是因為有錢拿，或是因為可以贏得某個競賽，而是因為回答問題是個豐富的社群活動，而且有相當多樣的回饋。在這個情況下，網際網路的社群特性使之成為一個資訊網路。

我先前對於這種網路化專業知識所下的譬喻（在廣大的礦坑裡找到寶石），恐怕不完全貼切。這當中還有別的事情發生。戴維斯一直都不是清理溢油的專家，直到別人問了一個問題，而他的非相關專業知識又有一個特別好的答案。如果沒有網際網路，溢油防治技術研究所又只在他們的紙本刊物上宣傳這項挑戰，這

件事可能永遠不會發生。正因為這個問題跨過了狹窄的專業圈子，戴維斯才會成為在低溫下處理石油的專家。網際網路無法把資訊留在一處——這個容易造成「資訊外流」的特性，正好讓兩塊拼圖正確地連結在一起，也因此創造出新的想法。在這一類的例子裡，網際網路身為一個連結許多彼此不同的人的地方，不僅可以找到專業知識，更會創造出專業知識。

### 三、網際網路跟大部分燕麥粥一樣，又黏又一塊塊的

有個大型食品公司想知道如何延長洋芋泥的保存期限時，他們聯絡了 YourEncore，一個由寶僑家品退休員工組成的網路。這個公司找來兩位退休的食品微生物學專家，他們巡視了食品工廠，調整了產品的配方，並且在生產過程、衛生和品管上給了建議。

雖然從結構上來看，網際網路會以相同的方式連結所有的節點，但從社群方面來看，它其實是由好幾億個比較小型的網路組成。YourEncore 是其中一個：一個透過會員會籍、通訊錄等網路工具連結起來的社群網路。要是沒有這些小型網路，網際網路就只會是個又大又扁的資源。不過事實上，各種群組會自然而然形成，而網際網路之所以具有資訊、溝通和社交的價值，主要就是因為這種結合成一塊一塊的成員、網路和工具。

另一個由成員和資源組成的網路 CompanyCommand.com，

其加入的條件比 YourEncore 還要嚴苛：你必須是西點軍校的畢業生才能加入這個網路。所有西點軍校的畢業生都會指揮一個連的士兵，可是由於他們以前沒有辦法彼此分享經驗、互相學習，幾個畢業生於是決定建立一個網路，讓他們可以互相溝通。大約五年以後，美國軍隊也完全接納這個構想，於二〇〇五年在西點軍校裡成立了領袖發展促進與組織學習中心（CALDOL）。本來只是由通訊錄構成的組織，現在變成一個包羅萬象的網站，裡面有討論區、多媒體教材，以及社群網路的雛形。這個廣大但排他性甚高的網路的成員，可以在網路裡詢問有關指揮軍隊的實際問題，提出甚具挑戰的議題讓大家討論，也能談論那些遠離家鄉、有時必須面對危險的士兵常要面對的個人問題。

這個網路，跟成員在現實生活裡面對的社交網路有顯著的差異。這些軍人在西點軍校的校園裡時，肩膀上的標記可以清楚看出他們所屬的軍階為何。可是在參與 CALDOL 的線上專業網路時，這些記號會刻意保持隱形；如果有人提到自己的軍階，會被視為違反線上社群的禮儀。線上網路裡真正在意的，是每個人參與討論的品質，而不是衣服上的記號。正因如此，比起現實的企業或教育情形，知識和專長在網路上分享、發展時會遇到較少的人工阻礙。

CompanyCommand、YourEncore 一類的社群網路，讓這個有如燕麥粥的網際網路更有價值，因為它們內含具有專業知識

的人群，而這些人可以在特定類型的問題上發揮長才。不過，正如網路的通性一般，事情絕對沒有這麼簡單。這些塊狀物體裡面還有可能再分成一塊一塊的。這就是「專家實驗室」的情形——一個由美國白宮提議發展的組織，成員都是美國科學促進會（AAAS，即美國最卓越的科學家協會）的會員。「專家實驗室」不僅把美國科學促進會的十二萬七千名會員組織成一個專家網路，更把這個網路開放給任何想要提出想法或建議的人，就跟意諾新不對其參與者設立資歷相關的門檻一樣。社群裡的專業科學家會檢視這些想法的真實性，可是一如拉克尼對意諾新的研究所示，突破性的想法也可能是由傳統領域以外的人提出來的。「專家實驗室」的第一個計畫是叫作 ThinkUp 的服務；這項服務會抓下一個人在臉書、推特等社群網站上的來往對話，讓人可以任意切割，從中找出流行的潮流、相關的想法，以及各種觀察評論。這一類的網路幾乎一定會包括科學家專長領域以外的人。

專家網路需要一塊一塊的東西，也就是網路群眾裡面（即特性一）不同專長的人（即特性二）之間的網路化交談和社群關係，因為當專業知識存在人與人之間時，它會以倍數成長。

## 四、網際網路是會累積的

有個人在美加邊界上被拒絕入境，因為海關人員用 Google 搜尋他的名字，發現了不好的事情。有個應徵工作的人幾乎篤定

會被雇用，但人力資源部門的人卻在臉書上發現了不雅的照片。在政治上，候選人經常會在網際網路上扒糞，挖出對手以前認為好笑成分高於不雅成分的東西，藉此讓競選對手顏面無光。網際網路會保存我們放上去的一切內容，而且常常會不顧情境脈絡，有時更會跟我們的意思相反。

不過，不只是以前那種「不經一事，不長一智」的蠢東西才會保留下來。我們有理由相信，有智慧的貼文也會一直保留下來，塑造出新的專業知識。事實上，我們幾乎可以即時看到專業知識在累積。當一個電腦的作業系統剛剛推出新版本時，大家一定會有很多問題，但答案卻不夠。但是只要幾天或幾周的時間，如果軟體哪裡出了問題，你很可能把螢幕上的錯誤訊息丟到搜尋引擎裡，答案就會立即出現。這些答案不斷累積之後，網際網路會愈益精通這個作業系統。現在如果你想安裝一個軟體的新版本，可能等上一兩個月之後再裝會比較好，不是因為軟體的錯誤會修復好，而是因為此時網路已經成為避開問題的專家了。

讓網際網路變成專家的，不只是大家為它創造的內容，還有大家（也就是我們自己）在碎片之間畫上的連結。連結可以梳理網路。不過，連結本身也是一種內容。事實上，有一種重要的專業知識，就是要知道如何駕馭這個連結迷宮。連結不斷累積後，會讓不斷累積的網際網路內容更容易使用（因為我們有辦法找到內容），也更有價值（因為每一筆內容的周圍都會有相對應的情

境與脈絡）。

　　各種內容與連結織起一個非常豐富的網，也讓各種以內容為中心的網路化知識得以蓬勃發展。這些知識總集，有些會經過仔細的驗證，像是由認證的醫藥專家所建立的醫藥網站。有些則是以過程為主導因子，讓人可以貢獻自己所知，並且評估他人宣稱所知之事。還有些只是單純讓人整理其他地方發展出來的內容，連結到各種文章去，並讓人評斷好壞。當然，除了這些以外，還有各式各樣的方式。

　　專家以他們各自的貢獻，體現在網際網路上，並且藉由網際網路互相連結，成為一種網路化的專業知識。這種專業知識不但讓我們可以挖掘並從中學習，還會產生令人驚豔的答案，而且因為網際網路堅持保留所有我們放在線上的東西（這點有時候會造成困擾），其成長速度更超出任何人的掌握。

## 五、網際網路可以無限制地縮放

　　電話在一對一的時候很管用，五個人互相交談也還可以用，但一對一百萬、一百萬對一，或是一百萬對一百萬的時候就完全不能用。電視在一對一億的時候很管用，可是一直到最近才有辦法一對一使用，而且十對十的視訊會議現在還不是非常實用。不過，網際網路可以用於各種規模，而且在許多規模之下，還能以史無前例的方式讓人互相往來。

就拿推特來說吧。如果你和你的五個朋友彼此互相追蹤推文，它很管用。如果你是演員艾希頓・庫奇，有好幾百萬人追蹤你的每個字句，它也一樣管用。不論你有一百個人、一萬個人，或只有六個人追蹤，它都很管用。在不同規模之下，推特具有不同的作用，如果你只有六個人追蹤，它是一個很親密的溝通工具，可是如果你有一百萬人追蹤，它就是一個廣播工具了。所有其他的媒介裡，只有一種可以用這樣的方式變換規模：紙張。另外，就算網際網路用在一對三百萬的人際關係上，它也能用其他媒介無法達到的方式，讓人與人之間的互動得以實現。艾希頓・庫奇的追蹤者不一定可以直接跟他溝通，可是他們彼此間可以互相聊關於他的事。在網際網路上，對話不一定都會直向縮放，但一定可以橫向縮放。

IBM的員工網路不過四十萬人，比不上推特那麼大的規模，不過公司從二〇〇一年開始推動的「jam」，展現了網際網路帶來的好處：它能讓各種多樣的群體輕易成形。在 jam 裡，所有的員工都會受邀來利用各種方式（包括電子郵件、維基、合作計畫等等），處理大型的策略性問題；這一類問題以往都只有公司的大頭和高薪顧問才會動腦筋去想。二〇〇三年時，IBM 的 jam 更新了公司的核心價值宣言。二〇〇六年時，許多大型的新點子從「創新 jam」中浮現出來，其中五項（包括「智慧醫療付款系統」、「智慧電力網路」，以及「整合式大眾運輸資訊系統」）

成為 IBM「智慧地球」計畫下的核心項目。這些 jam 活動通常相當有創意，沒有固定的組織架構，而且無視成員在公司裡的階級。這樣的活動非常成功，也因此世界各大公司廣為採用，包括諾基亞、禮來，以及持續辦理 HabitatJam 的都市永續經營團隊。當然，新創的公司和 Web 2.0 公司不久後也開始舉行 jelly 活動（字面意思為「果凍」，與 jam 的字面意思「果醬」相對應）；這些活動跟 jam 類似，只是換成讓許多小型公司聚集在一起[32]。

由於網路能讓我們成立各種不同大小和形式的專家網路（不論是兩人一組、整個群體，或是超大型的多人線上遊戲），網路的專業知識不一定等於網路上最聰明的人的專業知識，甚至不只是群體專業知識的加總而已。由於網際網路讓大家可以用複雜、多向的方式互動，因此**專家網路可能會比這些專家本身的加總還要更聰明**。

舉例來說，「貝克的務實渾沌」之所以能贏得 Nexflix 的大獎，不只是因為網際網路讓他們有辦法找來世界各地的專家，也是因為它能讓這些專家彼此合作。群眾外包的方式可以累積資訊（舉例來說，紐約市各地的居民可以回報當地的超市尿布賣多少錢），但網路上的專家可以互相溝通，因而增長彼此的知識。不論主題是選股票、打毛線，或是火箭科學（美國航太總署有一個稱為 SpaceBook 的社群網路），這些專家網路會快速成為既有成見最初受到挑戰、新想法最早浮現出來的地方。

這就是為什麼思想領域很快就轉移到這些專家網路上面。

一九六七年五月時，研究海德格這位難懂的德國哲學家的十二位學者，一起聚在美國賓州州立大學，成立了「海德格研究圈」。這個組織每年碰面一次，並且以多數表決通過的方式小心地增加成員；直到一九九八年，組織才開放給所有感興趣的人參與。二〇〇五年時，這個組織連上線，到了二〇〇八年又成立線上論壇[33]。雖然以網際網路的標準來看，這些論壇並不十分活躍，但參與人數還是比舊時的研究圈來得多，因為現在若要成為組織的會員，只需要繳三十五美元的入會費（學生和無業學者只需要十五元）。從大家附在訊息後面的簽名檔來看，大多數的參與者似乎都是專業學者，而討論的議題也常常跟學者特別感興趣的主題有關：海德格早期一部作品裡有一段特別晦澀，當中的「transcendens」指的是什麼？某個演講是否以德文出版過？論壇滿足了（也表達了）內行學術圈的需求。由於論壇位在線上，而且二十四小時都開放，因此這八十八位自行篩選過的成員，可以用舊時每年只見面一次所想不到的方式，來得到答案和探索議題。

同時，一位在哥斯大黎加的教授設立了一個臉書專頁，給那些對海德格有興趣的人[34]。這個專頁有一千四百個人訂閱，充滿各種活潑的討論。當然，專頁上並非人人都是海德格專家，也不是每個人都把全部的時間拿來鑽研海德格。雖然如此，專頁上的

討論十分熱烈、持續不斷，而且沒有限制。討論時常會連結到各種文章上，而這些文章往往又有自己的討論串。舉例來說，有一位成員就連到《高等教育紀事報》的一篇文章[35]，並寫道：「你們可能會覺得這個有意思……一本批判納粹時期的海德格的新書……更有意思的是，有將近一百筆替海德格說話的回應文章，甚至還批評這篇文章的作者。」這一百筆回應文章裡有深度的反思、經過縝密研究的事實論證、幼稚的戲謔之詞，還有通往更多辯論的連結。一九七〇年代的海德格研究圈是個封閉的圈子，網際網路上的海德格網路則不斷連向新的網站或想法。

老式的研究圈有它的優點：它像是可以讓人確確實實做好事情的淨土，因為圈子裡的人和你都共有一些基本的假設。圈子裡交換的資訊很可能非常準確，想法也經過深思熟慮，而且，能加入這個圈子就是一種榮譽。不過，這個圈子所築起的圍牆卻阻隔了外界對圈內成員的批評，也隔絕了可能有幫助的外來看法。新的網路既活潑又廣大，可是裡面有些人知道的東西比他們自以為的少，更可能讓重要的議題煙消雲散。

我們不必在二者之中選其一。兩者各有各的價值。海德格研究圈是一群經過認證的嚴肅專家。臉書專頁是一大團不斷膨脹的人，不論背後的原因為何，大家都想討論海德格。兩者合起來後，組成一個關心海德格的鬆散網路。這個網路的成員集合起來之後，知道的東西更多，找到答案的速度更快，更容易激起好奇

心，更了解每個議題的更多面向，而且對於這些面向的討論也更多。網際網路多方向的特性，使得聰明的專家比以前更聰明，不過，這當中也可以清楚地看到，它也可能讓我們更加果決地踏上歧途。

無論如何，這是個重大又扎扎實實發生的改變。以前那些患有大頭症、自認為房間裡沒人比他們聰明的人，現在卻發現規則改變了。當一個專家網路以最佳狀態運作時，房間裡最聰明的那個人，其實就是房間本身。

## 看起來像網路的專業知識

挑戰者號委員會仍然是處理某一類型問題的典範：利用總統職位的權力和聲望，把各個領域最頂尖的人組合成一個菁英團隊，給他們大量的經費，免除一些平常的職務，好讓他們可以為這個計畫貢獻充足的時間，並給予他們所有總統直屬委員會該享有的資源。

不過，這種典範無法縮放。前述的種種網路化專業知識（每一種都反映了網際網路的一個基本特性），正讓各種新的專業知識典範興起──甚至在相當傳統的領域裡。

「MITRE 扮演的角色，就是為我們的政府客戶提供專業知識。[36]」MITRE 的創新與科技執行長森柯表示。從一九五八年創

立以來，MITRE 公司一直有著美國國防部的血統。若要做到森柯所說的這一點，他們大可以走總統委員會的路線，把一些能力、資歷皆高的專家集合成一個緊密的圈子，讓他們撰寫最終的報告。不過，森柯解釋道：「以某些例子來說，我們提供給客戶的產品，從正式的紙本 MITRE 技術報告，演變為更即時、更有互動性的格式，像是電子郵件往來、到府的簡報、呈獻和討論，這些更難以制度化和保存。」為什麼呢？一方面是為了速度，不過也是因為那些「難以制度化」的素材代表一種互動的對話，在特定時刻下有共通的情境脈絡，並且具備相當豐富的想法、資訊和知識。把這些東西制度化下來，反而會喪失一些相關的脈絡和豐富性。

森柯說：「沒錯，我們公司裡有專家可以利用，不過我們也發現，我們需要改變呈現自己的方式。房間裡最聰明的人，不一定要是 MITRE 的員工。我們認為，這個模式需要進化，讓我們成為專業知識的仲介者。我們的價值在於，我們格外熟悉政府的問題，也能利用整個社群的力量。」

MITRE 的知識管理執行長塔塔利亞斯說，「我們有個人人都可以公開發表的環境」[37]，而不是指定某些人為專家，並分配他們的時間。MITRE 內部的搜尋引擎讓使用者可以搜尋未經指派，卻對相關討論有所貢獻的專家。她說：「你看得到有哪些論壇在討論某個議題，以及你該把問題放在哪個論壇上面。沒有任

何人會被指定為某個領域裡唯一一位經過認證的專家。」

　　事實上，「這些論壇不一定會有共識。我們會希望應用一切可以取得的專業知識，但不會有事事都追求正確答案的壓力。[38]」該公司工作法則主要製定者霍茲布拉特這樣說。為什麼呢？因為彼此互動的專家所形成的網路，比起各別專業意見的總和還要聰明（不論集合這些意見的方式是用簡單的通訊錄，或是更有結構的知識管理社群）。這個根本的差異，不僅和專業知識取得的方式有關，更攸關專業知識本身的特性：身處專業知識產業的MITRE 發現，他們把客戶放進由各種不同意見的專家所組成的網路時，反而能讓服務更具價值。

　　當然，專家之間若能互相溝通，本來就能讓他們得利。不過，專業知識如今深植於數位網路，又因為數位網路而得以啟動，也因此逐漸褪去了舊時媒介的特性，並開始有了新媒介的特色：

　　**以前的專業知識取決於特定主題。**書籍之所以要聚焦在特定主題上，是因為它們必須有始有終。也因此，在一個以書籍為主的世界裡，知識看起來好像可以區分為各種領域，而且是可以分別駕馭的領域。在網際網路上，主題不會整整齊齊畫分開來，而會用雜亂的方式交錯連結。當然，大家還是有辦法發展出深度的專業知識，但是專家在網路化之後，更能反應出這個整體的事

實：主題式的界線，往往是紙本的局限所造成的。

**以前的專業知識有價值，是因為結論相當肯定。**書籍只有說一次話的機會。一旦出版後，作者要改變心意是一件非常昂貴的事。正因如此，書籍會想辦法把事實固定下來。不過，由於網際網路上形形色色的人有不同的興趣和能力，一個由專家組成的網路，也會幾乎對每件事都有不同的意見。專家組成的網路之所以有價值，不是因為他們達成無法動搖的結論，而是因為他們能開拓新的視野。

**以前的專業知識常常是不透明的。**雖然專家的報告通常會說明他們怎麼得到結論，也通常會包含支持論點的資料，但如果要回溯他們的思考方法，我們不會期望能回溯多遠：他們的報告（以及報告裡面的資料）是我們的停駐點。網路化的專業知識會放入資料來源的連結（甚至是與結論相牴觸的資料），而且視這種作法為理所當然。只要稍加搜尋，很可能就會找到與某位專家相關的背景資料，以及這位專家所憑靠的資訊來源。

**以前的專業知識是單向的。**書籍是廣播的最初形式，是一種一對多的媒體：讀者可以在頁面空白處用大大的紅字寫上「屁！！！」，可是作者永遠不會知道。反之，網際網路是多向

的。專家如果只是單純地認為他說話我們就會聽，那就低估網際網路的力量了。我們會到他的網站上發表評論，而如果他不讓人在網站上評論，我們就會在部落格、推特或臉書上指責這一點。這種多向的互動性可以讓專家組成的網路更有創意，對世界上各種不同的想法和意見也能有更快速的反應。當然，這個特性也可能讓人產生和增長專家想法的誤解。

**以前的專家是個特殊的階層。**能出書的人，是相對少數的人。若要出版一本書，你必須經過各種編輯過濾系統。由於這些過濾系統通常相當有用，出版書籍不僅需要專業認證，更會讓作者的專業認證再多增加一筆。舉例來說，出版書籍也許就能讓你取得終身職。在網際網路上，我們發現專業知識會從一開始看起來不相關的脈絡裡浮現出來。發現如何清理漏油的人，也許是一位水泥專家。在網際網路上，大家都可能是某個領域的潛在專家──這只取決於丟出來的問題是什麼。

**以前的專業知識，偏好一致的口徑。**書籍有作者和編輯，確保內容本身前後一致。就算是多人參與的文集也會有編輯，以確保在內容和語調上，各個作者之間仍有某種一致性。專家自己也需要前後一致；被別人抓到前後矛盾是一件讓人尷尬的事。但是，網路化的專業知識比較像是喧囂的市集，裡面充斥各種想

法、知識和權威。

　　從以書籍為基礎的專業知識，轉換到以網路為基礎的專業知識，是一個讓人不舒服的轉折過程，特別是現在 —— 我們正在經歷這項轉變。我們知道傳統專業知識的價值，卻又看見一種新的專業知識正在興起，而這種專業知識又有不同的價值：從經過認證到未經認證；從確切肯定到模稜兩可；從前後一致到多樣繁雜；從權威賦予的不透明，到不斷要求的透明度；從有範圍、可知，到交相連結、無法駕馭。

　　更重要的是，專業知識從個別專家的特質，轉變為網際網路本身的特質。當然，不是所有的網路都會讓互相連結的專業知識更上一層樓。事實上，有些網路會比網路裡面最聰明的成員來得愚蠢，而且還堅信自己的愚蠢見解。這一切都跟該網路如何囊括網際網路以下兩個基本特性有關：網際網路會讓人互相**連結**起來，而互聯的各個碎片又彼此**不同**。互聯性對專家而言不是什麼新奇的事，但是網際網路互聯性的範圍、尺度和透明度確實是大事。真正讓專業知識動搖的，是億萬個不同意見的互聯性。我們之所以會付大把鈔票給那些有名的專家，是因為希望他們把我們腦袋裡的各種差異性消除，像對付蚊蟲一樣全部打掉。但是，網路化的專業知識之所以有力量，就是因為這些差異彼此相連。事實上，在網際網路上，一個人有資格成為專家，往往不是因為他

讓某個議題蓋棺論定，而是他有辦法發覺一個議題。而從這個議題的第一個字句（不論是部落格文章、推文，或是老派的白紙黑字），會衍生出千萬隻充滿各種差異的蚊蟲，每隻都在互相連結的世界裡嗡嗡作響，無法安定下來，也讓人無法安定。

這是因為網路化的知識一定會包含各種差異。

# 第五章

# 網路的多元與回聲

現在的我們充滿各種矛盾。

**一方面**，我們覺得讓自己的信念受到質疑（而且最好是在很根本的層次上受到質疑），是一件很重要的事。**另一方面**，當我們在網際網路上看到質疑我們最根本的信念的頁面或文章時，我們又會抱怨到處都是相信各種瘋言瘋語的人。

**一方面**，我們想要更多偶然的巧遇，這樣大家才不會安逸於自己的舒適圈。**另一方面**，幾乎大家都抱怨網際網路太讓人分心——太多偶然的巧遇了。

**一方面**，我們慶幸現在聽得到很多不同的聲音，而不只是傳統媒體的言論。**另一方面**，我們又抱怨這些未經認證、不可靠的人，拿到的大聲公就跟學者和受過訓練的記者手上的一樣大。

我們之所以會有這麼多矛盾的情結，是因為網際網路上面紛亂的各種想法，迫使我們必須面對知識策略的緊迫狀態，而舊時的紙本知識媒介卻把這種狀態隱藏起來了。我們以為知識會在一

個活躍的「想法市集」裡蓬勃成長，因為紙本為主的知識有所限制，會把大多數競爭的想法排除在我們附近的市集以外。現在，我們可以看到周遭的想法多麼多元又多向（這是因為網際網路上的過濾器通常不會去除內容，而只是把過濾後的內容帶得離我們更近），面對這種新的多元性，我們覺得非常困惑。

舉例來說，試著讀讀看（或是如果你年紀夠大的話，重讀一遍）哈伯斯坦獲獎的經典著作《出類拔萃的一群》。這本書出版於一九七二年，此時美國還在越南上空丟下幾萬噸的炸彈[1]。哈伯斯坦試圖說明，為何甘迺迪執掌的白宮有那麼多受過優良教育又認真的人物，卻會在越南一敗塗地。這本書處處是當時知名，現在卻鮮為人知的名字：邦迪、包爾、鮑爾斯……；書中討論的事情也相當遙遠，若有人回憶起來，通常會視為美國近代最大失策的譬喻。但是，哈伯斯坦提出的問題仍然讓人十分不安：這些出類拔萃的一群，怎麼會讓美國進入越南的煉獄？如果受過這麼良好的教育又如此經歷世故的一群人，都會出這麼大的錯，我們又怎麼能相信差他們一截的人所提出的建言？

美國記者納瓦斯基在一九七二年對此書的書評裡，引用了哈伯斯坦的答案：「就算他們聰明睿智，有十足的自信，又非常理解自己，他們卻不願意回顧過去，從歷史中學習。」不過，納瓦斯基認為真正的問題不在個人，而是在制度層面。如果哈伯斯坦筆下的「好人」也取得權力，納瓦斯基認為他們也有可能「被戰

爭機器吞噬」[2]。

但是，當今讀者若是回到那個像仙境般遙遠的國度，會發覺這些人在討論美國白宮到底出了什麼錯的時候，有個問題竟然沒有成為討論的焦點。出類拔萃的一群人確實聰明睿智，又立意良善。他們認真工作，也都是愛國份子。不過，現在你若來讀這本書，就會馬上發現他們有多像。他們都是男性，都來自美國東岸，都是白人，都剛剛邁入中年，都是預科學校畢業後就讀常春藤盟校。他們雖然沒有百分之百一模一樣，但實在是太相似了，假如今日某個公司的董事會是由他們組成的話，肯定會有人提告。如果這些圈內人士能夠囊括有戰場經驗的軍人、國務院前外派人員，甚至是一兩位越南人，白宮的政策制定者在面對這些問題時，可能就不會錯得這麼一塌糊塗了。

如今，大家都會希望多元化。從《出類拔萃的一群》這本書以降，就連美國標準的圖庫圖片都變了。如果企業手冊裡有超過三位員工在一起工作，至少有一位會是女性，也至少有一位會是非裔美國人。批評一個部門不夠多元化，是一種完全合理的意見；不過，若想讓人接受「我覺得這個團隊太過多元化」這句話（或甚至只是讓這句話有道理），可就要非常奇特的情況了。多元化的目標已經成為預設值了，一方面是單純要維護公平性，另一方面則是因為我們的文化早就接受了這種觀點：多元化的信念會讓我們有更好、更強、更有根據的想法。

然後，我們就看到網際網路上多元的想法。在 AboveTopSecret.com 的論壇上，到處都有人在討論九一一事件究竟有沒有飛機撞進美國五角大廈。用 Google 搜尋一下甘迺迪總統是誰殺的，在我寫這本書的當下，排名最前面的結果是 WhoKilledJFK.net，這個網站還特別用引號標出「華倫委員會的『結論』」，以表示存疑。如果你想回到比這幾十年還早的時代，就用網際網路搜尋一下是誰寫下莎士比亞的戲劇。在搜尋完這些東西後，你就能開始找找看真正讓人抓狂的東西：有人否認世界上有原子，否認宇宙很大，否認細菌會造成疾病，否認二加二等於四。這一切還只是在說英語的世界裡面。大家彼此意見不合的程度，到了我們必須將最不合的意見視為瘋人瘋語的地步，或是乾脆不去評論這些文化，因為若要理會這些文化，我們就必須視之為瘋子。

看來我們對多元性的喜愛，只是在還沒看清它的真正面貌之前。


## 探究多元性

我在二〇一〇年二月跟諾芙克談話的時候，她有個白宮裡面留職停薪的工作、一個六周大的小嬰兒，以及兩千兩百六十七封未讀的電子郵件。如果你擔任歐巴馬開放政府推動小組的執行

長，請產假就會是這個樣子。直到她在二〇一一年一月辭職前，諾芙克致力於將政府程序開放給所有的公民，不只是因為公民意識，也是為了積極推動合作。不過，雖然她強力支持政府資訊公開，卻還是會擔心多元化的負面衝擊。

諾芙克認為，創造不以傳統認證方式為局限的專家網路是一件好事。她舉了一個例子：「如果要想辦法讓退伍軍人更快拿到福利，我也許該跟那些在退伍軍人組織裡工作，真正在第一線提供福利的人談談才對。[3]」她還說：「我們會認為專業知識取決於經驗，還是學問？以書本為中心，還是以情境脈絡為中心？要找每天開卡車的司機，還是要找資訊部門裡的物流專家？答案當然是兩個都要。現在的科技，讓人很容易就能找到有經驗的人，就跟找到有專業認證的人一樣容易。」這樣就能開啟更多的意見和想法。同時，諾芙克也說，這樣可以「善用那些完全自學的人的熱情。」

所以，多元性萬歲。不過，諾芙克當時處在一個壓力極高的環境裡，只有四年的時間可以把事情做完。正因如此，她很直接地點出多元性不能解決問題，反而成為問題的時候。舉例來說，美國有聯邦層級的法令，規範一千多個聯邦諮詢委員會（FACs），確保它們能容納多元化的意見。當維持多元性有道理時，諾芙克完全支持，可是當過程快要接近真正制訂決策時，多元性就會愈來愈沒幫助：打個比方，如果一個執政團隊需要有

人針對瀕臨絕種動物給予意見，「我不認為把支持創造論和支持演化論的人放在同一個委員會，會是取得建言的最佳方式。」

這對諾芙克來說不是假設性的問題。當她來到白宮，很快地架設一個公開的網站，讓大家為正式的政府開放政策提供相關建議時，有數千人提出他們的想法，並討論其他人的想法，幾乎所有人都非常認真參與，討論的內容也非常有深度。不過，「標籤雲」卻是另一回事了。這裡的「標籤」指的是討論參與者可以加在回文上的標記，讓這些回文更容易整理和搜尋，而「標籤雲」會以不同的文字大小顯示這些標籤，字體愈大就表示標籤出現的次數愈頻繁。字體最大的標籤之一：「幽浮」。質疑歐巴馬不是在美國出生的「出生論者」也全力出動，這點可以從「篡位者」這個標籤的出現頻率看到。他們參與政府資訊公開的討論，就是一個多元性變成紛擾的例子。如果讓那些偏離主題的人沒辦法存取網站，應該不會有多少人反對，可是諾芙克在這個例子裡遇上一個特別的問題。由於那是一個政府網站，若是把不相關的文章移除，一定會有人宣稱這是政府查禁言論，所以她只好留下這些不相關的回文。幸好，社群管理的功能讓使用者可以在不移除文章的情況下，標出哪些文章與主題無關。

我們從她的經驗可以得知以下兩點。

首先，多元性有個適當的程度。多元性不足的話，你可能就會覺得入侵越南是個好點子。多元性太大的話，你在尋求開放政

府資訊的標準化格式時，就會看到一堆公民拿歐巴馬的夏威夷籍出生證明來無理取鬧。

第二，多元性要多少才適當，跟內容高度相關。如果你想舉辦一個論壇，來辯論歐巴馬執政的正當性，你會想確保多方意見都能容納進來。如果你想組織一個遊行，來抗議歐巴馬執政的正當性，你不會想邀請你的政治死對頭來參與行前會。

這是一個相當普遍的問題，不是只有政策制訂者才會面臨。當福特公司研擬是否要停產水星系列的車款時，他們並沒有找來一些當下就決定車子都該扔進海裡，製造新珊瑚礁的人。可是，如果福特公司只靠那些抱持舊觀念和想法的老古板，他們的決定顧及到現實面的程度，很可能就跟甘迺迪總統那群出類拔萃的人一樣。從教育到科學等各個領域，這一點都同樣屬實；只不過在不同的領域裡，多元性到什麼程度才會變得干擾也會不一樣。

所以，問題就是：我們要如何適當地探究多元性？

## 一、多元性並非生而平等

美國社會科學家佩吉在《差異的優勢》一書裡，舉出事證來支持他的大膽論點：不論是否在網際網路裡，「多元性比能力高一等。[4]」他對於這個現象的解釋，其實相當直接：

> 最佳的解題者通常很相似；因此，把最佳的解題者

集合起來，整體的表現只會比任何一位個人稍微好一點而已。一票隨機但聰穎的解題者，通常會相當多元。這種多元性讓他們集合在一起的時候表現得更好[5]。

雖然「同類相聚的集合，還不如只有一個人」[6]，不過佩吉倒是列出四個條件——只有在這四個條件成立的時候，多元性才會是更好的策略。首先，問題必須要困難到任何單一的解題者無法每次都得到正確的答案；若非如此，你只需要一位非常出色的解題者就好了。第二，這個群體裡的人需要有相對於問題的聰明才智；如果問的是一個微積分的問題，一票很多元但不會微積分的人，解題的能力不會比一位微積分專家來得好。第三，群體裡面的人必須能針對提出來的解決方法，提供漸進式的補強與修正。第四，這個群體本身要夠大，而且必須從一個非常大又真正多元的母體裡選出來。在這四個條件之下，一個群體若是只有最出色的頭腦，反而會比不上一個多元化的群體——多元性比最出類拔萃的一群更高一等[7]。

可是，要什麼樣子的多元性呢？找來一群鞋子大小非常「多元」的人不會有什麼幫助。另外，光是追求種族多元性也不會有太大的幫助（雖然這是很多公司企業追求多元性的方法）。這就是美國聯邦最高法院第一位拉丁裔女性大法官索托馬約，在任命聽證會上踩到的地雷（或者，你也可以說這是一顆朝她丟的手榴

彈）。在一九九四年和二〇〇三年之間的多次演講裡，索托馬約說「一位有智慧的拉丁裔女性」可能會比一位白種男性法官做出更好的決定。根據她的反對者的說法，這番話是在宣稱種族的優越。根據支持者的說法，她是指出「她個人經驗的豐富。[8]」多元化的經驗或許可以讓人開啟視野，看見前所未料的想法，也對更多人抱持同理心 —— 對於索托馬約應徵的九人委員會來說，這些特徵應當都與他們的賢明程度相關。不過，光只有種族多元性是沒有用的：想像一下，假如索托馬約是一位生命經驗跟其他八位大法官一樣的拉丁裔人士，這樣會是什麼情形。許多公司企業經常一味追求的種族和性別多元性，到頭來其實並不重要，除非這些個人會因為這些因素，有足夠多元的生命經驗。

　　《差異的優勢》提出研究來說明，讓整個群體比該群體裡最聰明的幾個人還要聰明的，是**觀點**和**啟發**的多元性。「觀點」指的是我們自己拿在手上，表示地勢情況的地圖。舉例來說，如果現在的問題是，如何在公開政府資訊的網站上管理大家的發文內容，一種觀點可能是依照主題來管理貼文，另一種觀點可能是看這些貼文在政治版圖上的位置，再另一種觀點也許會以貼文的情緒來分門別類；這些用不同方式繪製的地圖，會分別導向不同的管理發文方式。相對地，「啟發」是我們用來處理問題的工具。舉例來說，一種啟發可能是當論壇上有版主管理時，針鋒相對的討論就會緩和下來；另一種啟發，也許是評價系統（像是使用者

對貼文按「讚」或「噓」），可以讓不相關的貼文逐漸邊緣化。根據《差異的優勢》一書的分析，一位有智慧的拉丁裔女性，若要讓聯邦最高法院以有效的方式變得更加多元，只有當她的經驗讓她用不同的方式看待世界（觀點），並教她用不同的方法（啟發）來處理問題時才有可能。

### 二、共通點要剛好夠

泰姆是反色情的女性主義者。史蘋克是「前妓女和色情片女星，轉型為藝術家和性學專家。[9]」想當然爾，她們對色情的看法大相逕庭，而她們在這個議題上的差異是絕對的。泰姆是一位女同性戀分離主義者的化名，她深信「所有從事色情產業的女性，不是受到很嚴重的誤導，就是被奴役。」根據史蘋克的說法，如果泰姆跟一位「色情片女星」說話，泰姆的社群肯定會把泰姆踢出去[10]。雖然如此，在二〇〇八年時，史蘋克和泰姆坐下談話，史蘋克後來也把談話內容放到她的網站上。這是個非常直率的交談。史蘋克認為色情有「解放」的作用，甚至還建議大家自己製作色情片，來更了解性愛。泰姆則說製造色情片的人從事的是一種奴役兒童的工作，甚至還把史蘋克類比為否認猶太大屠殺的人。雖然兩人隔了一道鴻溝，但對談結束的時候，兩人都說出為何對方「對我來說是一位好老師」，並且互相擁抱[11]。

這個例子似乎證明了多元性的力量：兩個人對一個議題抱持

完全相反的觀點，不過還是有一段互相尊重的對談，而且彼此都從對方身上學到東西。泰姆得知，色情片女星可能會覺得這個職業「既讓人解放，又能獲得高利」，而且女性的拍片所得通常比男性高。史蘋克則學到，反對色情的人並不一定是因為他們恐懼情色經驗。雖然兩人對色情的看法相差甚多，但是她們都學會互相尊重對方。

雖然如此，我們還是可以從中看到以下兩點，說明大家聚在一起進行互相尊重的對談，不一定會有這麼激勵人心的效果。

首先，史蘋克和泰姆的差異之大，其實還不如她們共通點之深。沒錯，她們對於色情的見解完全相反。但兩人都致力於女性主義運動，生活也以女性主義的價值為核心。她們也有一套共通的語彙：對她們來說，「色情」、「激進女同志」、「男人婆」和「父權」的意義夠精確，使用之前無需先為這些語彙下定義。許多其他的對談可能會因為這些問題而無法上軌道：「你好大的膽子，敢叫我色情明星！我是一位對性很坦白的演員，在成人娛樂產業裡工作！」除此之外，我們從對談裡可以放心地假設泰姆和史蘋克都是女性、都說英語、都超過四十歲，而且都能坦率地討論性與性向的問題。把這些條件拿掉，對談就會變得困難許多，甚至完全不可能發生。

第二，泰姆說的最後一段話是：「這樣的對談之所以有可能，是因為我們兩人都有言論自由，而且不需要有人做出改變。

我不期望你變得反色情，你也不會期望我變得支持色情。」如果與談人士堅持要分出高下（或是如果他們在一個委員會裡，必須替企業或政府制訂決策），這個對談就會變得困難許多。泰姆和史蘋克進入對談時，彼此都了解目標只是要探索其他觀點，而她們原本也就喜歡和敬重持有這種觀點的人。

　　不幸的是，當我們想到要保持禮貌，通常會聯想到的對話，正好就是那種雙方意見極度不合，卻必須在某種務實政策層面上達到共識的交談。但正如佩吉所說，多元性最有效的時候，是當大家有共同目標的時候。這就是為什麼諾芙克在討論減緩氣候變化的實際方案時，不會找那些否認氣候正在變化的人參與討論。這並不是因為她眼光狹隘，而是因為這個討論的目標是要減緩地球暖化的速度。在那些都認同這個目標的人之中，仍有許多多元觀點和啟發的空間。抱持共同目標的多元群體，很可能會比同質的群體更有效率。知識份子必須處在有圍牆的社區裡。這些圍牆以前像是堡壘一樣；現在，它們通常會以有益的方式變得半透明、可以穿透。不過，它們仍然是圍牆，發揮的功用就跟所有的圍牆一樣：藉由排除干擾性的多元份子，讓共通性夠高的群體可以一起達成一些事情。

　　共通性太高會導致團體迷思；共通性太小則會讓群體空轉，或是不斷地妥協，最後只能得到平庸的結果。這裡的要訣，就是要讓多元性剛剛好足夠，而要量出「剛剛好」的分量，通常需要

用比我們原先設想還要小的量匙。

## 三、用手好好攪拌

　　如果一份舒芙蕾食譜只叫你放進「剛剛好足夠的牛奶」，這份食譜簡直比沒有用還糟糕。同理，如果一本書只叫你放進「剛剛好足夠的多元性」，這本書也沒什麼用。到底多少才足夠？我們知道這比我們原先以為的還要少上許多，但問題就是沒有一個「剛剛好」的定量多元性。

　　這就是為什麼 WELL 上面有管理者的原因。一九八五年，WELL 由當年那個世代的偶像人物布蘭特，與病理學家和科技專家布里恩特所創，是網際網路上數一數二長的對話。WELL 源自布蘭特所代表的嬉皮文化（這個名字是「全球電子連結」[Whole Earth 'Lectronic Link] 的縮寫，呼應布蘭特更早的作品《全球概覽》），不過現今的四千位會員反映出來的，似乎比較像是一種誠摯的咖啡廳文化，而不是舊金山街頭那種不穿襯衫、非線性的嬉皮次文化。從一九八七年就加入 WELL 的作家雷布考斯基說，這個網站的成功並非偶然。「他們起初在社群裡播種，撒下許多非常擅於交談的人，成功地建立起社群」，對於那些他們想要邀請加入對話的人，也會免除申請費。雷布考斯基還說：「他們也邀請了死之華樂團那一票人，還有許多記者。[12]」

　　播種完了以後，接著就是要細心照料。每一個「會談」（亦

即對話的主題，有些更是從 WELL 創立以來就一直持續）都有兩位「主持人」，也就是管理者。管理者可以加入會談，但他們主要的工作是要讓會談保持剛剛好的多元性。如果有人無禮的程度超過群體規範，管理者就可能介入。有時候，有些人會被禁止參與討論一段時間，讓他們冷靜下來——可以說是在會談之中喊暫停。如果對話的內容離題，管理者可以提醒大家討論的主題是什麼。《聰明行動族》的作者瑞格德是線上討論的始祖之一，也從一九八五年起就參與 WELL 的討論，他認為所有的社群論壇都應該有管理者。根據他的說法，只要有管理者存在，就算他們從來沒有管理過任何一篇文章，也足以讓別有居心的人士退卻[13]。

管理不一定要透過特定的管理人士；有時候資料流量實在是太大了，根本不可能由專人管理。社群管理常常也能達到一樣的功用——諾芙克的 OpenGov 網站上，真正關切政府開放政策的人就把那些「出生論者」給逼進死角。不過，論壇的言論幾乎一定需要專人管理，其背後的原因，就跟多元性正確的分量只能是「剛剛好」一樣。人類的交談，會反映出一切與人相關的獨特性、社會和文化。所有的規則都有我們希望可以打破的時候。要在討論如何教育小孩的論壇裡禁止髒話？好是好，但如果討論的主題是如何教導滿口髒話的小孩，而他究竟說了哪些髒話又很重要呢？要在政治論壇裡禁止煽動仇恨的言論？好是好，可是如果討論的內容，跟某個帶有強烈仇恨色彩的網站所使用的語言有關

呢？只准用英語發言？好是好，只是如果有人碰到一位拒絕說英語的客人，需要有人幫他翻譯這位客人在盛怒下說的西班牙語，這要怎麼辦？科學論壇上的貼文都要與主題有關？很好，但是如果有位焦急的家長滿懷歉意地打了個岔，問了一個跟他生病的孩子有關的問題，這要怎麼辦？我們需要管理者，是因為討論不能完全只依照規定來。多元性要怎麼樣才「剛剛好足夠」，跟人、跟主題、跟目的、跟社交連結有關——事實上，跟所有一切有關。

## 四、讓它岔出去

> 不幸的是，我們必須移除這個功能（至少暫時必須這樣），因為有少數讀者用不適切的內容灌滿這個網站。
>
> 我們向數千位抱持正確心態登入網站的使用者道謝與致歉[14]。

現在如果瀏覽到《洛杉磯時報》的「維基社論」實驗網頁時，看到的會是以上的文字。在二〇〇五年中時，維基百科的成功掀起一番維基熱，似乎如果讓大家一起製作跟某個議題有關的網頁，就算是最有爭議的議題也能化解。所以，當《洛杉磯時報》刊登一篇標題為〈戰爭與後果〉的社論，要求布希政府清楚

說明從伊拉克撤軍的計畫時，隨後又附上了一段邀約：

你覺得以上的社論如何？很好？謝謝！不太好？你是否看到思辨有誤、選擇性解讀事實，或是缺乏詩意？這樣的話，你想怎麼做呢？你可以寫封電子郵件給我們（或是如果找得到郵票的話，也可以寫實體信件）。不過，你今天有個新的選擇：你可以用一種叫「維基」的網頁自己改寫社論，網址是 latimes.com/wiki [15]。

四天以後，《洛杉磯時報》刊登了以下這篇維基訃文：

《洛杉磯時報》取消了新創的網路功能——讓讀者可以在報紙的網站上改寫社論。取消這個功能，是因為有些使用者用不當的語言和色情圖片破壞網站。

本報於星期五開放這個實驗性的「維基社論」功能，但在不知名的使用者貼出不當圖片之後，於星期日上午將之關閉 [16]。

兩天之內，原本的社論總共被修改一百五十次。社論一度被改寫成對《洛杉磯時報》在戰爭爆發前所扮演角色的批評。有些人拿這場戰爭和美菲戰爭相比，又有人把這些文字拿掉 [17]。除此

之外，當然還有那些破壞人士貼上的噁心圖片。

　　賈維斯在關於未來新聞的討論中，是一位力挺開放性的重要人物，他在部落格寫道：「維基社論勢必會變成拉鋸戰」，並提出意見，認為應該設立一個額外的維基網頁，給那些反對原本社論的人用。維基百科的創辦人威爾斯則回應，他已經做了這件事，在《洛杉磯時報》的網站上創立了「反對聲音」的維基頁面，讓那些與報紙觀點相左的人可以發聲 [18]。威爾斯寫道：「我不確定《洛杉磯時報》是否想要我來替他們的網站制訂政策，可是它畢竟是個維基頁面，而在那個頁面上的東西完全沒道理。[19]」

　　完全沒道理。維基用相當直接的方式，讓大家都到同一個頁面來。可是，如果不可能避免多種激烈意見的交鋒（從來沒有任何一篇社論強而有力到可以平息一切相反的觀點），那麼維基正好就是最不適當的東西了。比較好的方式是讓討論可以岔出去。「岔出去」是一種很常見的策略。舉例來說，如果在群組信件裡，有少數幾個人開始用電子郵件來回討論一個跟多數人不相關的議題時，可能就會有人提出合理的意見，請他們從群組信件中岔出去，用私人信件延續討論。在WELL上如果碰到這種情況，管理者就會提出另外成立一個討論串的建議。在現實生活中，有人從群體裡分出來，彼此私下交談，就是讓討論岔出去。

　　網際網路是讓討論岔出去的利器。它有無限大的空間，讓岔出去的談話可以在大家都聽不到，只有想聽的人才聽得到的地方

繼續進行：如果是群組信件，你就不會收到岔出去討論的電子郵件，除非你提出參與討論的請求。「岔出去」的特性，讓群體可以自行找到適合自己的多元性程度。

不過，又有人認為「岔出去」是網際網路的致命缺陷……


## 進入回聲室

直到現在，我一直堅持這個論點：由於網際網路讓我們看到世界上有多少東西可以知道，我們對於所有事物又多麼意見不合，我們舊時「減少需要知道的東西」的策略（也就是以「資料－資訊－知識－智慧」金字塔為形的知識），很不適合現在的新生態。於是我們改用新的策略，好利用這種新媒體接近無限的容量。正因如此，我們對於知識的樣貌和運作方式的認知，也已經在改變。

不過，我們剛剛看到四種應付多元性的方法，有三種都採用減少的策略：取得剛剛好足夠的多元性；用管理者來避免多元性過大；以及當討論太過多元時，讓討論岔出去。這究竟是怎麼一回事？想法與知識變得過剩又容易存取，但是不是真的什麼都沒改變？知識過剩這回事，實際上是否讓我們心胸變得更狹隘？讓「出生論者」（或歐巴馬總統的支持者）單獨岔出去到自己的討論串裡，很可能會讓他們拒絕一切外來的批評，彼此互相加油打

氣，而不會讓又好又多元的對談把他們的眼界打開。網際網路上到處都有人將自己岔入想法相近的群體裡，一方面是因為跟有共同想法的人相處很有意思，但另一方面也是因為如果我們非得一直吵最根本的論點，就不可能把共同的事情做完。

　　一個群體若是把自己緊密地組織在一起，只包含意見相同的人，就叫作「回聲室」。如果大家在網際網路上都住在回聲室裡，那麼回聲室外面有多少差異、爭執和觀點都沒有差。如果我們只把自己跟一些想法完全相同的人關在一起，那麼知識就與多元性避不相見，更比以前排除掉更多的差異。

　　如果網際網路創造出更多回聲室，受害最大的會是民主，因為人民會變得更加兩極化，也因此更難取得共識，或更難在無法取得共識時互相妥協。這大概是桑斯坦最憂心的一件事。桑斯坦是美國憲法學者，目前擔任美國白宮資訊和管制事務辦公室的管理者，也是美國在世的法律學者中文章引用次數最多的一位[20]。桑斯坦已經有數本著作討論這個議題，他在二〇〇一年的《網路會顛覆民主嗎？》一書裡認為，當大家可以選擇自己想看到什麼的時候，他們會傾向選擇熟悉、安適及強化既有信念的事物。這種特性被其他人稱為「同質相吸」[21]。桑斯坦道出同質相吸讓人不安的力量，指出「如果你看白人評價最高的十個電視節目，再看非裔美國人評價最高的十個電視節目，你會發現這兩者之間沒什麼重疊。事實上，非裔美國人評價最高的十個電視節目之中，

有七個是最不受白人歡迎的節目。[22]」

他還說：「網際網路上可以見到類似的分化情形。[23]」他列舉出一些網站當例子，這些網站都明白指出自己是為某些特定族群設立的，像是非裔美國人、年輕女性、年輕男性等等。他也引述他和同僚做的一項研究：在六十個隨機抽選的政治網站裡，只有百分之十五會放上連到對手網站的連結。「許多人主要聽到的是自己聲音造成的回音，而且還愈來愈大聲」[24]，因為網際網路讓選擇增加的幅度甚大，使得人民可以找到視野狹隘，卻又跟他們觀點完全相仿的族群。

桑斯坦還認為，事情比這個還要糟。有研究指出，人如果只跟他們認同的人交談，他們不但會更加堅信自己的觀點，而且還傾向讓這些觀點變得更加極端[25]。桑斯坦認為，這種群體極端化的原因有兩個。首先，群體的成員可以取用的觀點變得更少。再者，由於大家「想要讓群體內其他成員對自己有正面印象」，他們常常會把自己的觀點調整成跟主流的觀點一致。「無數個研究裡，都觀察出這種模式。[26]」

對那些關心民主的人來說，桑斯坦描繪的景象相當可怕，而那些希望網路會讓我們更接近傳統理想裡開化人格（頭腦開放、以事實為依歸、熱中於探索其他觀點）的人，也會感到失望。桑斯坦在研究群體極端化時，聚焦於離線時的互動。所以，我們必須知道的是：網際網路是不是真的讓我們的頭腦更封閉，還讓我

們的觀點變得更極端？

　　桑斯坦對此深信無疑：「毫無疑問，群體極端化確確實實在網際網路上發生。[27]」他的證據是：「顯而易見，對許多人來說，網際網路成為極端看法的生成地帶。[28]」他更指出許多的「數位瀑布」，亦即一個信念在網際網路上被當成真的事情在流傳，因此很快地讓許多人信以為真。另外，「有不少研究指出，群體極端化的情形會在與網際網路相仿的情境下發生。[29]」可是，這個問題在網際網路上，究竟有多常發生？《網路會顛覆民主嗎？》隔一年發行新版時，桑斯坦承認：「要知道這個問題嚴不嚴重，我們還需要非常多的資訊。[30]」這種情況是不是很常發生？只是偶然發生？一直都在發生？跟什麼相比？頻率有多高？程度有多大？網際網路的多元性，是否能讓一些群體變得不那麼極端？如果能的話，那麼為何只有某些群體會這樣，其他的又不會？也許情況正如薛基的看法，桑斯坦「把事情弄反了」：也許「政治對話變得更加粗糙」的原因，不是因為大家把自己關進回聲室裡，反而「正是因為大家不斷地接觸到其他觀點。[31]」

　　事實上，近年有些證據顯示這種極端化的效應，可能沒有桑斯坦認為的那麼強[32]。經濟學家根茨科和夏皮洛在二〇一〇年發表一篇論文，不僅檢視了網站會連結到哪些網站去，還看了網站使用者在上網時到底會造訪哪些網站[33]。這篇研究的結果，似乎跟桑斯坦「群體極端化」的想法所暗示的情況正好相反：

「造訪極端保守派的網站（如 rushlimbaugh.com 和 glennbeck.com）的人，比一般在網路上閱讀新聞的人更可能造訪過自由派的 nytimes.com。造訪極端自由派的網站（如 thinkprogress.org 和 moveon.org）的人，比一般在網路上閱讀新聞的人更可能造訪過保守派的 foxnews.com。[34]」亦即，造訪最明顯、最極端的回聲室的人，比大部分人更有可能造訪政治分水嶺另一邊的網站。

那麼，網際網路到底有沒有減少我們的共同經驗，導致群體出現極端化的現象，讓我們的認知比以前更加狹隘，因此傷害民主？根茨科和夏皮洛的研究認為沒有這一回事，但是這只是一份研究而已，而且還有爭議的空間。舉例來說，我在貝克曼網路與社會研究中心的同事祖克曼仔細地審視這份研究，得到剛好完全相反的結論[35]。他指出，這份研究發現網際網路的使用者，比起幾乎所有舊有媒體的使用者來得更加封閉。其實，如果我們以自身的經驗為依據到網際網路上看看（雖然這並不是嚴謹的方法），我們許多人會跟桑斯坦一樣，得到的結論是大家好像真的比以前更極端、更無禮。如果你想在網際網路上吸引別人的注意，說極端的話似乎是一種很有效的方法。

關於桑斯坦提出來的問題，確切的答案還離我們很遠。不過，值得留意的是，被網際網路弄得更笨的，好像都是「其他人」。我們大多數的人在到處查資料的時候，會覺得網際網路讓我們更聰明——認知更加清楚（真的是指尖上就能找到更多答

案），更能探索一個議題，而且對於我們尚不了解的事情，更能找到解釋，說明前後脈絡的觀點。

　　但卡爾可不這麼想。他認為，網際網路讓大家都變得更笨（包括他自己），但是變笨的原因基本上跟桑斯坦所擔心的完全相反。在《網路讓我們變笨？》這本書的開頭，卡爾說他在二〇〇七年的時候發現，自己的認知過程因為網際網路而改變，而且不是變得更好。他寫道：「我想念我的舊腦袋。[36]」對卡爾來說，變笨的原因不是因為網際網路上有回聲室，而是因為跟這個相反的東西：網際網路上相互連結、不斷閃爍、不停發文和推文的多元性，讓我們變笨。卡爾認為，網際網路正從生理上重塑我們的大腦，「我們『深度處理』的能力也減弱了，而這種能力正是『有意識地吸收知識、歸納分析、批判思考、想像和反思』所必需的。[37]」他引述關於大腦和行為的研究，證明網際網路不但讓我們的想法改變，還讓我們的想法更糟糕。

　　卡爾描繪的景象跟許多人察覺到的情形如出一轍：我們現在更容易分心，比較沒耐心讀完很長的書，會想要跳過無聊的部分直接到有「牛肉」的地方，而且要回想起我們怎麼到達網路上的某個地方還有點困難。但卡爾所引述的研究，同時也跟許多人的另一種感覺相反：我們覺得自己比以前更聰明，因為唯一限制我們取得答案的快慢的，只有打字速度，而且我們的好奇心只需要彈指片刻就能滿足，並再一次被激起。

大家都知道，某些讓我們感到自己最聰明的地方之所以會有用，就是因為那裡具有回聲室的特性：意見不合的聲音不是弱下來，就是完全噤聲。知識向來需要有社群讓它蓬勃發展。社群需要有圍牆，才能讓剛剛好足夠的多元性進入（雖然他們常常犯了一致性過高的錯誤）。但是，網際網路如今讓這些社群圍牆半開放了。網際網路的透明性，使得外人得以窺見裡面，圍牆內的人也可以看到外面。也許你是在一個桑斯坦認為是回聲室的社群裡，跟別人交換想法，可是你到達這個社群的過程中，會經過網際網路上日復一日、充斥各種想法的混水。舊時的回聲室，有如安靜社區裡的安靜圖書館。新的回聲室（也就是知識社群），則坐落在全世界最嘈雜的街道上，而且窗戶不夠厚，沒辦法把外面的聲音全擋掉。

　　所以，網際網路究竟讓我們變笨還是變聰明？網際網路還很新，相關研究也相對稀少，而且網際網路又在快速進化中。答案也許會隨著這一類研究常見的變數而有所變化（事實上，大概真的會這樣變化），像是經濟水平、教育程度、性別、政治、興趣、地理、文化等等。「回聲室」這個概念本身就不易掌握。另外，「聰明度」這種與文化有關的特質，測量起來又有不小的難度。正如卡爾所寫的：「網路的確讓我們變聰明了，但必須是以網路對智能的定義來看。[38]」「網際網路究竟讓我們變笨還是變聰明？」這個問題的答案，不會從思考這個問題得到，而必須身

歷其境才能回答。

不過，就某方面來說，這個問題並不重要。不論網際網路是否會讓我們變得更封閉，我們都知道人類有同質相吸的傾向；我們比較喜歡跟相似的人在一起。所有參與這個爭辯的人都同意，同質相吸太嚴重是一件壞事。他們都同意，應該盡全力避免同質相吸的傾向。不論是桑斯坦或卡爾，都不認為應該把網際網路回收起來，當成壞東西一樣丟掉。那麼，到底為什麼要爭辯這麼久，而且還爭得這麼厲害？

因為這攸關另一件事。


## 塵埃未定的對話

美國前副總統高爾在二〇〇七年出版《失控的總統》[39]一書時，正值總統小布希的第二任任期[40]，所以他理所當然會覺得有些沮喪。他在第一頁就提出這個問題：「美國現今制訂重要決策的時候，為什麼理性、邏輯和真理扮演的角色，似乎削減得很嚴重？」在花了幾章有力地說明政治治理已經跟事實和辯論脫節之後，高爾認為網際網路是「民主未來生命力的希望泉源。[41]」

　　網際網路可能是重建開放溝通環境最有希望的地方，
　民主的對話在這樣的環境中方能蓬勃發展……。個人貢

獻出來的想法會在開放的海洋之中，依據思想菁英管理的規則來處理。它是史上互動性最高的媒介，也是最有潛力的媒介，讓人與人和知識的宇宙互相連結起來[42]。

對高爾來說，網際網路是民主的希望；對桑斯坦來說，它是民主的危機。雖然如此，兩人都同意一個根本的前提：真理和知識之道，必須讓抱持不同意見的人可以理性、開放地互動。

這種想法由來已久。蘇格拉底就是這樣想的。理性的人坐在一起，用互重、誠實的方式討論差異，就是啟蒙時代完美的景象。深具影響力的當代德國哲學家哈伯馬斯，把公共空間（如咖啡廳）的興起視為「公共領域」的開端；在這些公共空間裡，這樣的對話才能進行。高爾抱持希望，是因為他視網際網路為這種理性公共領域的延伸。桑斯坦感到擔憂，是因為他認為我們正退入半封閉的領域裡。不過，我們都認為（至少絕大多數的人認為），要在明顯的差異之中找到前進的路，就是要對反對的意見抱持開放的態度，並以理性溝通差異。

我們相信理性的力量、對話的功用，以及知識與世界的關係，這樣的信念背後有一套既定的假設。就算把這些假設放著不管，我們不用在網際網路上花費多少時間就能發現這個悲哀的事實：我們根本就不可能學會理性地對話，得到一致的結論。我們對所有事情都會抱持不同的意見。多元性的事實就是如此，而我

們現在非得面對它不可。

　　我們到底要怎麼辦呢？說到氣候變化的時候，高爾一般採用的策略，是把那些不同意他的說法的人，排除在「理性人士」之外：否認氣候正在變化的人所說的事實是錯的，他們不相信科學，也因此在理性的咖啡廳裡不該出現。演化論科學家常常也用同樣的方式對付創造論人士。反方也採用一模一樣的策略：高爾是個頭腦封閉的狂妄份子，跟他根本沒得爭辯；演化論人士是只相信理性的無神論者，因為他們不肯承認神是真實存在的，所以連開始討論的共同立場都沒有。高爾、桑斯坦和蘇格拉底如此稱頌的理性討論，只可能在回聲室裡面發生 —— 在回聲室裡，大家彼此都同意夠多的事，因此可以理性地抱持不同的意見。

　　舉例來說，在二○一○年五月時，美國國會裡的共和黨員設立了 AmericaSpeakingOut.com 這個網站，大家可以在網站裡貼上各種想法，國會裡的共和黨領袖也說他們會看這些貼文。共和黨黨員稱讚這是治理過程「革命性」的民主化。隨後，他們滿臉驚恐地看到頭幾天的貼文裡，包括提議廢止一九六四年民權法案的第二部分，因為它（提議者這樣「說明」）「**違反憲法、激進，而且是希特勒**」[43]。另一個人提議監控美國所有的穆斯林，也有人建議要增稅。共和黨讓監控穆斯林和增稅的建議留在網站上，可是強調他們不會考慮將這些想法付諸實行。伊利諾州眾議員羅斯坎說：「關鍵是大家需要記住，我們要聚焦在……既定的準則

上。」這些既定的準則，圍出了可以接受的討論範圍。超出這些範圍，你的想法就會被忽略，在極端的情況下，甚至會被移除。這代表 AmericaSpeakingOut.com 是一個回聲室。可是，如果共和黨黨員要用屬於共和黨的方式討論這些議題，必須要這樣才能取得進展。

這一點必須非常清楚。在對談之中，我們仍然需要竭盡全力保有差異與多元性。我們必須持續學習如何進行管理，以包含更大的多元性。我們需要提防回聲室會玩的心理伎倆，避免它讓我們認定自己的信念「顯然」是真的，並且一步步愈來愈極端。可是，共和黨要有個線上「咖啡廳」來討論他們的想法，也是十足合理的事。這樣的對談，所需的一致性比多元性還要高。

網際網路讓我們看到，舊時理想的「理性咖啡廳」只存在於一種城市裡，那裡還有數百萬間怪異、錯置，或根本完全不合理的咖啡廳。但是，這種破碎的景觀，正是理性時代認為我們可以越過的障礙。我們現在有相當充足的證據，證明不可能越過這個障礙，而這個證據就是網際網路本身。


幾千年以來，西方哲學家不斷爭論人類理性是否足以理解我們的世界。不過，理性的批判者通常相當孤獨。過去五十年來，這些聲音已然成為一個合唱團，在某些地方還是當地最大聲的聲音。他們被冠上「後現代主義」的標籤，不論他們多麼反對，這

種標籤還是不變。

當我還是哲學所研究生時，後現代主義在北美的影響還不深。我的博士論文寫的是海德格，一位現代德國哲學家，論點被主流哲學家視為故意寫得很隱晦，也會說出「你所知的一切都是錯的」，只為了讓自己看起來比別人都高人一等。但是，我和我圈子裡的學者認為，海德格的作品之所以艱澀，是因為它們以非常有深度的方式挑戰西方哲學的根本假設。到了一九七八年時，後現代主義意外地在一年一度的海德格研究圈裡成為中心議題。許多談話內容（特別是在走廊上的非正式交談）都集中在德希達的作品上，他認為海德格激進的哲學計畫還不夠激進。身為一位研究圈的新成員，在場許多學者的研究都曾引導過我，我也有機會跟他們碰面，但讓我印象深刻的是，他們對德希達下的評判，正好就是非海德格派學者對海德格下的評判：他只是故意要投震撼彈，前後矛盾不一致，故意寫得很隱晦，是一位學術騙子。簡而言之，那正是一個經典的回聲室經驗：我們拒絕認真看待挑戰自己立場的說法。當然，諷刺的是，世界上其他人會認為德希達和海德格的想法大同小異。

這些年來，這些新一代思想家的作品讓我吃足了苦頭。後現代主義的作品通常濃密異常，這要不是因為他們試著解開語言本身存在的深層、根本假設，就是因為他們用一陣煙霧般的語言來隱藏自己想法的空洞（這兩種觀點，端看你跟誰說話而定）。當

然，沒有任何簡單的介紹可以涵蓋一切，特別是當他們之間有那麼多的差異。好在我們只需要從他們那裡借用一些關鍵想法，幫助我們了解網際網路對每一位訪客揭露的無窮差異。

**所有的知識和經驗都是一種詮釋。**世界只會是一個樣子，不會是別的樣子（你腳趾踩到的那顆石頭真的在那裡，小兒麻痺疫苗的效果相當好），可是我們對於世界的體驗永遠都只能採取某種觀點，只能看到某些特徵，而沒辦法看到其他特徵。

**詮釋是社會性的。**對於一個文化、一種語言、一段歷史，或是一個我們關心的人類計畫，詮釋永遠會發生。對伐木工來說，樹是木材；對小孩來說，樹是可以爬的東西；對德魯伊教的教徒來說，樹是崇拜的物品。這些一定會添入人性的不確定和不完整等元素。

**沒有比較優越的位置。**一定會有許多方法可以詮釋任何一種東西；任何詮釋方法在所屬的脈絡之外，都不能說是最好的一種詮釋方法。有些後現代主義者會否認有「優越」的位置，不只刻意呼應愛因斯坦式的想法（所有的動態都是相對的），也特別強調社會經濟方面的思維（菁英份子不應該讓其他人的想法邊緣化）。

**詮釋發生在對話裡。**沒有周圍的脈絡，你就無法理解一個東西。就連汽車轉向指示燈這麼簡單的東西，也必須放在下面這些脈絡裡才有意義：車子、基本的物理法則、其他駕駛人不可預測

的想法、法律的限制，以及人體內哪裡算是左邊、哪裡算右邊。維特根斯坦說這種概念是「語言遊戲」；他指的並不是娛樂行為，而是說我們的言行受到不成文的規則和期望所左右。後現代主義者用過許多字彙來描述這些脈絡，不過我們姑且用「對話」（discourse）來表示。

**在特定對話裡，某些詮釋比較優越。**如果你是在科學的對話裡，以事實為根據的證據會特別有分量，情感則否。反之，如果你跟人求婚的方式像科學對話一樣，編寫了許多資料表格，你不是在開一個很難笑的玩笑，就是有很嚴重的問題。對話本身是社會的建構體——它們是某個文化裡的人將想法組織在一起的方法。對話本身不是自然的一部分，而且也會隨著歷史的演進而改變。

後現代主義遠遠不只如此。不過，這五個想法非常關鍵，而且數十年以來，受到各種形式的抗拒和辯論。當然，這一切都是在網際網路讓我們看到後現代主義者說對了之前。紙本為主的媒介有其限制，而這些限制讓以前集中的權威享有崇高的地位；但由於紙本媒介不再當道，這些舊有的權威逐漸失去威望。在網際網路上，我們看得見幾乎所有可能的詮釋。當這些詮釋跨越對話（或跨越文化、社會經濟群體，或任何一種有自身規範和價值的群體）時，就不太可能化解歧見，甚至連理解這些差異都很困難。

雖然如此，我們不能讓出類拔萃的一群人依然只顧自己的對話，因為若是這樣，成千上萬的人可能就會死於無謂的戰爭中。把大家放在一個網路裡，他們可能會形成桑斯坦所擔心的回聲室，用白皮書和互相勉勵的行為，變得更加確信自己的信念，更極端，也更危險。對於那些不在意學術正確性，或是沒有好奇心的人（其實，我們每個人每天至少都有些時候是這樣子），網際網路很可能是一個讓知識崩解的環境。我們必須對這一切感到憂心，也需要更多研究來確立真正的風險和損害為何。不過，網路也讓我們有機會跨越界線連結起來，形成比最聰明的成員還要更聰明的專家網路。網路可以讓我們更聰明——**如果我們想要的話。**

可是我們不能就此打住。「差異」這件事會導致我們抱持矛盾的立場（網際網路是回聲室，網際網路的多元性會讓我們分心），而且原因就跟我們為何一直抗拒後現代主義的想法一樣。我們擔心（這也是可以理解的），失去優越的地位之後，我們會迷失在一團矛盾的想法之中。

那麼，我們來看看網路化的知識如何把各種想法拼湊在一起，而且特別要跟舊時用書本導向真理的方法來比較一下。網際網路上的差異和讓人分心之處，是否會讓各種想法無可避免地崩解散落？想法的超連結化，是代表我們失敗了，還是一種新的方向，抑或是二者兼具？

# 第六章

# 長篇的形式 vs. 網路的形式

人類的生命皆有限。

蘇格拉底是一個人。

因此,蘇格拉底的生命有限。

這已成為知道一件事情的標準範例[1]。如果這個論點的第一和第二行是真的,那麼結論就十足肯定,就連神的手都無法讓它動搖。

不過,我們若要知道這個世界,當然需要比這長很多的一串串論點,因為世界是一個複雜的整體。我們理應可以從 A 開始,一路以小心、計算好的步驟推論到 Z 去才對。這種**長篇**的立論形式,是我們認為人類最盡善盡美的理性。

那麼,如果網際網路讓我們的注意力下降了呢?假設我們就算從 A 到 B 去,都會被一個「來抓我呀」的廣告,或是最新的八卦連結給弄到分心,這下該怎麼辦?我們又要怎麼想出那些帶

領我們超出已知範圍的想法呢？

　　如果要擔心我們會喪失長篇思想的能力，我們必須先摸清楚這種思想形式到底長什麼樣子。長篇思想首屈一指的巨作出版於一八五九年。達爾文的《物種起源》是個輝煌的單一論點，分成十五章推演開來。以下是全書的摘要，並標出各個章節。

　　〔前言〕我們對於各個物種的起源有過各種想法。現在讓我們重新來看這件事。〔一〕農夫可以藉由選擇他們想要的親代特性，繁殖出不同種類的子代。〔二〕野生動物也有很多的變異。〔三〕讓野生動物更容易生存的變異，會讓有這些變異的動物有更多後代，因而將變異傳下去。這是自然選擇，跟農夫所做的人工選擇相似。〔四〕自然選擇會一小步、一小步地進行，這說明了為何有些動物會發展出看似無用的特性。〔五〕變異會怎麼出現，有一些自然的法則。

　　〔六－七〕有些人會反對這種理論。在此讓我回應這些反對的看法。〔八〕自然選擇也可以解釋天生習性的發展和遺傳。〔九〕雖然這個理論確實無法說明為何混種的動物無法生育（因為無法生育不是繁殖的優勢），但還是有另一種解釋。〔十〕雖然我們沒有可以完整呈現演化過程的化石，但這背後有充分的原因。〔十一〕事實上，如果正確地解讀化石紀錄，我們會發現它支持天擇逐漸演化的論點。

　　〔十二－十四〕地表上各個物種的變異，證明了不同的物種

會改變，以適應牠們的環境。在此再舉出四個例子來支持我的論點。

最後，〔十五〕「由於這整本書是一個很長的論證，對讀者來說，若在此簡單重述主要的事實和推論，可能有所助益。」

一個成功的長篇思想作品，會小心翼翼地一步步陳述論點，會面對反對的意見，會提出證據，會得到結論。《物種起源》既是奠定科學基礎的重要作品，也同樣是精采的文學之作。

雖然如此，這本書仍然有所有長篇論證都有的弱點。舉例來說，達爾文在第四章寫道：「那些對地質紀錄性質持反對看法的人，會有充分的理由反對我整個理論。」這本書其中一個天才之處，就是達爾文留意到讀者在論點還沒到站停穩前，就想先跳車下來。也因此，達爾文在十五章之中，總共花了六章的篇幅來回答他預想讀者可能會有的反對聲音。天擇怎麼解釋物種失去某些特性，像是有些蝙蝠保有喪失功能的眼睛？為什麼化石不會顯示物種之間的過渡期？達爾文陳述了他的同僚所持的反對看法，也預言了尚未提出的批評。真是太天才了。

但這份天才只局限在他當時可使用的媒介所設下的限制之內。如果你寫的是一本書，你非得拿可能出現的異議來跟自己對話不可，因為書籍是一種非連線、非對話式的單向媒介。我們之所以必須使用這種角色扮演的方式，不是因為思想應該用這種方式運作，而是因為書籍會把思想固定在紙張上。我們必須建立起

一長串彼此相連的想法，因為書籍是一頁接著一頁的。長篇幅的思想之所以看起來會是這個樣子，純粹是因為書籍將思想塑造成這個樣子。而由於書籍是知識的媒介，我們就一直認為知識**應該**就要長這樣才對。

舉例來說，著名的書籍史學家和哈佛大學圖書館館長達恩頓，在一九九九年的一篇文章裡提出以下的看法（這篇文章後來收錄在《閱讀的未來》一書中）：

> 任何一位做過長時間研究的史學家，都知道沒辦法跟無底的文庫與過往的深淵對話，是多麼讓人挫折的一件事。如果我的讀者能夠看看這本書在寫什麼……看看裡面所有的書信，而不是只有我引述的這封信的這幾行字而已。如果我能在我的文字裡，像我在文檔裡追尋時走的路線一樣，自由地走上岔路……如果我能呈現出各種主題如何在我的敘述外交錯，並延伸到離我的書非常遙遠的地方去……如果〔書籍〕不再必須用一種說法來了解一個議題，就可以開創新的方式來理解證據，用全新的可能來認知敘事裡面的元素，用新的意識來詮釋過往事物的種種複雜性[2]。

事實上，達恩頓在這篇文章裡還描述了一本書能如何包含

這些可能性：「用像金字塔一樣的方式，把它一層層地建立起來。[3]」最上層會是「精簡的論述」。第二層可以放進「這個論述不同層面的擴充版本」。第三層可以放進佐證上面兩層的文獻。第四層則包括「前人的研究，以及跟這些研究相關的討論」。第五層會是教學相關的工具。第六層則會集結讀者評論和交流。

這個提議若拿來架設網站或是編纂一本電子書，看起來相當有意思，可是達恩頓在一九九九年的時候卻是提倡一種新的實體書籍。他寫道：「電腦螢幕會用來取樣和搜尋」，讓讀者指定一本專門為他們印刷的書裡要放進哪些東西，因此「集中、長時間的閱讀得以透過傳統文本來實現」——換句話說，也就是一本印刷下來、有封面和封底的書[4]。為什麼要這樣呢？因為實體書籍「已然是一個讓人驚豔的機器」，既方便、讓人舒適，又到處通用，「讓眼睛一亮」，「握在手裡十分愉悅」[5]。

達恩頓是個相當有意思的綜合體：既是實體紙本書的愛好者，又倡導先進的圖書館方針[6]。他在提倡公開數位作品權限的運動上不遺餘力，在要求 Google 圖書正視讀者和圖書館的需求上，更是一位領導人物。達恩頓說得也對：實體書籍不會消失。現場戲劇表演也沒有完全消失，只是不再是表演藝術作品的主要文化形式。同理，實體書籍不再會是知識的主要文化形式，只因實體書籍雖然代表了知識，也讓知識得以啟動，卻十分不適合

知識本身的架構。達恩頓一開始提出歷史學家由衷的呼喊（「沒辦法跟無底的文庫與過往的深淵對話，是多麼讓人挫折的一件事」），他們要的就是一種更為流動、更高度連結、更互動的形式。如今已距離一九九九年許久，我們已經有了這樣的形式，而達恩頓也認同這種形式。

思想總算有了一種媒介，可以讓它超越實體書籍的限制，過去這種限制讓我們以為知識最自然、最崇高的形式，就是長篇的思想。但是，網路化的知識又會傾向哪種方式呢？短篇思想？窄型思想？或許還有另一種可能：當我們試圖理解知識時，「形狀」的思維反而是一種阻礙。

## 書狀的思想

我很深刻地意識到以下這件事：我寫了一本長篇的書，而且只能以紙本（或模仿紙本的非連線電子媒介）取得，談論的卻是網路的力量勝過書籍；這種作法說好聽一點是諷刺，說難聽一點是虛偽。不幸的是，我的辯解並不能讓這件事變得名正言順，反而讓我這個肇事者無地自容。我的辯解如下：我寫作的當下已經六十歲了，我所屬的這個世代也視出版書籍為一項成就──我的父母會為我感到驕傲的。另外，書籍出版商還會預支稿費，這也不能說毫無關係。除了這些原始又可悲的動機（為了錢，為

了得到老媽的讚賞），另外還有一些因素，讓諷刺的意味不那麼嚴重。我並沒有說：「書本不好，網路很好。」我享有特權，得以倡議數萬言，因此能夠讓一些想法以有用的方式發展出來；如果這本書花在談論網路的篇幅比討論書籍的篇幅還多，這是因為這本書的作者認為，所有書櫃滿載的學校教室，所有書封上面的介紹文字，以及所有的大眾圖書館，都已默默地替書籍發聲。再者，過去十五年來，我一直處在一種綜合的模式之下，而這種模式倒也適合我們現在所處的轉換期：我在構思這本書之前，就已經在網際網路上探索這本書裡的各種想法，而且相關的線上討論也讓我獲益良多。（謝謝你，部落格界！謝謝你，所有回應我文章的人！）雖然如此，這本書仍然難逃諷刺／虛偽的指控，而且這種指控在當今的轉換期裡也再熟悉不過了；正因如此，我倒希望有人可以寫一段老掉牙的文章，讓所有宣稱不應該悲觀看待網際網路的作者都可以直接引用，然後就此把這個話題打住。

卡爾的《網路讓我們變笨？》之所以能逃過這種諷刺的指控，就是因為書中認為長篇書籍是關鍵而獨特的方法，能讓人類文明發展想法。如果真有什麼諷刺之處，那是因為卡爾這本長篇著作試圖要說服我們，網際網路正在重塑我們的大腦，使得我們沒辦法再一路追著長篇的論述走下去──也因為《網路讓我們變笨？》本身就是一個前後一致、長達三百多頁的論述。

我們可以像解析《物種起源》的方法那樣，替這本書寫下逐

章的摘要：〔一〕我們都感覺到，網際網路改變了我們的思考方式，而且我們也很懊悔。〔二〕大腦的可塑性極高，會改造自己來迎合新的需求和輸入的內容。〔三〕傳統上，科技會改變我們思考的方式。〔四〕深層閱讀和思考之所以會在歷史中發展出來，就是因為書籍的關係。〔五〕網際網路是一種相當新穎的科技，它正在改變我們的思考方式。〔六〕電子書會改變我們閱讀和書寫的方式：以前是個人、獨自的專注精神，以後則是連上線、公開又充滿超連結的瘋狂狀態。〔七〕科學告訴我們，這些行為和思考層面上的改變，其實是因為網際網路在重設我們大腦裡面的迴路。〔八〕網際網路上最主要、最具代表性的探索工具Google，讓「思考」這件事步上歧途，既會「露天開採」意義，更是一種「對於人類思維有限、扭曲的認知。7」〔九〕我們不只是把記憶外放給機器而已。跟記憶有關的科學研究顯示，網際網路還讓我們變得愈來愈笨：它破壞了我們的長期記憶，阻撓了概念基模的發展，干擾了我們專注的能力，而且更糟的是，它「還會威脅到我們共同文化的深度與獨特性。」〔十〕還有更糟糕的：這影響到我們的靈魂本身。

把一本豐富的長篇書籍濃縮成一段文字，對這本需要很多頁才能充分表達的書來說，實在是很過分的事情 —— 假如卡爾有辦法在推特上寫這本書，他也一定會這樣寫。不過，這樣的濃縮也讓我們看到，這本書有一種邏輯，每個部分都需要憑靠先前所有

的部分。《網路讓我們變笨？》是現代長篇作品的典範。

　　但是，這本書又是怎麼變成這種形式的呢？卡爾的書一開始是《大西洋月刊》一篇相當有名又有爭議的專題文章：〈Google是不是讓我們變「苯」了？〉（Is Google Making Us *Stoopid*?）無庸置疑的是，接下來一定有不少相當複雜的考量：這個主題很豐富，值得繼續發展；這也許可以寫成一本暢銷書；諸如此類。但我們要問的問題，不是卡爾背後的動機為何，而是「書籍身為書籍」的特徵，如何影響了這本書的內容。畢竟，這一大堆關於科技如何塑造思想的言談（不只卡爾和我，還有許多人也這樣說），絕非不著邊際的譬喻或抽象之論，好似「書籍」的柏拉圖式理型會透過各種神奇的虛幻力量來改造我們，成為符合它的意象。當你坐下來準備寫一本書的時候，有始有終的頁面（「有始有終」以及有「頁面」這兩件事）會迫使你採用某些方法。當然，你大可以用塗鴉填滿每一頁，或是用它們來生火，但你現在坐下來是為了要寫書。於是，你就這樣開始了。

　　書籍會有開始之處，是因為裝訂成冊的頁面總會有「第一頁」。你大可以要求讀者從第一百三十五頁開始向外讀，或是隨機替每一頁編號，但書籍並不希望你這樣做。所以，你會想想你的讀者可以接受什麼樣的起點。

　　頁面繼續向前推展，所以你也繼續向前推進。頁面是裝訂在一起的，因此會有一定的順序，你的想法也因此必須有一定的順

序。所以，你向前推進的方式不光是寫下一個又一個的單字，還必須在所有的想法裡找到連貫性。

你寫完了。整本書的長度依你而訂，不過印刷店能裝訂成書的總頁數有限制，而你的出版社能接受的總頁數也有上限和下限。就算你的想法跟達爾文對藤壺的研究一樣豐富又複雜，因此必須擴展到第二冊的書本裡，你的書總是有結束之處，也因此必須要收尾。你寫下一句話，讓讀者感覺你已經完工。你想像讀者合上書底時還輕輕嘆一口氣，因為這本書將論點做了一個了結而感到滿足，但又感慨（至少我們作家會希望如此）從第一頁開始的旅程已然結束。

書籍出版了。它上市了。世界萬物更替，它卻依然如故。

實體書籍的需求，讓你必須重新發明長篇寫作的方式。書籍會將一個想法從頭到尾發展開來，而且橫跨在許多（但不會太多）的頁面上。書封和書底裡面必須包括一切跟這個想法相關的東西，因為讀者無法輕易地取得其他可能需要的事物。身為作者，你會決定想法的順序。書籍有實體的終點，你也會因此希望想法有個終點：你不會停止寫作，直到你相信你已經完成，而且也都寫得正確為止。

也因此，書籍的物理特性會形成和促進長篇想法。之所以是「形成和促進」，是因為書籍的物理特性不足以完全說明它的樣貌：對思維不一樣的異文化來說，裝訂在一起的頁面可能會促使

他們把想法切割成一頁一頁大小的區塊，就像 PowerPoint 簡報一樣。在書籍製造商把卷軸切成大小一致的頁面，並將它們裝訂成冊之前，早就有長篇的敘事和研究了。我們發明了一種媒介，剛好適合我們原本在長方形平面上組織想法的方式。這個媒介有許多令人讚嘆的優點，但同時又有些特性，無意間限制和塑造了知識的樣貌。書籍並不能表現出知識的本性。它們表現出來的知識，被放進裁切成一頁頁的紙張裡，不顧各個想法的邊際位在何處，而後又被裝訂在一起、大量印刷出來、四處分送，而且全都在經濟體系所設下的限制裡面。

我們如果認為知識本身長得就像書籍那樣，就跟讚嘆一顆石頭跟地面上的坑洞完全吻合一樣本末倒置。

## 書籍讓人羞愧之處

正如一字螺絲起子容易滑掉這件事，是到了十字螺絲起子普及了以後才顯而易見，裝訂成冊的紙本書籍有哪些缺點，也是到了具有不同物理特性的新媒介興起之後，才逐漸變得明顯。對老舊媒介的頌揚，聽起來就像是這種老舊媒介的缺點暴露出來以後，種種羞赧之情的昇華。

伯克茨大概不會同意這番話。他在一九九二年時寫了一本劃時代的書，也很可能是一本經典之作：《古騰堡輓歌》[8]。他是

在網際網路發達前寫這本書的，當時超連結只存在封閉的系統裡，這些系統將文件當成軟體程式來歸檔（實際上，它們也的確是軟體程式）。電子書是光碟裡面才有的東西。現在若是拾起《古騰堡輓歌》來讀，我們會想起以前網際網路尚未發達之時，電子通訊感覺像是把事情變簡陋了（言談退化為綠色的點矩陣文字），完全不像今日百花怒放的盛況。這也使得伯克茨簡明扼要的說法更加讓人印象深刻。

因此，我今天下午到我的收藏裡尋找他的這本書。我大概有十年沒讀過這本書，而且只能大概猜想這本書可能放在哪裡──不是說可能在哪個書架上，而是可能放在哪個房間裡。讓我意外的是，我猜的基本上沒錯：我的手指一本本掃過臥室角落的書架（這裡放的大都是跟文學沾得上邊的書籍，還有一些偵探小說和旅遊手冊），直到我找到想找的書。我小心翼翼地把它拿出來，因為臥室角落的書架並不像藏書之處，反倒比較像是一堆疊疊樂積木。我把這本書拿下樓去，心裡感到一絲絲的自豪。既然我們現在在品味紙本書籍的觸感，我們也得記得一件事：它們在物理上確實存在，使得遺失或錯放成為一件常見的事；除了非常注重秩序的人以外，藏書愈多，就會讓找到任何一本特定的書更加困難。我們並不會認為這是紙本書籍的缺陷，因為只要是由原子構成的物質，都一定會有這種結果。不過，既然我們現在有由位元組組成的書籍，而且只要大致上把作者的名字打對就能找到書，

尋找紙本書籍這麼單純的事，就變成像是一字螺絲起子容易滑掉一樣。

　　由於我有好一陣子沒有讀過伯克茨的作品，我就用 Google 搜尋了「伯克茨」。說得更準確一點，我在 Google 裡打進「伯克次」，但 Google 建議了正確的寫法，過了幾秒後我就找到我想找的東西：他這本書的出版日期。我瀏覽了 Google 的搜尋結果。啊，他在二〇〇九年時在《大西洋月刊》裡寫了一篇文章，標題是〈抗拒 Kindle〉，但大可以改為〈Kindle 是不是讓我們變「笨」了？〉，來跟舊有媒介的新主題呼應一下。在這篇文章裡，伯克茨說文學作品的歷史特性「藉由我們的圖書館和書店，藉由某些文本明顯的相依性而強化了；這一點表達了整個事業的特性是會累積下來的，而且跟時間密切相關。[9]」雖然圖書館和書店把同類型的書歸類在一起的方式，通常是依照主題或是字母順序，而不是歷史脈絡，但我認同伯克茨的論點：書籍會把過去的事情向前帶。在《古騰堡輓歌》裡，他寫道：「不管你怎麼看待書籍，它們不僅標記著過往的足跡，還包含一種阻礙、他者的感覺……老式的文本研究可能會像是慢得沒有必要的鑽研之舉，但這種行為本身就是一種指示：它確立了時間跟地心引力一樣，是一種無法抗拒的力量。[10]」說得真是太美了。沒錯，我們在圖書館裡會覺得過去的時空存在於當下，等著跟我們說話，就算我們去圖書館的目的只是為了看看珍妮佛・安妮斯頓最新的愛情喜

劇DVD。我們可以感受到圖書館的書架一路延伸到古希臘人、古埃及人、古希伯來人。在網際網路上，我們沒有這種感覺。網際網路是一個連續不斷的「現存」陣線。

伯克茨寫得實在是太美妙了，我因此陷入戀書狂的美夢之中。我身在一個古典圖書館之中（在我個人的想像裡，是我工作所在的哈佛大學法律圖書館，書籍文化之美的優雅典範），坐在皮革的大椅子裡，讀著一本皮革的精裝書，書的作者是我整天說有朝一日會讀的古典作家。在美夢之中，我看了手中握著的那本實體書，一本有十五年歷史的平裝本《古騰堡輓歌》。書的最上面（也就是唯一一處暴露在我房間空氣裡的地方）滿是灰塵。我把它打開來的時候，乾掉的膠開始剝落，書頁也開始從書脊上脫落。我用拇指一頁頁翻過去，不敢把書打開超過一根秋天樹枝的寬度。書頁外緣看起來像是浸過很稀的咖啡。這本書聞起來像是一個被遺忘、拋棄的古物。這不是伯克茨所說的「把過去的事情呈現給現在的我們」。這本實體書的過去，現在呈現在它的腐朽狀態之中。這樣連接上我們文化亙古亙今的光輝，我非但不覺得欣喜，反而只是忍住不讓自己打噴嚏。

我們把書籍理想化、浪漫化了。有些人甚至還會崇拜書籍。書籍作為文化物品的形象，常常表現在我們奇異的懷舊幻想裡，想像自己在英倫風的閱讀室裡，手中還拿著一杯烈酒。但是，實際的情形通常不是這樣：大多數讀者所讀的書，都是一些便宜的

拋棄式用品。伯克茨自己那本書的書封也貼滿了一堆行銷標語，就跟一台賽車貼滿贊助商的商標一樣，差別只在伯克茨的貼紙是著名人物深思的佳言而已。這並不是說伯克茨的書封流於俗套或看起來很廉價。完全不是這麼一回事。它再尋常不過了。這也正是我想說的：我們實際上閱讀、與之共存的書籍，並不是我們想像中的書籍。一如任何懷舊的意象，我們只記得某個經驗的餘暉，但忘了環繞四周的陰霾。

　　裝訂、印刷、分頁、成冊出版的書籍所促成的想法，帶有不少殘影。舉例來說，卡爾的那本書就會把我們帶到一個結論裡。這並不是一個簡單的結論，像是「吃白麵包和白肉會讓你變胖」，或是「你若想要，就能得到！」這種結論，因為卡爾的心思相當細膩。結論甚至不是「網際網路只會讓我們愈來愈『笨』！」，因為卡爾比這還要誠實多了。他的書有一個目標，是建立一群密集的論點，意圖讓我們為以下的事感到焦慮：網際網路在重塑我們的大腦，因此會讓思想不可回復地退化。正因如此，當他談到（比方說）書籍將思想塑造為內化、個人的經驗時，他會略過其他因素。舉例來說，儒安維爾於一三〇九年完成的法王路易九世傳記之所以能那麼早踏出一步，來敘述一個內在人生的故事，有一部分是因為天主教此時正成為內化懺悔的宗教，而這一點又造成多長期的歷史、軍事和經濟發展。但是，卡

爾的敘事裡，完全沒提到這一段歷史。

　　我並不是藉此指責卡爾。事實上，我完全沒有指責的意味。他的書的重心並不是內在的聲音怎麼發展，而他對於這個主題的敘述其實寫得相當好。問題並不在卡爾這本書，而是書籍如何把種種想法擠進一條又長又狹窄的道路，好帶領讀者前進。影響各種發展的，有各種數不清的因素，都跟思想的內化一樣根本，但大多數都跟卡爾的主題（我們從實體書籍過渡到網際網路時，會喪失哪些東西）無關。長篇文本的作者把讀者從起點帶出來，最後到達的終點是作者想要的結論。那些跟把讀者帶到這個結論無關的東西，就會被丟到一邊去。事實上，卡爾還用了幾個短暫的插曲來打斷他自己的書，讓他可以添加一些放不進論證敘述的想法。他非得把這些當成插曲不可（這在書海裡很罕見，而且就結構而言也有些彆扭），因為書籍的實體特性趨向循序漸進，而不是分頭前進。值得一探的想法若從敘事的狹長步道岔出來，就是讓人分心之物。書籍的長度常常根本就不夠長，不足以讓長篇思想伸展成自然的樣貌。

　　再者，我們之所以提升個人思想的地位，是因為書寫的限制。寫實體書籍的不成文規定，向來是「一個頁面出自一人之手」由於書籍的物理特性之故，寫書通常是一個人要完成的事。也因此，卡爾告訴我們，他從波士頓搬到科羅拉多州，降級使用一個「相當不穩定的 DSL 線路[11]」，也不常查看他的電子郵件。

這個過程相當痛苦，但他告訴我們，有些「年老失修的神經迴路開始躍動。[12]」他搬家就是為了讓自己獨自一人，好似大聲思考（我們一般會稱為「說話」）是一種干擾，而不是思考的必要條件。當然，真正與世隔絕的人不可能寫作一本書，因為沒有任何人有辦法真正遺世而居。正如卡爾所承認（別的不說，他的書就有一頁「承認」他人貢獻的致謝詞），大眾對於他的書依然有貢獻，只是可能不是在檯面上而已。他會跟妻子交談，會在指定的時間裡瀏覽網際網路，會跟編輯保持聯絡（這點毫無疑問），在構思最初的想法時也漂蕩在公眾的海洋裡（跟大家一樣）。更別提語言本身的公眾特性了[13]。

我在這裡也應該坦承，前面我提到儒安維爾時談得頭頭是道，其實也是直接從和亞伯特往返的電子郵件裡搬過來的。亞伯特是哈佛大學貝克曼網路與社會研究中心的暑期實習生，他對這本書的主題表示有興趣，也因而持續跟我討論。亞伯特首次提到儒安維爾時，我根本沒聽過這號人物。事實上，我那時對路易九世所知甚少，只知道他很可能排在路易八世之後和路易十世之前。卡爾那本書裡一定有些事實和想法，是從類似的交流中得到的。思想絕對不可能完全遺世獨立。

而且也不該遺世獨立。卡爾的文章最初在《大西洋月刊》登出時，在 Edge.org 上交談的菁英思想家（包括卡爾自己）就針對這篇文章進行相當精采的討論[14]。電腦工程的先驅人物希利斯

同意，是有東西讓我們變笨，但他認為罪魁禍首是「資訊的洪流」。他也指出政治所扮演的角色。作家凱利質疑，尼采的散文之所以「從長篇論證變成簡短格言」，是否真的像卡爾所說，是因為他開始使用打字機，抑或是因為「尼采那時生染重病，即將死去。」維基百科共同創辦人（後來成為維基百科批評者）桑格也認為我們愈來愈不能把想法組織起來，但他認為我們應該怪罪自己，而不是我們所使用的科技。作家洛西科夫認為，卡爾指出這項改變是正確的，但價值觀錯了：這是一種演化性的轉變，在這個過程中，那些老骨頭總認為年輕一輩的人沒什麼好事。Edge.org 還把蔓延到其他網站的討論彙整進來，這些討論以鬆散的方式繼續進行，有時卡爾自己也會回應，因此除去了長篇論證為人詬病的問題：不會因為一個地方出問題，而造成全篇論述瓦解。

這種任意長度、任意形式的網路，不是認識世界更好的方法嗎？

## 公眾思想

如果你打算依據別人連結過來的數量，畫出一個地圖，來評量新聞相關部落客的影響力，那麼羅森的網站 PressThink.org 會是一個集散中心，連過來的連結有如蜘蛛網般，而且比連出去的

連結還多（雖然跟大型媒體網站本身相比，這個網站根本微不足道）。如果你再把影響力視覺化，將許多人閱讀的頁面連結賦予更高的比重，羅森的網站就會在這種新的投射方式下大幅膨脹，就像格陵蘭會在學校教室裡的世界地圖上膨脹那樣。但是，就算是這個新的地圖也會隱藏一件重要的事：在羅森部落格裡面和周圍的思想形狀。

從某個層面來說，羅森一直都在進行長篇思想。他的部落格文章不僅因為比一般人的部落格文章長好幾倍而出名，它們還圍繞在幾個反覆出現的論點上。舉例來說，羅森兩年來寫了一系列的文章，探討「以前輕易藉由客觀性建構出來的〔新聞〕權威性，被網際網路變成什麼樣子。[15]」替這些文章的論點做摘要很容易，因為羅森在最後一篇文章的結尾（他告訴我，這一系列文章他還有一篇新的正在寫），放了全部六篇文章的描述，並附上連結[16]：

一、〈戰勝閱聽大眾的原子化：網際網路何以削弱新聞
　　媒體的權威性〉（二〇〇九年一月十二日）

二、〈人云亦云的新聞：非消極使用者世界裡的老掉牙
　　公式〉（二〇〇九年四月十二日）

三、〈政治新聞裡對純真的追尋，以及真相的喪失〉
　　（二〇一〇年二月二十一日）

四、〈左邊是小丑，右邊是說笑鬼：關於美國新聞媒體的真正立場〉（二〇一〇年六月十四日）

五、〈修正我們政治媒體的立場問題：回應《大西洋月刊》的安賓德〉（二〇一〇年六月二十二日）

六、〈以客觀性為一種說服的形式：給〔《華盛頓郵報》編輯〕鮑偉傑的一些筆記〉（二〇一〇年七月七日）

　　這些文章合起來形成一個長篇的論證。羅森以不一樣但比較可能的方式解讀新聞產業，藉以挑戰「好的新聞報導必須客觀」的信念。在這個系列其中一篇較早的文章裡，他定義新聞報導為「蒐集資訊，跟知情的人談話，嘗試求得和釐清確實發生的真相，以及陳述各種由事件引發的觀點。[17]」這使得新聞從業人員比較能接受羅森在第六篇文章裡的論點：新聞報導真正的價值，不在於「摒除一切立場」這個大家一味認為的信念，而是在於記者到過讀者沒有到過的地方。事實上，客觀的假象有可能成為新聞報導本身的阻礙。當心智從「新聞報導的價值就是客觀性」的假設裡解放出來後，讀者就能跟著羅森探索新聞的其他可能性。

　　這六篇文章合起來總共大約十一萬英文字，使得這一系列的文章比《網路讓我們變笨？》還要長，也大約是本書的一‧五倍長。這十一萬字當中，羅森只有寫下一萬五千字（大約是這一章

的兩倍長度），剩下的文字都是讀者留下來的評論。不過，羅森的文章引來高品質的評論：沒有「你太讚了！」或「你太爛了！」這一類的回應；反之，評論大都陳述完整，並富有思想。羅森告訴我：「別人對我的部落格第二常出現的反應（最常出現的是「你的文章為什麼那麼長？」）是：『我不是要虧你，不過評論常常比原本的文章還要好。』這多少跟作者（也就是我）在原本文章裡定下的論調有關。[18]」羅森不會在評論發表前先行審閱，而他會逕行移除的評論，只有明顯是垃圾廣告的回文。

以羅森那種公開的方式進行長篇思考，當然有好處和壞處。我可以想到九種好處：

首先，論證會以自然的長度呈現。羅森不需煩惱把想法從一萬五千字延長開來，以符合一個六萬英文字的書籍框架。他也不需要擔心評論長到沒辦法放進一冊書裡；他若是跟他的編輯提到這一點，肯定會吵輸。

第二，論證比較能快速反映其主題。讀者會指出一些主題，而作者也會發現他必須針對這些主題做出回應。

第三，作品會嵌入一個鬆散的討論裡，而這樣的討論形式比較能自然反映出各個主題龐雜、交錯的型態。

第四，讀者比較不會有在途中下車的理由。達爾文

在《物種起源》第四章裡寫下「那些對地質紀錄性質持反對看法的人，會有充分的理由反對我整個理論」時，就是打開車門讓乘客下車。如果達爾文使用羅森的方式出版他的看法，就會發現一些先前未曾料到的反對意見，而且至少可以回應一些反對之聲。假如把作家關在閣樓或科羅拉多州的荒野裡，要他們自己想像讀者可能會有哪些反對意見，羅森的方式相較之下，似乎是一種比較自然的辯證形式。

第五，比起舊時「獨自寫作，寫完後出版」的模式，羅森的想法能以更快的速度傳送到閱聽大眾。

第六，這些想法更能擺脫作者的掌控，因此能改變世界。羅森的書寫方式有網路化的特徵，這表示他的想法很容易四處傳播，而且可能會被不知道他是誰的人接納。

第七，讀者更能在知識上和情感上投入，因為他們現在可以直接參與討論。

第八，作者的權威性會被正確衡量。羅森之所以有權威性，不是因為出版商賜予他權杖，讓他可以用諭令般的口吻發聲，而是因為他說話的內容，以及別人如何用看得見的方式回應他所致。絕大多數沒有留言回應的讀者，光是看到作者在回應裡跟讀者交流，就會知道羅

森了解他的言論不是白紙黑字般的不可動搖，而且他的權威性也僅取決於他想法的價值而已。這改變了作者權威性的來源和意義。

第九，不再獨處在荒野小木屋的，不只有作者一個人而已，讀者現在也互相連結起來。我們可以看到作者的文字在文化裡激起的漣漪。我們可以見到新聞從業人員在羅森的網站上出聲，見到其他網站連回羅森的網站，也見到 @jayrosen_nyu 在推特上有三萬七千人追蹤。以前我們總是聽別人說「想法有影響力」；現在，我們看得見想法在擴散，有如在螢幕上看到注射在血液裡的染劑一步步向外擴張。

不過，也有一些壞處：

對某些人來說，讀者的聲音可能會像雜音一樣，是一種干擾。

第二，從辯證法的立場來看，有些論證若全部一起陳述，會比較有說服力。

第三，有些想法若是在公眾領域免費發展出來，在商業市場上不容易有好的表現。不過，我們也不能確定這個假設是對的。包括小說作家和社運人士多克托羅在

內，有些人在販賣紙本書籍的同時，免費讓人在線上存取他們的書籍，不但銷售數量不錯，想法的影響力也相當可觀。

第四，出版的書籍在傳統上是專業知識和成就的象徵。

第五，當許多聲音彼此競相發聲時，我們比較難知道到底該相信什麼。


所以，有九個好處、五個壞處。如果決定誰勝出跟數數字一樣簡單就好了。舉例來說，「網路上的長篇思想比較難讓人知道該相信誰」這回事，就不見得是壞處 [19]。不過，現在的情況也不是長篇論證和網路形式的證論在較量，非有一方要被消滅不可。網際網路的海量，一方面可以容納得下傳統、橫跨多冊的長篇著作，另一方面也能放得下純粹用推特推文進行的論證。大家狂買卡爾著作的同時，他可能正在激烈的網際網路交談之中。長篇作品本身就算在網際網路上找不到，也會有人在網際網路上加以討論。這是兩者兼容的情況，而且更是確立這種狀況的存在。

雖然如此，網際網路確實對長篇論證形式造成影響。當然，你大可以寫出七萬言長篇，讓文字藉由彼此之間的邏輯串接起來，成為一個自成一格的整體。你可以做得像斯賓諾莎一樣，寫一部跟倫理有關的著作，並用演繹幾何般的方式架構這部作品。

可是，如果這部作品要達成任何效果，它勢必要放入一個網路裡，而在這個網路中，四周相關的討論和讀者接觸到它的管道，都會與原本的邏輯相互牴觸。最愚蠢的笨蛋會完全不管作者的種族或性別是什麼，只管罵他是「雜○」或是「臭雞○」。聰明但少根筋的頭腦會誤讀這部作品，而且誤讀的程度剛剛好可以讓原作者看起來像個扎扎實實的白痴。滿腦自我利益的專家，會認為這部作品威脅到他們的地位，所以會一邊吹口哨，一邊暗中掏空它的地基。大學生會隨便拷貝整頁的文字，並宣稱是他們自己寫的，而且還無法理解他們是怎麼被人抓到的。

歡迎來到從書架上面撤下來後的知識生涯。知識會被人誤用，受到侵害，被人加強，被人吸收，用千萬種以訛傳訛的方式四處流傳，又會被人同化直到幾乎看不見。以前向來就是如此，而現在我們可以看見這一切在發生。當認知的過程在線上推進，直接發生在我們周遭，而且又有地方可以留評論，以及各種連到其他選項的連結時，我們就無法再區分「運作中的知識」和「被人理解的知識」這兩回事了。

所以，這種新知識到底長什麼樣子？「長篇」的相反是什麼？這樣問，就是問錯問題了。網際網路裡的知識網路沒有形狀，因為網際網路沒有外緣；更何況，它又一直不停地變動。

形狀很重要。當知識長得像金字塔時，當知識建立在社群所有成員共有的堅固根基上，當組成知識的成分是由可靠的權威人

士所過濾過的，當我們知道進來和出去的分別是哪些東西、有固定的形狀時，知識很容易就有權威性。知識的無形化反映出知識被重新活化了，但代價就是以前商業、文化、科學和政府用以運轉的權威軸心不見了。當然，這種改變本身就是一個嚴重的課題，但是造成這種改變的，是傳統上讓知識立基的事情改變了：那就是知識與世界之間的基本關係。

## 從停駐點到誘惑

在我們的文化裡，客觀性不受青睞的程度，可以從美國專業記者協會將「客觀」從官方倫理指南裡除名略見一斑[20]。這並不是說記者突然決定要採取偏頗、不公正的立場，而是客觀性號稱可以做到的事情（記者完全忠實呈現事情的樣貌，沒有任何的成見或個人立場），其實根本做不到。所以，現在許多記者會談到要公正、準確、平衡，而不是客觀。雖然如此，我們其實沒有真的放棄讓「客觀性」這種概念合理的知識樣貌。這種樣貌也讓我們把長篇寫作（也就是書籍）提升為人類認知這個世界的至高方法。

關於客觀性所造成的問題，我們不妨看看兩個相同政治傾向又享有良好聲譽的報紙，如何報導同一件事前規畫好的事件：

二○○四年時，素有「參議院雄獅」美譽的參議員愛德華．

甘迺迪，在民主黨全國大會第二晚發表一篇眾所矚目的演說，就在他的家鄉波士頓[21]。《波士頓環球報》的頭版報導開始如下：

民主黨全國大會的第二晚對小布希政權有更嚴厲的批評，其中參議員愛德華・甘迺迪指責總統，說他把世界變成一個讓美國人更危險的地方[22]。

在一段引述美國麻州參議員凱瑞*的妻子泰蕾莎・海因茨的話後，報導提到前總統雷根的兒子出來演說，而歐巴馬「讓人窺見……該黨可能的未來為何。」之後的六段全都在敘述甘迺迪的演說，並強調他鼓舞眾人要「接下任務」。

《華盛頓郵報》的頭版報導，一開始則完全沒提到甘迺迪的演說：

在全國大會的第二晚，民主黨向全國引介了兩位新人，凱瑞希望這個基調能替他在二○○四年贏得白宮寶座[23]。

當這篇報導提到甘迺迪的演說時，摘要寫得非常簡單，而且

---

＊現為美國國務卿。

傳達的訊息相當刻薄：「甘迺迪的演說在會上沒有引起共鳴。」

兩家報紙的新聞標題，反映出它們看待這一晚的方式有多大的差別。《波士頓環球報》的標題傳統而具攻擊性：「甘迺迪領導攻勢：大會演說者改變說詞，攻訐布希。」《華盛頓郵報》的標題則是強調新來的聲音和團結：「民主黨員聚焦於消弭分歧；新人向大會致詞，定下基調。」《華盛頓郵報》引述甘迺迪演說的內容，跟《波士頓環球報》所引述的完全沒有重疊之處。兩家報紙對於演說的解讀，也沒有什麼重疊之處。演說振奮人心，抑或是一大災難，兩家報紙的看法完全不一樣。兩家都是主流又高度專業的報紙，也都是自由派的堡壘，參與的也是同一個事件，而且這個事件還是事前就規畫好的，演說內容甚至在事前就已經發給大家看過了。就算甘迺迪在這裡有主場優勢，兩家報紙平鋪直敘的報導卻幾乎完全對立。

我們這些駁斥客觀性、認為這只是一種「奢望」的人當中（許多新聞從業人員都有這樣的看法），還是會有不少人覺得《華盛頓郵報》和《波士頓環球報》之間的報導落差大得出奇。我就這樣覺得。我們傳統的世界觀會把新聞報導的差異歸咎於人性的限制：偏見、資訊不足、主觀性等等[24]。客觀性給讀者的承諾，是報導會藉由去除個人、主觀的元素（或至少將之最小化），呈現世界真實的樣貌，讓人看見被羅森斥為「來自不存在的地方的觀點[25]」（呼應哲學家內格爾的說法）。

客觀性所憑據的，是我們與世界間關係的一種形而上的描述：真實的事件由個別的頭腦經歷，這些個別的頭腦會盡力創造出一個準確的內在表現方式，而這種表現方式最後會用呈現給他人的文字表示出來。不過，客觀性之所以成為公眾的價值，很大一部分是為了應付紙張身為知識的媒介所具備的限制。舉例來說，一七四一年時，美國的第一份雜誌《美國雜誌》就承諾要「完全遵守絕對的中立立場」，因為「有些殖民地沒有印刷機」，因此「難以讓不是單方面敘述的文章出版。[26]」當前「新聞必須平衡報導」的普遍信念（這造成被譏為「他說／她說」的新聞報導），也源於同樣的動機：如果沒辦法產生出單一的客觀報導，那麼至少讓讀者可以看到事情的兩面，好讓這篇報導夠完整，可以讓人就此打住。因此，客觀性和平衡報導所針對的限制，正是讓論證變成長篇形式的限制：紙張是一種不方便到極點的非連線媒介，所以讀者要理解一個主題所需要的一切資訊，都必須包含在內。

由於我們已經不再相信「客觀性」這回事了（這件事在網際網路到來以前就已經開始發生了），「透明性」開始肩負不少相關的責任。透明性至少可以分為兩種。記者**立場**的透明性，至少從一九七〇年代的「新新聞主義」，和記者兼小說家湯普森奉行的「參與式報導」，就已經為人關切了[27]。舉例來說，羅森的部落格不僅立場鮮明，還有一個明顯的連結連到「本部落格視角的

問與答」，羅森在此陳述他對新聞的看法，也告訴我們他在政治立場上是個「標準的紐約上西城自由派猶太戰後嬰兒潮人士。[28]」就算文章的作者不想要讓自己的立場透明，讀者也能輕易地找到與作者背景有關的資訊。

另一種則是**來源**的透明性，這對舊有體制的衝擊最大。紙本引述文獻就像釘子一樣：如果你在想作者為何會這樣寫，你可以看到有個注腳釘住這種說法。紙本引述文獻意圖讓讀者留在文章裡面，同時又提供一個地址，讓非常有動力的研究人員找出來源在哪裡。在網際網路上，超連結比較不像釘子，反而像邀請函。事實上，許多連結並不是連到資料來源，而是連到補充說明、反駁之詞，或原文作者不一定完全認同的想法。這些連結會把讀者引出文章以外。作者不再宣稱他的作品完整（或甚至充足），而連結以視覺的方式展現此事；連結會邀請讀者瀏覽該作品所處的網路，也就承認了思想是一件大家會一起做的事。正因如此，網路化的知識比較不像是由各個停駐點組成的系統，而是一道由各種誘惑織成的網。

這也指向客觀性的另一個問題。第一個問題，是人類無可避免一定會從某種立場來理解世界。可是，假如這個問題不只跟人類有關呢？假如世界本身跟我們想像的不一樣，不是那麼涇渭分明呢？

舉例來說，當革命在二〇一一年初從突尼西亞延燒到埃及

時，有一項爭議就是臉書、推特之類的社群媒體到底有多大的功勞。早在二〇一〇年十月時，《引爆趨勢》一書的作者葛拉威爾就在《紐約客》雜誌上發表一篇文章。他認為社群媒體被人過度吹捧為社會改革的工具，因為它們只會讓人與人之間產生「弱性連結」，而不是會讓社運人士把自己暴露在危險之中的「強力連結」[29]。幾個月後，有些媒體和部落客認為二〇一一年中東革命的推手是社群媒體時，葛拉威爾又發表一篇兩百字的短文，指出社群媒體的影響是「最無趣的一件事。[30]」葛拉威爾的評論，一方面糾正了那些隨隨便便就說這些是「臉書革命」或「推特革命」，好似社群媒體是促成革命的唯一緣由的人；另一方面，即使是那些認為社群媒體只是其中一項關鍵的人，也被葛拉威爾反駁了。由於葛拉威爾本身的名聲，再加上《引爆趨勢》這本書談的就是社群網路的重要性，他對此事的立場讓許多人感到意外。不過，我的論點不是說葛拉威爾錯了（雖然我確實認為他錯了），而是：就算我們認為社群媒體扮演了某種重要的角色，我們其實根本不清楚這個角色為何。我們愈是審視這個問題，就愈會發現一件事：我們連一個大家公認，可能可以用來解決這個問題的闡釋架構都沒有；而且，這件事不單單只跟網際網路相關的問題有關。舉例來說，《紐約客》在刊登葛拉威爾最早那篇文章幾個月後，又刊登了一篇由哈佛大學英美文學教授梅南撰寫的文章，詰問我們要如何衡量書籍（像是弗里丹一九六三年的著

作《女性的奧祕》）對社會和政治造成的影響[31]。在社會動亂之時，我們看見社群媒體運作，於是開始思考媒體會怎麼塑造我們。這種事情是怎麼發生的呢？媒體的影響，在各種文化裡都是一樣的嗎？在社會的各種階級裡都是一樣的嗎？一般來說（以及在特定國家裡），有多少社會動亂是因為人民可以取得資訊而造成的？有多少是因為通訊造成的？有多少是因為社會性造成的？如果沒有社群媒體的話，革命是否依舊會發生？如果仍然會發生，又可能會有哪些地方不一樣呢？

　　若要**知道**社群媒體在近年中東革命扮演的角色，我們會面臨的問題是，這些事件本身是由一大團複雜的細節所造成的，而這些細節既無法預測，又無法全盤知曉。整體來說，人類的歷史事件亦是如此，這也是為什麼至今還有人在爭論，美國南北戰爭究竟是不是因為奴隸問題而開打的[32]。世界太過「糾混」了（這裡借用網路預言家尼爾森自創的詞彙＊），以太過複雜的方式交相依靠和糾結在一起，沒辦法完全讓人摸透[33]。這應該會讓我們去想想，客觀性和長篇論證的其中一個問題，是不是源自於它們其實不太適合這個世界的結構？跟「客觀」的新聞報導，或是沿著長篇狹路漫步相比起來，也許「糾混」的網路更能準確反映這個世界。

---

＊「糾混」（intertwingle）是由「糾結」（intertwine）和「混合」（intermingle）
　組成的複合字。

我們確實需要停駐點，特別是當議題沒有像「昨天晚上民主黨全國大會發生了什麼事？」「社群媒體在最近的革命裡扮演什麼樣的角色？」或「弗里丹的書寫怎麼改變歷史？」這麼界定不清的時候。有時候我們只是需要一個單純的答案，以便繼續我們的計畫。這就是為什麼我們有像 WolframAlpha.com 這樣的網站。多領域的通才沃爾夫勒姆在二〇〇九年創立這個網站，為各種問題提供可靠、準確的答案。這些問題可以是尋常的（「月球距離我們有多遠？」），或是無厘頭的（「要多少牛奶才能填滿月亮？」），也可以是比這些還要艱深許多的科學和數學問題。這個網站所處理的問題的答案，可以從具有聲望的資料來源查出來，或是用已知的資訊計算出來。為了做到這一點，這項計畫蒐集多種經過驗證的資料來源，並使用各種人工和自動的方式來驗證資料的準確性[34]。我們信任經過專家編輯過的參考書籍（例如年鑑），而對 WolframAlpha 提供的事實和計算結果，也應該抱持一樣的信任，而且信任的原因也完全一樣：這些資料經過編輯徹徹底底地過濾、驗證，而且這攸關名聲和公司的生存。WolframAlpha 將紙本技術應用在網路化的媒介裡，不但善加應用，而且由於資訊不會過時，又能即時計算出答案，更改善了紙本的技術。

雖然如此，WolframAlpha 並不完全像舊時的知識停駐點一樣。如果網站上的某個結果讓你覺得意外，WolframAlpha 在頁

面上一定會提供連結，讓你點一下就能看到資料來源。如果你覺得網站出了錯，頁面下方有個明確標示「給我們意見」的空白文字框。另外，也有連結連到你可能會想探索的相關問題（「月球體積跟地球體積的比例為何？」）。當然，舊時的年鑑也會列出資料來源，而且也可能有個地址，讓你把修正內容寄回去，不過這是一種緩慢的單向媒介，只摻入一點點的通訊元素而已。WolframAlpha 讓人更加投入雙向的溝通裡，而且也預設你會想把你的搜尋結果變成一個連結。因此，雖然 WolframAlpha 用的是舊時紙本技術的權威性，但是它轉而在一個網路裡運作，而這些標榜為停駐點的權威，其特性在這個網路裡也受到改變。以前我們看不見這些權威的運作時（像是百科全書的編輯，或是教科書的作者），我們很容易就以為他們就是權威的終點。現在，我們看得見事情不會到了那些高高在上的人就停下來。他們自己也由網路連結起來。我們仍然會因為許多舊有的理由（當然也會有些新的理由）而信服權威說法，但跟以前比起來，我們更加知道這些權威之所以是停駐點，是因為我們選擇在他們那裡停止。透明性讓我們看到，我們還可以選擇繼續追溯上去。

正如我們依然需要停駐點一樣，我們也還是需要長篇的寫作。然而同樣的事情也發生在長篇寫作的身上。當長篇寫作置入一個彼此互聯又互通，由各種想法、對話和論證組成的網路時，長篇寫作常常會變成更好的認知工具。由於有各種導入和導出的

連結，達爾文、卡爾、羅森等人的寫作變得更有利用價值、更能理解、更能驗證，也更不容易過時。這些連結不僅讓我們更能與這些作品互動，也讓我們看到文化的其他面向怎麼跟它們互動。長篇寫作絕非沒有必要，也絕非「已死」。不過，長篇寫作被置入網際網路的這件事實，表示它的地位被這些連結組成的網路取代了，不再是收集想法的最好辦法。

這絕非全然無壞處。

我們之所以信賴 WolframAlpha、紐約時報、大英百科全書和美國疾病控制與預防中心的網站，是因為它們跟舊時的權威一樣，有經過合格認證的人負責嚴密的編輯控管。但是，網際網路上絕大多數的網站沒有專門的編輯。我們之所以憑靠這些網站（如果我們真的憑靠它們的話），背後有許多種原因：因為網站上說的東西我們覺得有道理，因為網站會連結到資料的來源，因為網站的作者有經過某些傳統的認證，因為我們信賴的人十分推崇這個網站，因為這個網站跟亞馬遜或 eBay 一樣有評價系統，或是因為我們被作者的厚顏無恥和他所使用的字型所吸引。我們也可能會不自覺地受到接二連三的指引，來到一些內容沒有半點實話，只會用一些看似有學問的註腳彼此互相佐證的網站。我們可能會把自己放進回聲室，而這些回聲室又會一直不停地重複謊言，直到這些謊言看似再真實不過。正如桑斯坦所說，網際網路上有用虛假、具殺傷力的想法組成的「資訊洪流」，這些洪流不

僅因為容易被人轉述，使得散播速度不斷加快，而且也因為經常被人轉述，使得他人更容易信以為真。

但是，我們在這裡並不會釐清「網際網路對知識是好是壞？」這個問題。它太過「糾混」了。再說，我們也不想落入科技決定論的論調，認為科技只可能有一種結果。我們可以學習怎麼利用網際網路來幫助我們更了解世界，或是也可以不學習。更重要的是，我們可以教導小孩子學習做到這一點，也可以不教。

不論這是好是壞（或者說，不論我們選擇用會讓這一切變好或變壞的方式來應對），我覺得有一點很清楚：知識的網路化，對知識本身的特性，以及長篇思想在知識裡扮演的角色，造成一些根本的改變。

首先，雖然權威性仍是一個停止的標記，但權威人士的主要定義，不再是一個特殊、經認證的階級，專門生產地位特殊的作品。權威性現在變成用功能來定義了：「權威」是你所造訪的連結鏈的最後一個頁面，也就是你決定不去點閱裡面連結的頁面。

第二，內涵超連結的作品建立起一種誘惑的生態，不斷把我們往前帶。當誘惑跟我們的目標不同時，我們就會認為這些連結是讓人分心之物。不過我們大可以認為，知識的新形式所包含的內容，不僅會讓我們解決某些問題，同時還會吸引我們更多的注意力。

第三，一部知識作品不再會因為「出版」而具有權威性，而

會在編輯、閱讀、審查、討論和重寫的體系裡不斷協議出來；這些體系現在都是同一個連續不間斷的系統的不同層面。

第四，把書本輕輕合上的動作，不再定義出一個主題的邊際。所有的主題、想法、事實和知識都包含在各種參照、討論和論證的網路裡，並加以試煉和應用。

第五，我們把長篇作品視為人類知識最偉大的成就，因為這些作品享有把想法完整發展的特權。但是，既然想法現在不用再放進成冊的頁面才能實現，我們反而看到長篇作品其實根本都不夠長。它們可以在它們所釐清的一大團想法裡找出秩序，但若要做到這一點，就必須設下嚴密的紀律，讓讀者專注在作者所走的那一條道路上。想法若是釋放到人類互聯的差異性裡，就會不斷冒出枝葉。世界上沒有遺世獨立的想法，也從來沒有過這樣的想法；世界上只有由想法組成的一道又一道的網。

第六，伯克茨正確地點出書籍的時間特性。紙本書籍要到完成的時候才會出版，也要到出版的時候才會完成。它們是作者的過去式：「這是我那時寫的東西。」網狀的思想會將知識放進其相關討論的當下。就算作者自己不更動一言一語，作品依舊會經歷翻新的過程：如果你對卡爾的《網路讓我們變笨？》有興趣，就會一直追著這個興趣走下去，探索這本書在線上所產生的種種連結；若你不這麼做，就是自願放棄了機會，來更全面地了解它的意義和影響力。

第七，如果內容非要去除對話、爭辯、闡釋和批評的超連結化脈絡之後，才能被視為知識，我們就忽視了知識正在經歷的最重要改變。現在的知識，**就是**由各種連結組成的無形之網，各種想法的表現在這個網裡才能存在。知識不再是孤獨的作家向獨自坐在舒適椅子上的讀者所傳遞的內容，也不再是站在全班前面的教授向坐在難坐的椅子上的學生所傳遞的內容。如果你想知道達爾文的天擇論，你會發現這個知識不只存在他那本書的書封和書底之間，也不只存在任何一個人的腦袋裡，更不在任何一個網站裡。知識現在存在圍繞其四周的龐雜網路裡，一如生命不在我們的神經細胞、骨頭、血液或骨髓裡，而是在這些東西的連結之中。

最後，如果書籍教導我們，知識是從 A 走到 Z 的一條長路，網路化的知識可能教我們的是，世界本身比較像一道無形、「糾混」又無法駕馭的網，而不像一個言之有理的論證。

# 第七章

# 太多科學了

　　二〇一〇年六月，美國全國公共廣播電台的《早報》節目播了一則新聞，跟媒體喜歡報導的典型科學新聞沒什麼兩樣：有個科學研究發現，老鼠喝了大量咖啡之後，牠們的小小腦袋就比較不會發生阿茲海默症[1]。太讚了！那再喝一杯吧，因為這對你有好處！

　　事實上，你還是把你的杯子放下來比較好。雖然聽眾一開始會以為咖啡會預防阿茲海默症，這則新聞大部分的時間卻用來打破這個想法（這是好事）。咖啡用在老鼠身上可以預防阿茲海默症！也許吧！其他人體相關的研究有爭議，可是沒有定論！還有其他因素！我們根本不知道！這則廣播新聞提到的老鼠研究，其實並不重要！

　　也許正因為全國公共廣播電台有意識到這個問題，下一則新聞講的是另一個小型、類科學的研究怎麼被膨風，成為一個文化現象[2]。一九九三年春天，一位叫饒舍的心理學家對三十六位大

學生播放一首十分鐘的莫札特鋼琴奏鳴曲，之後再測驗這些學生的空間推理能力。饒舍還要學生在經歷無聲的十分鐘後接受一次測驗，另一群學生則是在聽了一個聲音單調的人講話十分鐘後受測。饒舍寫道，這個實驗的結果看起來非常明確：「聽了莫札特奏鳴曲的學生，空間推理能力測驗的分數明顯較高。」

全國公共廣播電台的報導追溯了整個現象，如何從一個樣本數稀少又非隨機選取的小型實驗，轉變成一個「給嬰兒的莫札特」的小型 CD 產業，以及美國喬治亞州免費贈送莫札特錄音給該州所有新生兒的現象。饒舍甚至還收到死亡威脅，因為她的論文裡指出，她沒有從搖滾樂裡觀察出同樣的益處。

全國公共廣播電台的報導將這種膨風現象歸因到美國人對自我改善的信念，以及因為我們會殷切關心自己的小孩。這樣說也對。不過，這種說法沒提到整個事件最根本的因素：饒舍在還不知道她的論文會被刊出的時候，就收到美聯社的詢問電話了。美聯社的報導一發布，「莫札特效應」就處處可見了。饒舍接受全國公共廣播電台的訪問時說：「比方說，我們上了知名主播布羅克的晚間新聞。有人跑到我們家裡來，要進行現場直播。我還得雇用一個人，專門幫忙處理我接到的一大堆電話。」所有的新聞標題，大都跟「莫札特會讓你變聰明」大同小異。一小塊的資料，於是釀成遠遠超出原先所料的結果。

這很明顯不是科學應該有的運作方式；不過，科學放在現實

世界裡，就會這樣子運作。全國公共廣播電台有些聽眾至今一定會每天多喝一杯咖啡，只因為某一項實驗有了出乎意料的結果。數千名嬰兒在長大的時候一定聽了噁心做作的新世紀版本莫札特，只因一群在統計學上不顯著又沒有代表性的大學學生，在沒有良好對照的情況之下，進行一項非常狹隘的工作時得到稍微好一點點的成績。我們的文化太常用這種方式來吸收科學知識。

當然，**科學本身**不是這樣子運作的。科學方法讓我們可以透過有良好對照、可以重複的實驗，區隔出特定效果背後的因素，進而驗證各種假說。世界各地的實驗室和工作室裡每日例行的工作，絕大多數都是這樣子進行的。就算非實驗性質、比較偏重理論或觀察的科學學門（像是演化生物學），科學工作依然相當仔細和保守，以很有耐心的方式將各種事實串聯在一起，成為可以解釋這些事實的理論。

這樣的策略固然很好，可是在一些非常重要的領域裡，這種策略無法放大。現今的資料量，遠遠超出達爾文的想像。舉例來說，美國兩位開國元老，傑佛遜和華盛頓，都有記錄每日的天氣，但他們不會記錄每小時（甚至是每分鐘）的天氣。這不只是因為他們有更重要的事情要做，也是因為這樣的資料似乎沒什麼用處。就算電報機的發明讓氣象資料可以集中處理，在一八四九年時，從史密森學會收到觀察儀器的一百五十名志願人士，每天依然只會回報一次氣象資料[3]。如今，我們有無法計量又不會間

斷的氣候資料，不斷從繞行地球的衛星、浮在海裡的浮標，以及雨林裡具備無線網路連線的感應器回傳[4]。我們會測量氣溫、降雨量、風速、二氧化碳濃度與太陽風的脈動。一旦我們有辦法記錄、用電腦處理這些資料，並將資料洪流和資料處理器用網路連結起來後，這一切的資料（還有比這還要多的資料）就值得我們加以記錄。

雖然如此，從整個文化層面來說，我們沒辦法應付某個春日在某間教室裡用三十六名大學生做的實驗。既然如此，我們又怎麼能理解那些大到無法知曉全貌的科學議題呢？簡答是：改變「以科學方式認知事情」所代表的含意。

這不會是我們第一次改變這個定義。舉例來說，當培根認為與世界有關的知識，必須建立在與世界有關、經過仔細驗證的事實之上時，他不只是讓世界有個全新的方式來留藏舊式的知識；他其實是將「知識」重新定義為建立於事實之上的理論。網際網路的時代，正以相同的幅度重新定義科學知識。從這本書目前為止所討論的事情中，我們應該可以假設科學知識開始具備新的媒介所擁有的特性，使得科學知識變得跟它所屬的網路一樣：（一）龐大；（二）不再那麼階級化；（三）更加持續公開；（四）較少經由中央過濾；（五）更能容納差異；（六）超連結化。

以下我們就來看看這些影響科學的結果，以檢視一門殷切關注真理的學科如何被知識的網路化所影響。

## 一、大到沒辦法再用理論

　　一九六三年時，美國馬約診所的佛舍醫生在威望甚高的《科學》期刊上，發表了一封現在相當著名的信，抱怨科學家製造出太多的事實。這封信的標題是「磚場裡的混亂」，信中指出新一代的科學家拚命生產「磚塊」（也就是事實），卻不管這些磚塊要怎麼拼湊在一起[5]。佛舍擔心，生產磚塊本身就已經成為一個目的。「於是，世界被磚塊淹沒了……找出適合某項工作的磚塊變成一件難事，因為必須從太多的磚塊裡尋找出來……完成一個有用的建築變成一件難事，因為當地基清晰可辨，馬上就會被埋在一大堆隨機生產出來的磚塊下。」

　　如果一九六三年的科學就已經像是一個混亂的磚場，那麼佛舍要是看到 GBIF.org 上的全球生物多樣性資訊機構，肯定會癱在地上號啕大哭。過去幾年來，全球生物多樣性資訊機構網羅了數以千計的事實磚塊收藏，從波蘭國家公共衛生研究院的細菌，到南極洲韋斯特福爾山脈的威德爾海豹，都有數量分布統計。GBIF.org 的設計模式，正好就像佛舍所痛批的磚場──只是呈現資訊，沒有任何假設、理論或架構；只不過它比佛舍所想像的還要大上好幾倍，因為這位可憐的醫生不可能想到磚場用網路連結起來後會是什麼樣子。

　　事實上，以事實為根據的網路化磚場是一個蓬勃發展的產業。舉例來說，「蛋白質體共享空間」網站上，有跟各種生物相

關的蛋白質資訊。蛋白質體共享空間是一位研究生的一項獨立計畫，網站上分享了將近一千三百萬個檔案，總容量達十二‧六TB之多。這些資料來自世界各地的科學家，並免費提供給任何人使用。另外，「史隆數位巡天[6]」（該網站有個自命不凡的口號，是「替宇宙描繪地圖」）從分布於世界各地的二十五個機構裡蒐集天空地圖，並將之公開發布。耗時八年、於二〇〇八年完成的第一次調查，總共公布了兩億三千萬個天體的資訊，當中包括九十三萬個星系；由於每個星系又包含好幾百萬顆星星，這個磚場有一天可能會大到我們數不出來的規模。這些新興的資料磚場之中，最有名的是「人類基因體計畫」。該計畫在二〇〇一年完成人類完整的「基因藍圖」草圖，不過光就數量而言，它已經被「國際核苷酸序列資料庫合作計畫」超越了；這個計畫截至二〇〇九年五月為止，已經收集了兩千五百億筆基因資料[7]。

科學資料目前已經多到讓「磚塊」這個譬喻看起來過時兩百年了，這背後有三個基本的原因。

首先，**刪掉東西的經濟學**已經變了。我們以前用可悲的老舊底片相機照的照片，就算是成本比現今的數位相片高上許多，絕大多數還是會丟掉，因為相冊很貴又占用空間，而且我們還要花費不少時間來決定要保留哪些相片。現在，與其瀏覽一張又一張的照片，把全部的照片丟到硬碟裡（或某個網站上），可能都不會那麼耗費成本。

這就是為什麼美國政府制定政策讓 Data.gov 網站在幾個月之後成立時，網站的管理人員沒有先仔細檢查所有資料，就直接讓這些資料上線。他們也沒有要求各個政府機關制定政策，用嚴格的標準來詮釋這些資料。他們所做的，只是把所有的資料丟到網站上而已。如果管理人員非要審閱資料，把所有不可靠或他們認為沒價值的東西丟掉不可，那麼 Data.gov 就會變成讓每個政府團隊不斷踢皮球，永遠都不可能完工的計畫了。

第二，**分享的經濟學**已經變了。美國國會圖書館的儲藏室裡有好幾千萬項收藏，因為物理的法則讓展示和保存實體物件困難重重（更別說分享這些實體物件了）[8]。網際網路讓我們更容易分享自己數位儲藏室裡的東西。當資料量大到連網際網路都不好處理時，有些獨具創意的人會因此發明出新的分享方式。舉例來說，蛋白質體共享空間所使用的 Tranche 系統[9]，就創造了專屬的技術協定，讓動輒以 TB 計的資料可以透過網際網路分享，而且不會只有一個資料來源負責輸出所有的資訊；分享的過程本身就已經分攤到整個網路上面。新的「鍵連資料」格式，也讓我們更容易將資料分裝成許多小碎塊，並讓這些小碎塊可以被人發現和重新利用。透過網際網路存取和分享資料的能力，更會加強新的「刪東西經濟學」；本來不值得收藏的資料，現在具有新的潛在價值，因為其他人可以找到和分享這些資料。

第三，電腦的聰明度已經大幅躍進。創用 CC 科學副執行長

（以前叫作「科學共享空間」，下文會再提到）威班克斯說：
「以前要畫出一個基因的圖譜，要花上一年的時間。現在，一個
人用自己的桌上型電腦，一天就可以畫三萬個圖譜了。一個兩千
美元的微陣列儀器，就能讓人看到人類基因體隨著時間變化的反
應。[10]」第一位罹患 H1N1「豬流感」的病人確診之後沒幾天，
一千六百九十九個鹼基組成的 H1 序列就已經分析完成，並上傳
到全球的資料庫了[11]。即使是個人桌上型電腦都具有相當強大的
處理能力，這讓大家儲存和分享的資料具有更高的潛在價值。

　　磚場的規模現在已經變得跟整個銀河一樣大了，可是佛舍還
會聽到更多的壞消息。問題不光只是磚頭式的事實太多、蓋大樓
用的理論太少而已，而是銀河般的資料創造出來後，讓科學有時
候太豐富、太複雜，沒辦法簡化為理論。由於科學已經大到我們
無法知曉全貌，我們對於「知曉全貌」一事也有了不同的想法。

　　舉例來說，任何生物的生物系統都複雜得超乎想像。就算是
細胞，這個生命最基本的元素，本身也是一個系統。一個稱為
「系統生物學」的新興學門，研究的就是外在刺激如何透過細胞
膜傳送「訊號」。有些刺激會造成相對簡單的回應，但又有些刺
激會造成一連串的反應。若要理解這些訊號，不能把它們各自分
開來看。就算只是一個細胞，整體的反應都超出用這些細胞組成
的人類所能理解的範圍。二〇〇二年時，北野宏明在《科學》期
刊上發表一篇系統生物學的專題報導（這也代表這個新興領域的

重要性受到公認）。他寫道：「這個領域現在之所以讓人再次加以重視，主要是因為分子生物學的進展……讓我們可以收集系統表現的完整資料，並得到跟背後的分子有關的資訊。[12]」當然，我們現在有辦法收集完整的資料，完全是因為電腦變得這麼強大的緣故。在以書籍為主的時代裡，系統生物學根本就不可能存在。

由於我們現在能夠存取這麼多的資料，一種新型態的科學於焉誕生。這種科學不僅能夠研究「一個細胞或生物體個別的特性」（這裡引述北野宏明的話），更能研究那些不在個別部分出現的特性。舉例來說，我們身為生物體的一個驚人特性，就是我們相當強韌——我們的身體會一而再、再而三地復原（當然，一直到它沒辦法復原為止）。韌性是一個系統的特性，而非構成這個系統的個別元件的特性；這些個別元件可能並不強韌，而且有些會像保護蟻后的螞蟻一樣，可能會「自我犧牲」，讓整個系統有辦法存活。事實上，「生命」本身就是整個系統所具備的特性。

現在的問題（或至少說是改變）是，就算系統只跟一個簡單的細胞一樣複雜，我們人類也沒有辦法理解。這並不是說我們在等人發明一套絕妙的理論，讓我們可以就此釐清所有的細節分別有什麼樣的地位。事實上，這個理論早就已經根深柢固了：細胞系統包含一套詳盡的交互作用，這些交互作用可以視為各種訊號

和回應。可是，這些互動機制的數量和複雜度，超出了人類大腦能夠理解的範圍。這種系統的科學，必須仰賴電腦來儲存所有的細節，並檢視它們如何互動。系統生物學家會建構電腦模型，用軟體來模擬幾百萬個元件互動時會發生什麼事情。這有點像是預測天氣，但跟預測天氣比起來，系統生物學更仰賴特定事件，也比較不會仰賴一般的通則。

我們常常無法掌握這般複雜的模型（不論是細胞生物學、天氣、經濟體系，或甚至是高速公路路況），因為世界比我們的模型所能掌握的還要複雜。不過，有時候它們可以準確預測系統會怎麼運作。就最複雜的層面而言，這些是湧現與複雜的科學[13]：如果只看個別元件，會看不出這些科學所研究的系統特性為何，而這些特性只有藉由觀察究竟發生了哪些事情，才能做出準確的預測。

這代表科學出現了一個重大轉折。對四百年前的培根、一百五十年前的達爾文，和五十年前的佛舍來說，科學的目的是要建構出理論，讓這些理論不僅建立在事實之上，還能解釋這些事實。事實都跟特定的事物有關，而知識所探討的應該是四處皆然的通則（至少那時的想法是如此）。所有跟四處皆然的通則有關的知識進展，都讓我們朝造物者設下的最終命運向前推進一步。

這樣的策略當然也有一個務實的層面。通則的數量比特定細節的數量少，而且如果你知道通則的話，經常可以推斷出細節：

如果你知道用來解釋星球運行的通則，你就能推斷出地球上任何一天裡，火星會出現在天空上的哪個位置。把目標放在四處皆然的通則，是一種簡化的策略，而這樣的策略也是廣義的傳統策略的一部分：面對一個大到無法知曉全貌的世界，我們採用的手段就是把知識縮減，直到成為大腦和科技可以加以處理的規模為止。

因此我們就一直盯著數據列表，直到看清楚它們的簡單規則。克卜勒詳讀了他的老闆布拉赫製作的星圖，直到一六〇五年，他終於發現如果行星不是以完美的圓形繞行太陽，而是以橢圓形軌道公轉的話，一切就說得通了。三百五十年後，華生與克里克不停盯著 DNA 的 X 光圖片看，直到他們發現如果分子的結構是雙螺旋的話，原子間距的數據就說得通了。有了這些發現後，原本讓人費解的隨機資料，就透露出一種我們可以理解的秩序：啊，原來軌道是橢圓形的！啊，原來分子是雙螺旋架構！

以資料庫為基礎的新型態科學裡，複雜的事物經常不會一瞬間變得簡單，讓我們有辦法理解。整個模型沒辦法縮減為一個算式，讓我們得到這個算式之後就把模型丟掉。我們非得執行模擬程式，才能看出到底會發生什麼事。舉例來說，這一類模型的專家伯納博，就提出一個簡單的賽局樣式：把十到四十個人放在一個房間裡，並隨機替每個人分配另外兩個人——一個是獵人，一個是獵物。每個人都要遵守一個簡單的規則：讓自己擋在獵人

和獵物的中間。這樣會不會造成任何可以預測的運動模式呢？如果會的話，那又會是什麼樣子？唯一的方式就是真的這樣子做做看，不論是下次開派對的時候拿賓客來試試，或是用電腦模擬都可以[14]。根據模擬的結果，一個大約跟派對賓客人數一樣多的群體，幾乎會立刻在房間的中間緊緊聚在一塊。

在還沒執行模擬之前，這樣的結果難以預測，可是我們如果知道這個模型以後，也許就會覺得這個結果有點道理。不過當行為的規範變得愈來愈複雜時，我們就不會再有這樣的感覺了（更何況這種感覺本來就可能是幻覺）。舉例來說，如果用電腦模擬一群人在慌亂之中從密閉空間逃出來的動線，就會發現如果在逃生門前一公尺稍微偏向兩側的地方放一根柱子，反而會增加人群逃出的流動速度[15]。這是為什麼呢？這背後也許有個理論，或者也可能只是個浮現出來的特性而已。我們可以一步步讓複雜度增加，從派對遊戲進展到只想逃出失火建築的人群，再進展到由許多動機不一致且不斷轉變的人所構成的現象（像是市場）。我們可以創造出這些的模型，也許還能**知道**這些模型怎麼運作，卻完全**不了解**背後的原因。它們太過複雜了，只有我們的人工腦袋才有辦法掌握這麼龐大的資料量，以及這當中的各種互動。

純物理性互動的模型也是如此，不論這些模型是跟細胞、氣象變化，或灰塵微粒有關。舉例來說，康乃爾大學的李普生和許密特開發出來的 Eureqa 程式，就是為了在人類實在無法搞懂

的大量資料中（像是細胞訊息傳導，或是古柯鹼對白血球的影響），找出可以用來理解這些資料的算式。Eureqa 會先找出算式來解釋某些資料片段之間的關係，然後再不斷調整和測試這些算式，來看運算的結果能不能更符合這些資料，並且會不斷持續下去，直到找出一個適用的算式。

德州大學西南醫學中心的蘇爾用 Eureqa 來看單一細菌細胞裡面，是什麼讓幾千種元素產生波動變化。蘇爾餵了 Eureqa 一大堆磚場般的資料，Eureqa 反覆咀嚼之後，跑出了兩個可以表示細胞內常數的算式。蘇爾找到了他要的答案，只是他完全不了解為什麼，而且也認為沒有人能夠了解 [16]。這有點像是愛因斯坦夢到 $E=mc^2$，我們也確認這個算式的確成立，但卻沒有人知道 c 代表什麼。

沒有人會認為，光有一個人類沒辦法理解的答案，我們就會覺得滿足。我們想要真正理解一件事，而不是只像 Eureqa 那樣。我們的軟體產生這種先知般的算式，有時候我們也真的能夠理解其原因。但反過來說，一位使用 Eureqa 的生物物理學家衛克斯沃，跟《連線》雜誌的記者說：「生物學比想像還要複雜，複雜到我們沒辦法理解這個複雜程度背後的答案。這個問題的答案，就是 Eureqa 計畫。[17]」世界的複雜程度，可能根本就超出我們大腦的理解能力。

以模型為基礎的認知方式有許多早已明載的困難處，特別是

如果我們要用模型來預測現實生活中的事件，因為這些事件難逃歷史難以捉摸的特性：白堊紀生態的模型不可能包括一顆突然撞到地球的小行星，而且也沒有人預料世界上會有黑天鵝出現[18]。雖然如此，模型依然可以具備科學假設所需的預測能力。我們有一種新的認知方式。

這種新的知識不只需要巨型電腦，還需要一個網路把這些電腦連接起來，用資料餵食它們，並讓大家可以存取其工作成果。這種知識不存在個別的頭腦之中，而是存在網路裡面。

不過，「巨大」只是這種新科學知識吸收進去的第一種網路特性而已。

## 二、更扁平

達爾文其實不算是一個職業科學家。他沒有在大學或其他研究機構裡任職。他藉由旅遊寫作來支持他的科學工作，後半輩子亦有父親留下來的遺產。不過，他依然是科學界密不可分的一份子，更是皇家動物學會、倫敦皇家自然知識促進學會和林奈學會的會員。

孟德爾則是完全不同等級的業餘人士。他無法通過高中教師的資格考試，所以年復一年在修道院的院子裡工作，觀察著一代又一代平滑和皺摺的豌豆的特性。如今，只要有人提到孟德爾的名字，幾乎一定會加上「遺傳學之父」。不過，他終其一生都沒

受到公認，沒有從事科學相關工作，也不是科學界的一份子。

科學界向來就有接納業餘人士的傳統。畢竟，不管話是誰說的，真理就是真理。但反過來說，如果孟德爾寄給達爾文的手稿上面，標明從某間知名大學寄過來的話，達爾文就可能把未裁切的頁面切割開來閱讀[19]。如果靠自學而成的印度數學天才拉馬努金沒有在一九一二到一九一三年間寫信給三位劍橋大學的教授，他畢生的心血（包括以他為名的「拉馬努金猜想」）很可能就從世界上消失，沒有留下任何影響。如果「家庭主婦和母親」舒梅克沒有跟一位天文地質學家結婚的話，她可能就不會成為最知名的彗星獵人，以及舒梅克－李維九號彗星的共同發現人[20]。如果菲律賓和澳洲的業餘天文學家沒有跟專業人士說，他們各自在觀察木星的時候看到兩秒長的亮光，我們也許不會知道這個亮光是一顆小彗星或小行星撞上木星造成的[21]。業餘人士之所以能成功，是因為有正式機構裡的專家可以替他們驗證。

網際網路並沒有讓世界不再需要經過認證的專業科學家，也沒有完全消除專家和業餘人士之間的界線。不過，它讓這個界線變得模糊了：有愈來愈多人提供資料，有更多捉摸不定的關係，也有更多糾纏不清的關係，讓社群跟正式組織糾結在一起。業餘科學家和專業科學家之間，本來有一道經由認證的過程定義、維持住的斷層；現在，網際網路處處伸出觸手，試圖找到跨越這道鴻溝的方式。

第一屆 Maker Faire 創意嘉年華會，於二〇〇五年在舊金山附近的聖馬特奧遊樂園舉辦。這個活動是由 Make 雜誌發起的，雜誌總編輯富勞恩菲德說，當時有兩萬人來看「自動平衡的兩輪車、由電腦控制的 Etch-A-Sketch 繪圖板、生質柴油處理機、以生物為靈感啟發的多處理機、完全手工的無線射頻辨識機、風力發電機、網路化的公民氣象觀測站、鳥類研究系統、飛行翼手龍模型，還有好幾百種其他作品。[22]」二〇〇八年時，來訪的人數多了三倍。富勞恩菲德不認為人數成長是直接受到網際網路的影響；他反而說，過去幾年來，「有些人本來把全部時間投入在創造網際網路，和網際網路上的內容，但他們現在把目光從螢幕上轉移開來，發現世界本身就是一個最能『駭』的平台。」

　　Maker Faire 所體現的，就是推動網際網路和網路文化的駭客思維和美學。無庸置疑的是，就算有人不想從事那種會用到鋼鋸和一袋袋棉花糖的科學（棉花糖槍是 Maker Faire 的代表性機器），網際網路對業餘科學家來說，是上天賜予的禮物：那麼多的網站，那麼多的論壇，那麼多的 YouTube 影片可以看。

　　不過，業餘人士可以做的事情，不只有發明一些讓人發笑的聰明玩意而已。從科學變成一種專業、機構化的學門以降，業餘人士現在更能向前推動科學的發展。當然，這種事情在一些不必建造大型強子對撞機（耗資七十二億美元）或國際太空站（耗資一千兩百億美元）的領域裡，比較容易達成。我們在前文已經看

到像戴維斯這樣的業餘人士，如何在競賽裡解決工程問題（像是怎麼從埃克森瓦迪茲號抽出石油）。不過，業餘人士還用了更多有架構的方式貢獻自己的心力。舉例來說[23]：

- 「星系動物園」是一個群眾外包的科學網站，網站上的志工建立了號稱是「全世界最大的星系形狀資料庫」[24]。從二〇〇七年開始，網站上張貼了一百萬幅來自史隆數位巡天的星系照片，並且要大家對每個星系進行簡單的分類：是螺旋狀的，還是橢圓狀的？如果是螺旋狀的話，是順時鐘還是逆時鐘的？一年內，網站就收到五千萬項分類，其中還有對同一個星系的不同分類，這讓星系動物園可以檢查這些報告是否有誤。網站在證明這種作法確實有用之後，又啟動了第二個計畫，問一些更詳細的問題。這一切的資訊（當然是完全公開的）已經改變了專業人士之間一些常見的猜想；舉例來說，紅色的星系其實不一定是橢圓形的。

- eBird.org 將賞鳥人士的列表集結起來，製成一個鳥類遷徙的資料庫。在康乃爾大學鳥類學實驗室所屬的 CamClickr[25] 計畫網站上，「公民科學家」可以替鳥類的繁殖行為進行分類，讓科學家搜尋和整理鳥類的

影像。另外，NOAH 網站（NOAH 是「網路化生物和生態」的縮寫）讓任何人可以上傳 iPhone 拍下的生物照片，網站會再將照片收錄進各地物種的資料庫[26]。

- 一個由十八位義大利和埃及的地質學家和天文物理學家組成的團隊，在《科學》期刊上[27]宣布他們在埃及南部找到一個撞擊坑。一個月以後，一位義大利物理學家獨自一人在蘇丹找到一個撞擊坑，使用的工具只有 Google 地圖（這是她幫忙開發的開放軟體），以及一個許多人使用的開放原始碼影像編輯軟體。由於地球上確知由外太空物體造成的撞擊坑只有一百七十五個，這一類發現都有相當舉足輕重的地位。《連線》雜誌宣布：「坐在家裡找撞擊坑的時代已經來臨了。[28]」

　　不是所有的業餘科學計畫都藉由群眾外包的方式進行。Einstein@Home 計畫不是把資料分發出去，讓人來逐一掃視，而是將資料發包給網際網路上志願參加計畫的個人電腦；這些電腦會在使用者沒有在用它們的時候處理資料。二〇一〇年八月時，三位不是科學家的使用者所擁有的電腦找到了一顆新的脈衝星。《科學》期刊的文章說，這顆星星可能「以打破紀錄的速度在旋

轉。[29]」這種業餘科學，業餘到這些使用者什麼都不必做，只要貢獻他們電腦的閒置時間就好了。

其他的業餘計畫會利用人類大腦特有的能力，來解決一些複雜的問題。預測蛋白質會以什麼方式折疊（這事關許多蛋白質的特性），對電腦來說是一件難到出奇的工作，因為可能的組合數量是個天文數字。一些電腦科學家和生物學家於是創立了FoldIt，這是一個多人線上遊戲，讓人類彼此競爭和合作，用正確的方式折疊蛋白質結構。這個遊戲唯一需要的專業能力，只有人類大腦裡既有的空間感[30]。一項以 FoldIt 玩家為對象的研究發現，在多種問題類型上，人類玩家的表現比最有效的電腦運算還要出色。

業餘人士可以用群眾外包的方式處理大量資料，可以貢獻電腦閒置時間，可以利用大腦的特性，但也可以用非常個人化的方式參與科學計畫。舉例來說，史蒂芬·海渥德是一位二十九歲、身高一百九十公分的木匠，他本來在重修夢想中的房子，但在一九九八年被診斷出罹患肌萎縮性脊髓側索硬化症（又稱漸凍人症）。這種疾病通常會在診斷後二到五年內造成患者死亡。由於相關研究的進展緩慢（特別是因為可能的治療方式開發出來以後，還需要經過廣泛的臨床試驗），讓海渥德的哥哥詹姆士感到不耐煩。於是，他辭掉了加州神經科學研究院的科技開發工作，從加州搬到麻薩諸塞州，成立了漸凍人症治療發展基金會；這個

基金會目前有十三位全職的科學家，和兩千萬美元的資金[31]。二〇〇四年，詹姆士跟弟弟班傑明，以及另一位老友（三人都是麻省理工學院的畢業生）成立了「像我一樣的病人」網站。這個網站不僅讓病人可以分享他們接受治療的細節和身體反應，還會收集相關資料，將之匿名化，再把資料提供給研究人員（包括藥廠）。這些病患雖然在自己不願意的情況下染上疾病，但他們在這方面的特殊資格，讓他們可以提供高度相關的專業資訊。

從賞鳥人士到漸凍人症患者，綜覽這些集合業餘人士的合作計畫，我們幾乎只會看到好的一面。不過，就科學知識和權威的架構來說，它們似乎沒有造成多大的改變。這些案例裡的業餘人士，做的都是不太需要科學技能或訓練的工作：天空裡這坨白色的東西，看起來像紙風車還是像橢圓形？你對醫生開給你的新藥有什麼樣的反應？科學社群活在一個由各種認證築成的圍牆之內，但這些業餘人士並沒有把這道圍牆拆掉；他們只是把科學的工具延伸出去而已。難道他們只不過是人體感測器而已嗎？

那些像達爾文和孟德爾一樣，貢獻與經過認證的科學家如出一轍，真正影響科學的業餘人士又在哪裡呢？業餘人士的文章大都不會收錄進科學期刊裡，而且他們通常也不會受邀在科學研討會上發言。例外當然是有，像是傑弗瑞・霍金的大腦運作理論[32]、庫茨魏爾的老化生物學理論，以及沃爾夫勒姆談論一切事物的理論——但他們通常是從科技或科學領域中跨足出去，並且受

過高度的訓練。跟網際網路的年代比起來，十九世紀的業餘人士對於科學想法的影響似乎還比較大。這一點都不令人意外。當我們的科學知識增長，使用的工具又讓我們能探究更精細的問題，每個科學家的個別領域就變狹窄了。一個人若是沒有進入提供密集訓練和必備工具的科學機構，就很難（而且往往根本不可能）成為某個領域的專家；而一個人若是可以使用某個機構的資源，也就同時擁有這個機構的認證資格。

　　不過，如果我們看的不是個別人士的工作，而是整個業餘網路的貢獻，他們的貢獻就會更加顯著。舉例來說，星系動物園的技術長史密斯告訴我一個發現「豌豆」的故事。這一開始只是星系動物園討論區裡的一個笑話，指的是一些照片裡面的綠色物體。當討論區裡出現上百篇相關文章後，星系動物園的業餘人士發覺，這是專家沒有注意到的一種天文物體。史密斯說：「二〇〇八年中，他們將相關的證據集結起來呈現給我們，並且堅持我們一定要注意這個東西。」他們後來發現「這些豌豆很重要。我們現在才剛剛開始理解它們為什麼重要。[33]」這個啟示，以及這個啟示發展出來的過程，都發生在一個業餘人士的網路裡；倘若只有一個人觀察到這件事，就不會有人看出「豌豆」的重要性。

　　事實上，經認證的科學所轄的空間，現在以愈來愈重大和有用的方式，跟周遭的空間交織在一起。舉例來說，數學家狄歐拉

立克在二〇一〇年八月六日寄了一份初稿給他的同僚，提出一個數學問題的解答方式。這個數學問題出了名的難解，甚至還有人懸賞一百萬美金給可以解答的人[34]。好幾位非常出色的數學家都以為他們找到「P不等於NP」問題的答案，結果卻都被擊潰了。不過，最先提出這個問題的人，這一次把狄歐拉立克的答案寄給他的幾位同僚，並且說：「這個宣稱解決了P不等於NP的難題，似乎是認真的。」在這種等級的權威加持之下，這篇論文很快就大為流行（至少在對這一類事情有興趣的數學家小圈子裡是如此）。可惜的是，狄歐拉立克的論文兩天內就面臨跟前人相同的命運。根據科技部落格 TechCrunch 的描述：「業餘和專業數學專家在討論區和後續的部落格文章裡，把論文大卸八塊，找到許多重大的錯誤。[35]」狄歐拉立克的論文能夠流傳開來，是因為提出問題的人有相當的資格，但大家批評這篇論文時，卻不太在意學經歷等資格。

當然，即使在網際網路問世以前，業餘人士也能參與評判，來檢視這個證明是否無誤。不過，狄歐拉立克的論文首先必須由經過認證的專家審核通過，再刊登在一個寫給專業人士的期刊裡。業餘人士的評論哪裡都去不了，只能寫信寄回原先那本期刊的編輯群──這對於沒有認證資歷的人來說，會是一場苦戰。現在的生態基本上完全不一樣了。大家都能看到所有的資料，也能立即回應給整個體系。好啦，這有點誇大了：並非所有的資料都

會在線上發布，也不是所有的回應文章都有相同的能見度，而且有一些回應根本就是瘋言瘋語。不過，這裡要注意的是，在這串補述裡，「不是所有的人都有學經歷認證」沒有出現。

科學界依然有門禁管制。控管嚴密的期刊，現在依然控管嚴密，而科學學術機構依然很重視學經歷認證。大多數的科學成果若要發表，依然需要通過窄門。這是數量有限的必然後果：紙本期刊就只能有那麼多頁，學術機構的名單上就只能有那麼多人。不過，業餘人士現在可以一同參與，專業人士亦能和業餘人士互動，這個現象已經普遍到我們覺得很理所當然。這種感覺很自然，而且也應該很自然才對；業餘人士會對科學有興趣，本來就是一件自然的事，而科學家會想跟一樣有熱忱的人交流，也是一件自然的事。

最後的結果不完全是一道平面。《自然》期刊如果收錄了你的文章，一定會比你在自己的部落格上發文來得有分量；另外，如果文章被頗具聲望的科學部落格引用，也一定會讓它的能見度和地位變高。不過，文章若是讓整個網路的部落格都在討論，有許多人用電子郵件傳閱，在臉書上有許多人按「讚」，或是在Reddit.com 收到許多人的投票，一樣會有更高的能見度和地位。一篇文章對科學思想的影響，現在跟它在專業科學家、業餘人士和一般民眾的各種社群網路（不論是正式或非正式的）上掀起的聲浪密不可分。

傳統上並不是這麼一回事。舉例來說，科學期刊評量影響力的方式，是透過加菲爾在一九五五年首先提出的評分體系。這種體系稱為「影響係數」，從事實層面來看，這個係數現在已經成為衡量期刊權威性的標準方式——根據《英國醫學雜誌》前主編理察·史密斯的說法，這個係數重要到「如果影響係數提高十分之一分，編輯群會開香檳慶祝，反之他們會痛哭。[36]」這個分數的計算方法，是先算出某本期刊過去兩年來發表的論文總數，再用這個數字除上同一段時間內，這些文章被引用的次數。不過，這個分數其實可以作弊。史密斯說：「論文作者會形成『引用聯盟』，引用自己和其他人的文章，藉此提高他們的影響係數，更有些編輯會要求論文作者引用他們期刊裡的文章，來提高期刊的影響係數。[37]」不過，就算這種手法天衣無縫，還有另一個問題：這種手法的運作速度，跟印刷出版的速度一樣。賀寧說：「如果我現在寫一篇論文，它需要花一年才會通過評審程序，又要再花一年才會出版。現在的影響係數，反映的是兩三年前有哪些東西重要。」

賀寧是 Mendeley 的創辦人之一。Mendeley 是一種以不同的方式計算影響力的軟體，在科學界受到愈來愈多人採用。賀寧和另一位共同創辦人想到這個點子的時候，兩人都是在倫敦念書的研究生。賀寧跟我說：「我們發現，雖然我們兩人分屬不同的領域，但面臨的問題其實一樣：要管理過載的資訊。[38]」他們的硬

碟裡都下載了好幾百篇的論文，這些大部分都是常見的 PDF 格式檔案。為何不寫個軟體來自動抽取書目資訊，也讓使用者標記和注解有意思的段落呢？何不讓大家可以搜尋這些文章？何不自動抽取關鍵字，讓搜尋更精確？另外，如果你知道大家會下載哪些文章，又知道大家會標記哪些段落，何不用這些資訊來點出研究的潮流有哪些，並引導使用者到他們可能不知道的文章去？他們在二〇〇八年一月創立了 Mendeley，二十個月之後，註冊人數已經多達四十五萬人，收錄的論文亦有三千三百萬篇 [39]。

感受到 Mendeley 的影響的人，不只有 Mendeley 的使用者而已，因為跟影響係數比起來，Mendeley 可以讓大家更快看到科學家覺得哪些論文重要。Mendeley 還可以將影響力細分成不同的類別。系統生物學家現在覺得哪些論文重要？氣候科學家呢？演化生物學家呢？甚至如賀寧所說：「他們只是快速瀏覽過去嗎？有沒有標記特定的段落？有沒有加上特定的關鍵字？」Mendeley 集合的資訊不會偏重學經歷比較有分量的使用者。不過，Mendeley 希望能在這個網路裡加入另一種塊狀的特性：讓系統提供你可能感興趣的建議時，偏重你社群網路裡其他人的行為和建議。

Mendeley 是網路化科學新生態的縮小版。它並沒有讓專業認證變得不重要，也沒有把未經訓練的業餘人士提升到跟認證過的專家一樣的層級。不過，它創造了一個環境，讓更多人可以更

自由地參與，而在這個環境裡，新的認證和權威形式逐漸產生，社群和權威之間的連結變得更加複雜，權威的版圖也變得更細緻又更混亂。網際網路沒辦法拆掉圍牆時，它會讓周圍的荒土長滿藤蔓。如同我們先前所見，這樣的例子屢見不鮮。

## 三、持續公開

小學六年級參加科展的時候，你把兒童維他命片放到泥土裡，結果植物並沒有長得比較好。你的老師拍了拍你的背，安慰你說從科學的角度來看，沒有結果跟有結果一樣重要。

這是屁話。

科學期刊很少刊出沒有結果的研究。不過，根據《公共科學圖書館》（PLoS）編輯賓菲德的說法：「如果你是一位正要開始研究某個議題的研究員，知道別人做了哪些最後失敗的事情，其實很有用。[40]」他說，最經典的例子就是新藥物的人體臨床實驗：「通常只有正面的結果才會有人出版」，無視受試者本身承受的負擔。「知道哪些東西沒有發揮作用，就算這個知識不會讓你藥廠的股價上升，依然相當有用。」

布萊德利應該會同意這種說法。二〇〇五年時，他是卓克索大學化學系的助理教授[41]，那時他的研究有獲得出版和專利。不過，他說：「我沒有發揮我預期會有的影響力……一切都祕密進行，我和我學生做的研究大部分都沒有刊登在期刊上。」這是

因為布萊德利大都在測試各種不同的化合物，而「什麼事都沒發生」不太能寫成一篇科學論文。

所以，他開始把科學家通常用紙本筆記本寫下的例行資訊放到部落格上面。他本來想用當時現成的電子筆記本，不過他說：「那種筆記本設計成把他人排除在外，但我想要的是一個很難保持私密的系統。」最後，他建立了一個維基網頁，把他所做的事情稱為「開放筆記本科學」。

他的第一本開放筆記本「有用化學」，主要用來記錄他實驗室的工作，尋找適合用來對抗瘧疾的化合物[42]。他說：「大部分罹患瘧疾的人沒什麼錢，所以藥廠在無利可圖的情況下沒什麼興趣。」他的實驗室開始竭盡所能測試各種化合物，並把實驗結果記錄在一本開放筆記本裡；這個筆記本沒有什麼英雄式的主軸，只有每天的實驗結果而已。他之後又開始了另一本開放筆記本，以群眾外包的方式，記錄一個幾乎不可能完整回答的問題：哪些化學物質，可以被哪些化學物質溶解？這最後形成一個巨無霸的交互作用資料表，而且絕大多數都是毫無反應。但由於化學反應必須發生在不會跟化合物起作用的介質裡，如果有人想用廉價的方式製造新的化合物，這種「毫無反應」的資訊其實非常重要。

布萊德利舉出一個例子，是他的「有用化學」筆記本怎麼跟托德的開放筆記本交集；托德是雪梨大學的化學家，專門研究開發中國家裡由寄生蟲造成的疾病。布萊德利說：「我們發現，我

們的反應可以用來製成他們正在研究的化合物。」他們之所以會發現，是因為從那些「失敗」的實驗紀錄裡看到這件事。

他說：「大部分會出版的內容，是在所有的東西都做完並整理過之後才出版，比資訊寫進筆記本的時間還要晚上好幾年。」有了開放筆記本之後，科學不再受限於傳統出版形式假定的狀況：研究成果會有出版的日期，在這個日期之前研究不會公開，之後才公諸於世。開放、持續性的科學如今愈來愈普遍：相對少數的科學家是透過布萊德利的開放筆記本方式公開，另外也有人使用日益普及的開放論文資料庫，或是記錄科學家和實驗室每日工作內容的部落格。

從舊時「不公開到公開」的出版模式，轉而成為持續不斷的「現況」，這種轉變在其他領域造成不少混亂，也因此可以看出這種轉變有多重要。布萊德利舉了一個例子，是波伊爾在《替冥王星辯護》一書所述，關於矮行星「妊神星」發現者的爭議[43]。從二○○四年十二月起，加州理工學院的邁可‧布朗似乎發現了一系列的矮行星，但他沒有公開這些發現；一直到二○○五年七月二十日，他才貼出一個公告，說他會在九月的研討會裡宣布這些發現。二○○五年七月二十七日，西班牙天文學家歐提茲向小行星中心提出申請，說他的團隊發現了其中一顆矮行星。由於歐提茲在發現這顆有爭議的矮行星時，使用了一些布朗公開發布的資料（他的天文觀測紀錄），因此才會造成爭端。布朗說，他

原先以為其他人不會用這些資料進行計算，因為一般來說，資料要等到檢查和分析透徹，足以提交給經過學術審查的科學期刊之後，才算是正式公開。

正如布萊德利在部落格裡所說，這是兩種成規的交鋒。舊時的模式把出版視為一個特定的時間，作品一旦過了這個時間，出版並公諸於世之後，作者便享有聲譽和隨之而來的威望。不過，在一切都公開進行，因而沒有一個公諸於世的特定時刻的開放科學模式裡，聲譽和威望比較難以確定。布萊德利的文章要讀者想像，布朗的原始資料是寫在一個開放筆記本裡，每次當他收集到資料時就會公開。布朗找到關鍵資料的第一天，大家「都有機會知道一個重大的事件被發現了。有些細節還需要整理出來──布朗的團隊不一定會是第一個完成所有計算，因而確立這個發現的團隊。」科學轉變為持續不斷的「現況」，使得我們有時候不容易確定到底是哪些人發現了哪些事情，因為發現會是許多人公開合作而造成的，而且有些參與者甚至不會被注意到。

個別的科學家也許會因為失去這種權威的象徵而感到不悅，不過毫無疑問的是，科學整體一定會更好。

## 四、開放的過濾器

「《自然》和《科學》兩本期刊的退件率大約是百分之九十八。」賓菲德這樣說，他是《公共科學圖書館》二〇〇六年創

刊的免費線上期刊《PLoS ONE》的執行主編[44]。「比較平常一點的期刊大概會退掉百分之七十的稿件」，而且這個數字還不包括科學家覺得不會被刊登，因而一開始就沒有投稿的稿件。《公共科學圖書館》會初步接受百分之九十的投稿稿件。「我們會發表最糟糕的論文，也會發表本來可以投到《自然》去的論文。」如果論文夠嚴謹，足以被傳統科學期刊接受，那麼《公共科學圖書館》就會接受這篇論文。《公共科學圖書館》絕大多數的論文都會送給兩位或兩位以上的學者進行審查，這些審查委員會再把回應寄給原作者。「我們只用審查的方式來決定論文該不該成為科學文獻。我們不用這種方式來評斷它有多重要。」比較微不足道的科學（包括沒有結果的實驗）也算是科學。你小學六年級的老師總算說對話了。

在《自然》期刊裡，「整個體系都掌握在期刊自家的編輯，他們以前都是學者，會檢視每篇投稿的論文，並管理審查的過程。」這種模式根本沒辦法擴大：市面上沒有任何一本期刊有辦法把大多數的稿件都交付審查。《公共科學圖書館》總共有九百三十位編輯。「如果他們看到一篇符合所有條件的論文，他們可以直接接受，不用再交給外人進行審查。」他們很少省略審查的步驟，但在一些非常注重時效的領域裡，這個過程常常會縮短。舉例來說，在《PLoS currents：流行性感冒》裡，一個由流行性感冒專家組成的委員會會確認文章是「一篇真正由科學家撰寫的

科學論文，而且沒有離題。」如果是這樣子，那篇文章幾分鐘之內就會刊登出來，讓資訊可以趕上疾病流傳的速度。

賓菲德把論文交付審查的動機，與其說是確保品質，倒不如說是讓學者安心。「大家不會投稿到一本沒有審查制度的期刊去，因為這樣子的話，他們的升等委員不會採計。」他提到將期刊影響力量化成數字的「影響係數」。「大家都公認這個係數是個很糟的措施，可是就算每個人都知道這樣的算法又爛又會扭曲科學，大家還是會在意這個數字。」所以，《公共科學圖書館》底下的七本期刊裡，有六本只會刊登相對重要的論文。《PLoS ONE》不會這樣。只要是言之有物的科學，《PLoS ONE》就會刊登出來。

這種方式正在改變大家的閱讀方式，特別是在《PLoS ONE》裡面。賓菲德說：「大家必須要有一種不同的思維。世界上的文獻廣大無邊際，不會有人只挑最好的來餵你。你必須自己去找。這是我們這種模式的一個缺點。」他停頓了一下。「優點就是，所有的東西都會出版。」

而且不光只是出版而已。拜開放存取運動之賜，任何有網際網路連線的人都能讀取。傳統以獲利為導向的出版社，讓科學知識像是上了鎖一樣，而開放存取運動的提倡者不斷試圖要打破這道鎖。出版社可以決定哪些東西要出版，又以訂閱費用（常常高達每年一萬美金以上）限制讀者存取那些通過他們過濾的內容，

更抓著科學論文的著作權不放，因而限制這些論文的流傳和再利用。**開放存取期刊**（這些期刊有審查制度，不過有時會以創新、實驗性的方式進行）會讓任何人都能自由存取內容。**開放存取資料庫**讓大眾可以自由尋找並閱讀科學家和研究人員提供的文件，不論研究本身到了哪個階段。少了這些開放存取的資源，整個生態就會沒有氧氣。開放存取運動網路的一位核心人物蘇伯說：「OA〔開放存取〕正透過資料庫和經審查的期刊快速成長。OA的基礎建設正在擴大中，OA政策正拓展到愈來愈多的大學和經費提供者，也有愈來愈多的研究人員和政策制訂者對OA本身有更良好的認知。[45]」舉例來說，在哈佛大學的九個學院裡，有五個學院的教授以極高的票數（其中兩間學院甚至全數通過），要求全體教授把所有被非開放存取刊物接受的論文，放進一個開放存取的資料庫裡，儘管申請豁免的程序也很容易。開放存取出版讓窄門變得寬上許多，這也表示我們需要有更好的方法來找出自己所需，以及評斷這些內容的價值。目前已經有相當進步的工具出現，讓人可以用社群的方式過濾內容，並用電腦發現和排序這些內容。

以前被知名期刊的少數匿名審查委員接受，就會有一定的威望；現在，這種威望會漸漸來自一個人在網路上的存在和地位。當一個人的同儕包括網路上所有的同儕時，把文章交付同儕審查的制度就會變成這樣。

## 五、不一樣的科學

　　「我有個問題要問你，」他這樣說，一邊從口袋裡
拿了一張皺巴巴的紙，上面有他隨手寫下的幾個關鍵
字。他吸了一口氣：「你相信現實嗎？」

　　「那當然！」我笑著說。「這是什麼問題！」

　　這是拉圖《潘朵拉的希望》一書的開頭[46]。拉圖是當今極富
深度的一位科學思想家，一位以實際觀察科學家工作情形建構思
想的哲學家。

　　沒錯，這是什麼問題。不過也不難看出，我們怎麼會到了可
以問出這種問題的地步。過去幾個世代以來的科學，可以看成是
「科學確確實實掌握真理」這個想法逐漸瓦解：

* 奧地利哲學家波普爾在一九三四年的時候，告訴我們
  一個真正的科學主張是**可證偽的**（換句話說，有方法
  可以證明這個陳述是錯的[47]），讓我們可以清楚區分
  科學和偽科學。「口香糖會快速溶解在人類口水中」
  這個主張可以證明是錯的，因此就是一個科學主張。
  「口香糖喜歡被咀嚼」沒辦法被證明是錯的，因此
  是不科學的。一個主張之所以會屬於科學的範疇，不

是因為我們知道它是真的，而是因為有某個可能的方法，讓我們證明它是假的。

- 美國哲學家孔恩的《科學革命的結構》一書在一九六二年出版，這本書本身就顛覆了我們對科學的看法。孔恩認為，科學並非只是不斷向前邁進，以先前辛苦得來的發現建立更新的發現，讓我們逐漸接近真理。其實，科學會問的問題，科學視為重要的事實，以及科學所提出的解釋，都發生在廣大的科學「典範」之內，像是亞里斯多德式、牛頓式，或愛因斯坦式的物理學。簡單的真理能夠出現並具有意義，只因它們發生在由思想、制度和設備組成的複雜歷史體系之內。

- 一九六八年時，華生出版了《雙螺旋》一書，敘述他和克里克發現 DNA 結構的故事。這本非常易讀的書讓許多人大感憤慨，因為書裡揭露了科學家不只想要找到真理，更會被自己的野心驅使。這本書問世以後，許多故事都證明了科學有心理學和社會學的層面。舉例來說，在《世紀的哭泣》一書裡，美國記者席爾茲重述了各個實驗室和政府機構之間的敵對關係，以及這種無恥的競爭如何延誤了愛滋病病毒的發現過程。

- 從一九六〇年代起，一群被鬆散歸類為「後現代主

義」的思想家，挑戰了科學的每一個面向。偉大的法國思想家傅柯從歷史裡追溯了科學的種種「論述」（大致上跟孔恩的「典範」相同），說明它們不是建立在事實和證據之上，而是由歷史裡的一切因素（包括權力關係）匯集而成的[48]。

過去五十年來的科學思想，替我們明明白白地上了一課：科學不可能不受人性弱點和歷史偶然性的左右。科學家之間若意見不合，可能不是因為實驗結果不一樣，而是因為典範轉移、野心交鋒，或是論述差異所致。正因如此，科學歧見可能很難化解，而且遠比你小學六年級老師所說的還要困難。如今，科學正在網路之中推進，但這個網路本身就充斥各種差異和不合的意見。那麼，科學要如何應付網路化之後顯露出來的歧見呢？

這個問題的答案不一，端看這是科學家之間互辯，或是科學家與其他文化層面爭論。不過，兩種答案有個很重要的共通點：網路化的科學正在學習如何與差異共存（以及存在於差異之中），而不是一味認為差異可以完全排除掉。

**科學家之間彼此意見不合。**科學家之間存有某些差異，當然有所助益。舉例來說，美國航太總署和思科系統合作的「地衣氣候檢測系統」，目標是提供一個測量、回報和確認氣候資訊的平

台，橫跨各個處理氣候議題的學門和機構各自維持的資料「倉庫」[49]。地衣氣候檢測系統的執行長卡斯提拉魯比歐跟我說：「有十幾個不同的學門從來沒有彼此對話過：水文學家、經濟學家、工程師、水資源管理等等。[50]」他說，這些學門需要「一個建立在網路上的共同操作環境，讓他們可以交談：『天啊！我沒想到在這個流域裡發生的事，會影響政府正在提倡，需要耗費大量水資源的農作物。』」他提到他們與英國南極探勘組織合作的計畫，橫跨了大約五十個不同的學門。跨領域的差異當然有可能互補，不過卡斯提拉魯比歐堅信實質上的意見不合也很重要：「如果沒有人不斷有不同的意見，又怎麼會有信任呢？」

　　長久以來，大家都公認跨領域合作可以有效處理複雜的問題。但是，當科學網路化的時候，幾乎所有事情的複雜度都變得更加明顯。任職於麥克米倫出版公司，亦曾是 Nature.com 出版總監的漢內告訴我：「每次我們往下看一個層級，都會發現情況比我們原先所想的還要複雜。[51]」當然，我們若是往上看一個層級，也會有同樣的感覺。網際網路能快速又大規模地擴大，使得它更適合用來處理龐大的問題，像是如何理解細胞的訊號系統，或是如何預測氣候變化。網際網路有充足的空間，不只可以放進這一切所需的資料，還能容納據理力爭的辯論。

　　可是，另一種科學爭論要怎麼辦？假如科學家吵的是某個化學物質的溶解度：不是每公升五公克，就是另一個具體的數量。

這種非常明確的問題，就不可能讓大家握手，說句「我們只能同意彼此不同意這件事」就算了。對於這種關於特定細節的爭論，科學界依然採用長久以來的程序：實驗方法、公開辯論和權威機構。

不過，科學在網路化之後，還會開啟一個更艱困（卻也更有收穫）的中間地帶。多個資料庫若要結合在一起，可不像把兩盒特大號的麥片倒在一起那麼簡單。把資料從不同領域（甚至是同一個領域）整合在一起時，如果各別資料庫沒有以同樣的方式來處理資料（就算問題很簡單，像是資料所使用的是否為公制單位），電腦就沒辦法知道這些小碎片其實可以結合在一起。

這就是為何創用 CC 科學團隊要想辦法創造互聯的系統，讓科學家向多個資料庫提問時，可以像只面對一個資料庫一樣。領導這個團隊的威班克斯說，他們目前有大約四十組不同的資料來源，而一組資料來源可能就有八十到一百種不同的命名或分類系統。他說：「一種特定的基因可能就有五十或六十種不同的稱呼。一個酵素基因的資料庫，跟一個魚類基因的資料庫有許多相同的地方，可是編寫這些資料庫的人不一樣，所用的名稱也會不一樣。如果你想取得跟某個基因有關的所有已知資訊，你根本沒有辦法……除非有人告訴電腦，這一大堆不同的標籤指的都是同一件事。[52]」他繼續說：「我們逐一檢視這些資料來源，替每個東西標上專屬的名稱」，包括基因、蛋白質和基因序列。

在紙本為主的時代裡，若要讓兩組資料彼此一致，資料的擁有者在面對衝突時必須做出非「是」即「非」的抉擇。十九世紀的生物分類學家因此常常爭論，吵著如何分類蚯蚓、蝙蝠和鴨嘴獸等生物。在網際網路的時代裡，龐大的資訊量讓生物分類學家負荷不來，而且我們通常也沒有夠分量的權威機構來強力推行這些決定。所以，創用 CC 科學團隊採用一種愈來愈常見的策略：「就讓它分出去」，如同威班克斯所言。「叫作『ABCD』的基因，跟叫作『一二三四』的基因是同一個。我們會公開對應的方式，讓那些不同意我們作法的人，可以利用我們所做的事。我們的頻寬不夠，沒辦法不同意那些不同意我們的人。」因此，創用 CC 科學團隊讓大家使用自己想用的名稱。如果有人反對那些不同意一般作法的人，他們可以往上跳一級，把兩種名稱連結在一起，讓他們的電腦知道這兩種名稱指的是同一個基因，而不必管其他科學家怎麼想。

這種既維持又跨越差異的作法非常管用。這種作法的核心是「名稱空間」的概念，亦即一個名字獨一無二的空間。電話系統就是一種名稱空間，裡面包含許多不會重複、遵循特定通則（號碼位數、區碼等等）的標籤。美國的汽車車牌號碼，分屬各州的車牌號碼名稱空間；多輛汽車可以共用同一個車牌號碼，只要可以分出每輛車屬於哪個名稱空間就好了。同理，一個人有好幾個身分標記（身分證號碼、駕照編號），只要每個標記在各自的名

稱空間裡獨一無二就可以了。兩個基因資訊的資料集可以各有各的名稱空間，分別替基因標上標籤。這些名稱空間讓大家可以不必同意用同一種方式替東西分類和命名，同時又讓電腦程式可以從不同的來源整合資訊，只要電腦知道怎麼把一個名稱空間的名字對應到另一個名稱空間就好了。名稱空間讓大家不必先同意所有的事情，就能在網際網路上交織出大到不可思議的資料量。名稱空間使得差異有意義。

一種深層的改變潛藏在這種務實的作法之中。以前關於動植物分類方式的爭議，其實也事關大自然的秩序，而大自然的秩序又展現出神的想法。我們採用名稱空間的作法，等於認為分享資料比較重要，而不是非要讓大家用同一種方式分類、組織和命名資料不可。我們已經不再認為宇宙只有一種可知的組織方法，或是有本「大自然總集」能讓大家一起閱讀，或是像《金氏世界紀錄》那樣用來解決酒吧裡的爭論。你可以用你的方式組織資料，我會用我的方式，名稱空間資料模型轉換程式可以讓我們彼此互用對方的研究，我們也依然能從中互相學習。

這是實用性的具體展現，不僅表現出一般口語裡「實用性」的意義，更表現了「實用性」在哲學層次的意義，一如美國哲學家威廉‧詹姆士、杜威和羅蒂所想的那樣。雖然去討論這個名詞在哲學上的含意可能比較精確一些（哲學家跟很多學者一樣，靠著反對自己所屬學門所有其他人的看法為生），不過實用主義通

常被視為反抗舊時的思維 —— 認為知識是「自然之鏡」（這裡借用羅蒂寫的一本書的書名[53]）。不如轉變一下想法，把知識視為一種工具：如果它能幫助我們達成某個目標，那麼它就有價值。正如羅蒂所寫的那樣：「現代科學之所以能讓我們處理事情，不是因為它對應到〔現實情形〕，而只是單純因為它讓我們可以處理事情。[54]」不同的目標需要不同的工具。

名稱空間所體現的實用性，也是像威班克斯一樣的人所追求的實用性，讓大家不必完全同意也能拼湊出彼此都能共用的科學資料。以前我們認為，所有的科學家必須在宇宙萬物的組成方式上取得共識，方能讓科學有所進展，但如今名稱空間的實用性卻讓科學進步的速度更快。

**科學家與一般人的意見不合。**用 Google 搜尋會發現，在《自然》期刊超過一百四十年的歷史裡，「屁滾尿流」總共只出現過一次。這出現在二〇一〇年三月的一篇評論裡：「加州史丹佛大學的生態學家埃爾利希說，他在氣候科學界的同事不知道如何對付〔氣候變化〕反對者的攻擊。他說：『大家都被嚇得屁滾尿流，可是都不知道要怎麼辦。』[55]」《自然》的建議如下：「科學家必須了解，他們現在身陷街頭格鬥之中，而且他們跟大眾媒體的關係非常重要。」

「科學與大眾媒體的關係到底重不重要？」這個問題，就像

當時有人問拉圖「你相信現實嗎？」一樣。答案實在太明顯了，反而會讓人想知道對方到底怎麼會想到這種問題。

一種回答的方式，是不去看科學做為一種認知方式所出現的變化，而是看科學做為一種**制度**所出現的變化──看的是科學的圍牆裡，由各種人、角色、政策和行為所規範的事情。在這些圍牆之中，科學家通常都知道要如何評量其他科學家，和他們所宣稱的事。他們知道，提出不可證偽的宣稱是不科學的，如果有人拒絕公開自己實驗室的研究方法也是不科學的。另外，有些根本的想法已經有充足的證據可以支持，如果有人隨意否認這些想法，也會讓這些人被逐出科學的疆界之外。當這些制度層面的圍牆非常明確時（或者更精確來說，**正因**這些圍牆非常明確），科學家是一群特殊的人。他們有自己需要做的事，而圍牆以外的人會抱持敬意仔細聆聽他們，因為圍牆扎扎實實地區隔了科學家和非科學家。

科學的制度並沒有消失。大學依然會授予學位，基金會依然會提供研究補助，實驗室依然會採購一般好奇的業餘人士無法想像的儀器。打個比方，如果有人高談關於物理的事，這個人是一位在大型強子對撞機工作的資深科學家，抑或是一位靠自學而成、從一些小眾部落格得到某個理論的業餘愛好者，仍然非常重要。

不過，你現在不必站在高牆上，就能宣布你想宣稱的事。事

實上，正因我們頭一次有一個綜合資訊、通訊和社交的單一媒介，科學就無法只留在制度的圍牆裡面了。

《自然》的那篇評論，就看得出這一切多麼讓人感到不安。舊時的回應方式，展現在美國前副總統高爾的策略裡。《不願面對的真相》是絕佳的論述之作：高爾認為，地球的氣候不僅在變化中，而且這個變化更是人為因素造成的。不過，高爾把「氣候變化否定者」邊緣化了，而且也算是有點成功。依循高爾策略的人，會認為他們可以抱持自己的信念，但不能宣稱這些信念是科學的。他們甚至不是從事錯誤的科學行為。他們根本處在科學的圍牆之外，只是裡面聽得到他們的叫囂聲。

沒人說這種狀況很好。我們的文化裡充斥著許多關於科學，本身卻一點都不科學的信念，我們也必須認清它們不是科學。創造論是無法證偽的，因此不是一種替代自然選擇式演化的科學方案。但是，當科學的圍牆被人翻越了以後，這種信念就無法光靠各種宣告來消音。

這樣太糟糕了。以前我們讓智慧的長者有權力宣告哪些信念是真的，哪些是假的（或至少有權力宣布哪些信念來自科學，哪些來自其他信仰），這種作法有些相當重要的優點。曾上過《花花公子》雜誌的二線女演員珍妮・麥卡錫，現在在媒體的曝光度高到可以說服不少人，讓他們認為小孩子接種疫苗會有患上自閉症的危險。世界上不會有孩子因為麥卡錫而免於自閉症，但會有

人因為她的無知，染上本來可以避免的疾病而死[56]。

　　所以，《自然》的那篇評論說對了。科學家必須投入戰場之中，因為信念的機制已經脫離知識的影響範圍了。科學無法再享有舊時的權威，因為它已經沒有當時讓它發揚光大的媒介：一個有些人可以說話、有些人會聽話的單向頻道。我們的新媒介結合了資訊、通訊和社交，使得我們幾乎無法把這三個軸線分開來。即使高爾那番權威性的談話讓他贏得了貨真價實的奧斯卡金像獎和諾貝爾獎，還是只有那些共享同一個世界、彼此會互相交談的人，才會聽到這個論述。跟科學有關的談論，不會獨立在跟政治、娛樂和下一代有關的言談之外。而正如孔恩、華生、傅柯、拉圖和許多其他人所說，科學其實從來都沒有獨立在它所處的文化、社會和政治脈絡之外。沒錯，從跟我們切身相關的大部分知識來看，科學提供了一種方法，讓我們有一些信念，可以讓我們的欲望更符合這個世界各種不停歇的現實情況。在科學的論述裡，珍妮・麥卡錫是錯的、高爾是對的──而科學最能揭露出他們主張的議題的真相。雖然如此，科學知識也身處在一個由人類組成的雜亂網路裡，在這個網路之中，我們做出的決定（有時是好的，常常是不好的）不只取決於資訊和知識，更牽涉到由汲汲營營的社交、個人利益、共同希望、動機和幾乎無法察覺的潛在因素所構成的社交領域。情況向來如此，只是舊時的媒介讓有認證的機構和制度有更大的權威，也因此讓我們出現了幻覺，認為

幾乎大家都會同意。

我們要同舟共濟。對於那些用比較可能得到真相的方法所取得的真相，我們必須繼續大力倡導。不過，事情做對了還不夠，光有真相也不夠。這是因為產生出真相的文化，其維繫的力量不只有知識而已（而且一向都不是只有知識）。新的網路讓我們無法忽視這個真理。

## 六、超連結的科學

如果電子媒體對智能有害，那麼科學的品質應該一落千丈才對。但是，各種發現產生的速度就像蒼蠅繁殖一樣，進步的速度也讓人暈眩。其他與思想有關的活動，像是哲學、歷史和文化評論，也一樣蓬勃發展[57]。

認知科學家平克在二〇一〇年夏天一篇《紐約時報》的讀者投書裡這樣寫道。我們很難找到完全不認同這種說法的科學家，只是每位科學家八成都會指出某個讓人苦惱的癥結：資金不夠、政府無能、媒體煽動……。但無論如何，現在是個科學輝煌的年代。

不過，從紙面上（這裡可以這麼說）來看，狀況不該如此。我們不但被資料淹沒，以前把爛想法排除在外的過濾機制也喪失

作用了。以前根本不會搬上檯面的爭論，現在卻大行其道——有些是具有認證資歷的科學家之間的爭吵，有些是一般人（不論是受過教育或沒受過教育）之間的爭執。理論上，這應該是科學的黑暗年代才對。在一個處處不安定的時代裡，科學又怎麼會蓬勃發展呢？

基本的答案是，網際網路讓科學重新啟動，而這個過程也讓我們看到，舊時的方式其實比我們想像中還要殘破。一言以蔽之：科學本來是一種出版過程，現在轉變為網路。

達爾文是科學無法與出版切割的一個明證。一八三六年時，達爾文從小獵犬號的航行回到英國；在這次航行裡，他做出的觀察最後會讓他推導出演化論。到了一八三八年時，他的理論已經相當明確了[58]。一八四二年時，他寫了一篇三十五頁長的「初稿」，但沒有公開發表。一八四四年時，他又寫了一篇一百八十九頁長的手稿，一樣沒有公開發表，不過他交代他的妻子，萬一他過世就要將之出版[59]。接下來十五年間，他研究了藤壺，出版了八本書，成了九個孩子的父親，也經常跟同僚通信。他也進行一些實驗科學研究，像是測試蝸牛可以黏在鴨子的腳上多久，看是否能用這個來解釋蝸牛的地理分布[60]。可是，他就是沒有出版他的演化論。

然後，華萊士寄了一封信給他。

華萊士是一位年輕的博物學家，經歷了許多冒險犯難的事，

其中包括他在救生艇裡親眼見到他在亞馬遜河流域工作四年的成果，隨著沉船一同葬身海底。一八五七年時，達爾文收到華萊士寄來的一封信；兩人後來書信來往，最後華萊士寄給達爾文一篇二十頁長的手稿，裡面描述的理論基本上跟達爾文自己的一模一樣。華萊士很可能從來沒見過達爾文[61]，但他相當仰慕達爾文所做的研究，也只是單純想要分享他的想法而已。達爾文陷入一陣慌亂。他想要大家認為演化論是他提出的，可是不想用手段讓華萊士不被認同，或是讓別人以為他的想法是從華萊士那裡偷過來的（這樣更糟糕）。所以，在兩位親信的建議之下，林奈學會倫敦總部安排了論文發表，在一八五八年七月發表了華萊士的那篇論文，和兩篇達爾文寫的論文。兩位科學家都沒有出席：華萊士在新幾內亞，而達爾文的幼子才剛剛過世[62]。這場論文發表沒有獲得什麼回響。直到林奈學會在學會的期刊上刊出這三篇論文之後，達爾文的論文才開始在科學界受到重視。在這樣的激勵之下，達爾文把他的孩子帶到懷特島，在那裡開始寫作，十三個月[63]後完成了一本日後會顛覆科學界的書：《物種起源》。

達爾文跟華萊士的故事相當有名，有許多不同的轉述方式。這個故事有時候會用來描寫學會的紳士風範，用平等的眼光看待華萊士這位年輕小伙子，讓他和達爾文幾乎齊名；有時候是用來說明深度思想的緩慢步調，可能會耗時好幾十年；有時候則是論述人格對科學的影響。不過，這個故事還可以用來說明另一件

事：紙本出版的模式如何默默地塑造科學的形態。

從這個觀點來看，這個故事牽涉到兩個領域，亦即公眾和私人領域。科學家會私底下工作，不需要非提出假設不可。這個私人領域並非與世隔絕：達爾文就經常跟他人通信。但是，科學的私人空間，是必須有人邀請才能進入的。這也是科學家真正做事情的地方。

當科學家覺得私人結果夠踏實，工作也畫上句點時，他就會提出申請，把成果放進公眾領域裡。科學成果公開化所使用的媒介，讓科學家必須把想法印在紙面上，印下來之後就很難改變。紙本媒介也讓最後公開的內容帶有權威性，因為高昂的成本和有限的書架空間，迫使出版商肩負專業過濾的責任。少了出版這個步驟，科學就沒辦法用已知的事情為根基，繼續建造新的內容，也因此會戛然而止。所以，科學的流程可以說包含了科學家、假設、設備和出版商：把任何一個拿掉，科學就不會以我們熟知的方式存在。

但是，出版不只是科學流程的最後一個步驟。「出版」這個行為的特性，也烙印在科學的性質裡。科學的目標，是要盡可能讓事情塵埃落定（不過，也要以高度謙遜的方式進行），有一部分就是因為科學所使用的媒介，是沒有辦法修改的紙張。科學家能以科學為職業，主要是因為每個想法都能追溯到提出來的人身上，這也有一部分是因為出版的模式讓歸屬關係明確所致。由於

媒介限制之故，科學通常會分成論文大小的區塊，每個區塊也都算是自成一格。

　　開放筆記本的始祖布萊德利說：「若要寫一篇科學論文，你需要一段敘事。你不能把一堆到處湊來的發現放進一篇論文裡面。一般來說，一篇論文就是一個故事。」他說，在他所屬的化學領域裡，基本的敘事如下：「你想要做某件事。你創造出一種新的反應。你可以這樣利用這個反應。」他說的沒錯；《自然》不會只刊登一個寫滿資料的表格，除非這些資料的重要性非比尋常。但是布萊德利說，這樣的故事其實不符合大多數科學家所做的事。從最基本的層面來看，「你會得到很多模稜兩可的結果，可是你沒辦法把它們寫進論文裡，因為它們跟你的故事不搭。」他說，他推創的「開放筆記本」裡，絕大多數的資料都是這個樣子。雖然如此，他還是認為這些筆記本「對其他人可能會有用處，就算只是知道不該做什麼事情也好。」

　　從某個面向來看，網路化的科學之所以更精確，是因為建立在權威之上的信賴感正在轉變中。布萊德利有一次要他的學生任選一個化合物，並找出五個不同的資料來源，說明所選化合物的特性 [64]。最後的結果讓人覺得事態有些嚴重。其中一個例子，是一篇在《生物科技和生物製程工程》（一本相當有學術聲望的期刊）審查了五個月的論文，把咖啡因的溶解度寫成每公升二十一．七公克，綠茶萃取物「表沒食子兒茶素沒食子酸酯」（或稱

EGCG）的溶解度則寫成每公升五百二十一‧七公克。布萊德利的學生去查了這篇論文所引用的文獻，發現這篇論文跟它所引用的原文資料不符，因為原文指出 EGCG 的溶解度是每公升五公克。論文作者可能在轉寫的時候出了錯，把咖啡因的數據（二十一‧七）加到 EGCG 的數據（五）之後，所以才會把 EGCG 的溶解度寫成每公升五百二十一‧七公克。可是，就算是「每公升五公克」這個數據也可能有問題，因為以這個例子來說，可以從一連串論文出處再追溯回一篇發表的實驗結果，但由於細節寫得不夠詳細，因此沒辦法評斷這個結果到底正不正確。因此，這一連串資料經證實有相當嚴重的問題，而且弄到最後，我們根本不知道 EGCG 的溶解度到底是多少。更何況，這只是布萊德利的學生所發現的其中一個例子而已。

　　布萊德利並不是說所有的科學數據都是錯的，而是「科學裡面不該有信賴感」。我們以前需要相信別人，因為紙本為主的出版形態會把知識跟知識的來源切斷。科學向來就有一個彼此互相引用的出版品網路；但是，現在的科學變成身處在一個由各種連結組成的網路裡。我們會手動製造這些連結；電腦在爬梳網際網路的時候，也會建議新的連結；而鍵連資料受到愈來愈多的關注後，我們也更容易做出互相連結的資料雲，等著被人取用。在這個超連結的環境裡，我們會繼續傳誦科學的事蹟，不過這些事蹟會植入一個由連結組成的體系裡。我們點一下就能看到資料。

我們點一下，就能讓電腦比較不同的資料庫，掃過那些科學事蹟和相關資料一定會有的反常和歧見之處。我們點一下，就能讀到業餘人士和專家提出的評論。我們點一下，就能回應、反應、指正、質疑、找出脈絡、提出佐證，或是與之對應。

對科學和知識本身，這會有（甚至已經有）非常顯著的影響。科學還是一種出版的方式時，它的目標跟出版品一樣，是產出跟知識來源切斷的知識，因為它體現在一個有自己生命的實體之中。新一期的《自然》送到科學家的書桌上，科學家就能嘆一口氣，感到心安。研究的成果總算釋放出來了。假如這位科學家真的遭遇不測，那天早上就被車撞死了，知識不會隨之一起消失。知識現在有了自己的生命，可以被他人追蹤和評量。

可是，現在科學逐漸變成網路之後，知識就不是一種從系統中生產出來的產品了。科學的超連結化，不只會把知識連回它的出處，還會把知識連到人類的情境和過程之中；人類的情境和過程不僅產出這些知識，更會加以利用、辯論和釐清。網路化科學的最終產品，不是自成一格的出版品裡展現的知識。事實上，科學最終的產品，既不再是最終的，也不再是一個產品，而是網路本身──由科學家、資料、方法論、假設、理論、事實、猜測、儀器、解讀方式、野心、爭議、思想流派、教科書、學校系所、合作計畫，以及各種歧見組成的無縫連結，加諸起來的那些以前會想盡辦法在相對少數期刊裡，所刊登出相對少數的學術文章。

所以，平克說對了：拜網際網路之賜，科學從來沒有這麼蓬勃發展過。世界上的資訊從來沒有這麼多過，而且也從來沒有這麼多的資訊能讓大家使用。電腦可以找出人類根本不可能會看到的模式，資料共享空間組成了許多鍵連資料雲，合作工具讓科學家跨越各種藩籬，一起工作。這一切事物讓我們能夠加以探索整個自然系統（包括簡單的細胞），而這是僅僅幾年之前所無法掌握的。網際網路讓科學進展的速度更快了，也讓科學的領域更廣，讓更多人接觸科學。那些會想要把網際網路拆掉，或是為了逃避網際網路而搬到沒有連線的深山的科學家，現在是少數中的少數了。

　　在此同時，有另一件似乎無庸置疑的事：現在是當笨蛋的絕佳時機。如果你不願面對科學的真相，你可以把自己放進一個無知人士的網路之中，讓這些人建構出一個由謬論組成的虛偽系統，把錯誤說得跟真的一樣。我們很難評估網際網路到底讓這個文化變得多笨，因為以前的媒體通常會廣布得來不易的真相，同時又不會讓無知到處散播：會出版的內容，通常都通過謹慎（但不完美）的過濾系統，而擾人的謬論只能在廣播的塔台之外存活。無論如何，各種謬論現在有更廣大的接收群眾，而且更能深植於這些群眾的心中。

　　傳統媒體的傾向（也許是無可避免的？），就是會在早上報導咖啡因可以預防阿茲海默症，下午又像諷刺報紙《洋蔥報》那

樣，指出「本周吃蛋對你有益」[65]。他們實在按捺不住衝動去大肆報導初步的結果，就算可能會在六段之後提到研究只針對幾隻老鼠而已。即使標題最後是對的，媒體會讓人以為科學是由一些真理組成的。可是，網路化的科學根本就不一樣。它巨大無比、永遠針鋒相對、務實、用名稱空間協調差異，而且永遠不定。換句話說，網路化的科學比較像是科學家看待科學的方式，而不是媒體看待科學的方式。

我們也許會相當絕望，因為媒體一定會想要使用聳動的標題，所以一定會把科學搞錯。不過，我們也應該抱持希望：參與網路化科學的人，會因為他們的參與，而更加了解科學運作的真實面貌，而且不是只有那些直接參與線上科學計畫的人，才會有這樣的認知。網際網路讓大多數的參與者感受到幅員有多遼闊，而且大家一定不可能完全一致；事實上，這正是科學觀點永遠讓人感到謙卑的特徵：宇宙太大了，不可能完美知道一切。

但是，從最好的一面來看，我們在網際網路上的經驗，會讓更多人知道科學真正的本質：會出錯的人類，不斷進行一項偉大的合作計畫。從最壞的一面來看，網際網路會讓大家搞錯科學的方法、態度和結果，而且會愈弄愈糟。

那麼，事情究竟會變好還是變壞呢？

兩個都會。

## 第八章

# 聰明的網路式決策

「面對現實聽起來很簡單 —— 可是完全不是這樣。[1]」

—— 威爾許

奇異公司傳奇性的執行長，也被《富比士雜誌》評為「世紀最佳經理人[2]」的威爾許，在他的回憶錄裡述說了他在一九八一年決定停止生產核電廠一事，是因為兩年前的三哩島事件，把美國嚇得退出核能發電的市場。該公司專注又專業的核能事業經理團隊反對這項決定，告訴威爾許說：「傑克，你根本不懂這個事業。」威爾許寫道：「這也許沒錯，但我的優點就是帶來全新的視野。[3]」奇異公司退出了核能產業的生產事業，但仍持續服務既有的核能客戶，而且獲利頗豐[4]。威爾許在自傳裡寫說，他在「擔任執行長的頭幾年不斷重複」這個故事，因為它說明了一件很重要的事：若要做出一個好的決定，「你只需要面對事實做事就好了。[5]」

這樣子說當然會讓「面對事實」這件事看起來很簡單，可是正如威爾許在下一段所說的，「完全不是這樣。」如果面對事實代表的是你必須知道什麼是什麼，那麼在網際網路的時代裡，「什麼」（還有讓人無法置信的各種「啥？？？」）比以前多太多了。若要做出決定，你必須在雜草叢生般的各種宣稱中找出一條路，決定該相信哪些資訊，以及該信賴哪些資料來源。

　　所以，如果你必須做出二選一的抉擇（「對，國內會有核電廠的需求」，或是「不對，不會有這個需求」），在這種利刃般的決定之下，網路化知識如雜草似的不確定性，是否就不重要了？或是往更壞處想，網路化知識所帶來的可能性，會不會因為彼此之間有太多爭議，因而讓決策過程更加困難、更有風險？

　　由於決定都是具有相關權威的人所做的，在這個簡短的章節裡，我們會看看領導權的轉變，來探索以上的問題。我們會先看見一個非網路化的例子，這個例子也許能讓以下這件事變得更清楚：正如「知識」轉變為網路本身所擁有的東西，「領導」這回事也逐漸不再是領導者擁有的特性，反而轉移到領導者所率領的群體身上。


　　若要了解領導權為何，一間以訓練領導人為核心宗旨的學校，可能會是一個好的起點。有鑑於此，我訪問了西點軍校的伯格斯中校；他在那裡負責指導美國陸軍的領袖發展促進與組織學

習中心（CALDOL）。

伯格斯會說三種語言。第一種是軍隊那種簡短、充滿縮寫的行話。第二種是他在修習知識管理科學博士學位所學的語言，亦即認知科學和教育學者的專業術語。第三種則是網際網路的語言。

當你聽著伯格斯從一種語言切換到另一種語言時，有件事情會愈來愈清楚：美國陸軍最尖端的領袖創新中心的領導人，其實不太會談到「領導人」，至少不太會談到傳統定義下的「領導人」。如果你直接問他關於「領導」的事情，他會以熱切又專業的語言回應，但談的可能會是如何創造出有效率的單位，讓他們就算是面對野戰部隊經常遭遇的不確定性時，也能達成單位的目標。

這並不是因為伯格斯是那種新時代的網際網路大師。他是一位不折不扣的軍人：一位西點軍校的畢業生，從美國陸軍遊騎兵學校結業以後，又率領了第八十二空降師底下的一個單位長達三年。他投入全部的精力，開發出讓陸軍單位可以完成目標的領袖技能。此間所需的領袖特質，並不是任何一個個人所帶來的（不論他多麼有鋼鐵般的決心），而是整個團隊的能力：要能保持決心和動力，在外在情況變化時要能找到新的方式達成目標，在必要時要能轉換目標，在團隊成員負傷或忙於其他任務時要堅韌。對伯格斯來說，這些是一個團隊希望達到的特質，而不是任何一

個個人要具備的。從他的觀點來看，領導權要分布在整個團隊裡，讓這種特質為整個團隊所有，一如韌性是一個有機體所具備的特性一般。

伯格斯並沒有明確地這樣想；當我跟他說，他在回答領導權相關的問題，一直都是以團隊的效率來回應時，他自己也感到驚訝。不過，這其實代表了他對於他所訓練的士兵有多麼投入。強而有力的領導人，是達成目標所需的手段。如果達成目標（亦即，一個可以完成任務的團隊）的最佳方式，是將領導權分散到團體之中，那麼西點軍校就會這樣子教。

這種轉變之所以會發生，是因為網際網路讓人更明白跨越階級的連結所帶來的好處。舉例來說，CALDOL 的起源是伯格斯和同僚創立的一個線上討論論壇；在這個論壇裡，發文者的軍階不會顯示出來。不過，促成「把領導權視為分布在整個團隊的特性」這種看法的動機，很大一部分源自美國在千禧年初開打的兩個戰爭。史丹頓少校說明如下：「在現今的世界，光是能做你上面的人所做的事情還不夠。你必須有辦法做一萬八千種事情。你必須能夠管理輸水系統，開一個市民座談會，發放微型貸款，對政治議題有所認知⋯⋯如果你是一位二十五歲的中士，就得知道這麼多事了。[6]」在一個成功的單位（也就是最能完成任務的單位）裡面，士兵不僅具備多樣的技能，而且還能迅速學習，並以有創意的方式回應。每位士兵都能主動應對，也都能團隊合作。

當然，士兵還是會遵循上面階層傳下來的指令，但是團隊整體必須具備的特性，要在外在環境變化快到上面階層來不及反應時，依然能讓這個團隊成功[7]。

當然，在地面部隊以上的層級裡，陸軍依然階級分明。可是，將領導權與領導人物切割，並將領導權注入所率領的團隊，這種作法很可能會更廣泛的應用，因為這種作法已經成為一種標準又有效率的方式，來達成看似不可能達成的目標。

在二○○七年四月十六日，約莫早上七點時，一位維吉尼亞理工學院暨州立大學的大四學生射殺了十九歲的赫西爾。當二十二歲的克拉克前來協助赫西爾時，他也遭到射殺。大約兩小時後，殺手進入羅根納森教授的教室裡，在場的十三位學生有十一位受到槍擊，其中有九人死亡。整起事件一共造成三十二人死亡，有些死者是在擋住門讓其他人逃跑時喪生的[8]。

最早與槍擊案有關的維基百科頁面，在事件最初回報之後幾分鐘就上線了，內容只有一行文字，說明據報有一人喪生。接下來十五分鐘內，這個頁面總共更新了七次，很快就成為一個可靠又有用的資訊來源，替現場的媒體報導做出評論和摘要。

這個可怕的槍擊事件，讓全美國激烈爭辯槍枝管制法令的優劣。不過，維基百科上也掀起另一個論戰：有必要替每一位受害者撰寫維基百科條目嗎[9]？這個問題跟喪生者的生命是否有價值

無關，而是這些生命有沒有到達收錄百科全書的條件。當然，紙本的百科全書根本完全不會考慮撰寫三十二個新條目的可能性。可是，維基百科在大小上完全沒有限制。這個議題牽涉到的其實是：維基百科若要如它所宣稱，成為一部宏偉的百科全書，應該要竭盡所能地收錄條目，還是要採用高標準來篩選值得收錄的東西？

維基百科該不該收錄維吉尼亞理工學院槍擊事件受害者的爭議，是一個長期爭論的一部分，這個爭論事關「生人傳記」的條目（在維基百科的術語裡稱為「BLP」，即「biographies of living persons」的縮寫）。這是維基百科裡引發最多爭執的一類條目，因為它攸關人的名聲和面子。以前更有糟糕的案例：存心破壞的人士故意在一些生人傳記裡散布極為誇張的不實資訊。當然，維吉尼亞理工學院槍擊事件的受害者並不是活人，可是在維基百科上面一個長達五天的辯論中，許多類似的問題紛紛有人提出。這個辯論探討的議題，包括是否該替受害者編列條目，以及如果要編列條目，又要包括多少生平資訊。最後的決定是只用最少的細節來描述受害者：在名單裡，克拉克的描述是「主修心理學／生物學／英文的大四學生」，而赫西爾是「主修動物科學的大一新生」。名單裡只有六個人連結到專屬的維基百科條目：五位教授，以及兇手[10]。

維基百科「包括派」跟「刪去派」之間的爭論，至今依然持

續著。不過，就以上這個例子而言，維基百科的共同創辦人兼名義上的領導人威爾斯曾經做出一項裁決，讓大家比較容易決定要怎麼做。在二〇〇六年九月時，威爾斯在維基百科的「維基百科不是什麼[11]」頁面上加了一些文字（這個頁面算是維基百科的規範守則之一）。在原本的否定式說明之上（例如，維基百科「不是原創思想的出版者」，「不是讓大家都暢所欲言的肥皂箱，或是推銷的管道」，也「不是水晶球」），威爾斯補述說明，維基百科不是一份報紙，「而且更不是八卦報紙。[12]」

威爾斯此話一出，政策就如是制定，正如奇異公司的威爾許決定他的公司不會再生產核能反應爐一樣。只不過，這完全不像是威爾許所做的決定那樣。威爾斯的文字，是寫在一個公開、可以編輯的地方。他寫的文字受到爭論，而且未經他的同意就遭到竄改。再者，任何人都可能把這項政策帶進來，不只有威爾斯一人而已。在我寫作的當下，威爾斯本人所寫的話已經完全被一段更精確（也更難記）的文字取代，說明何種知名程度才足以收錄進維基百科：「如果描述某個人的可靠資料來源只針對一件事情，而且除了這件事情以外，這個人不會受到注目（或很可能繼續不受到注目），整體來說我們應該避免讓這個人有一篇傳記文章。[13]」

威爾斯的決定，還有另一點不像奇異公司的威爾許：他不會主動跳出來做決定，而且也盡可能避免這樣做。事實上，當我請

威爾斯舉出一些他做出裁決的例子，他完全想不到。在沉默一陣之後，他提到一個維基百科社群正在討論的爭議，這個爭議事關引進一道審核程序，讓人可以修改鎖住的頁面（由於不斷被人惡意竄改，或是過於激烈的多方互相刪改，因而暫時鎖定不讓人修改的文章）。社群已經為了此事投過票，可是現在大家吵的就是投票這回事。那麼，威爾斯做出什麼樣的決定，來讓大家看見他的決斷能力呢？決定就是，舉辦第二次投票，來解決跟第一次投票有關的爭議。威爾斯的鐵腕決定，又是什麼樣子的呢？「絕大多數的人都覺得，這聽起來很合理。有些人說這聽起來不合理，其他人就會說，『這是威爾斯本人說的，你又要怎麼辦呢？』[14]」

在奇異公司裡，威爾許的手下可能也會用同樣的方式來強調他的裁決：「是威爾許本人說的，你又要怎麼辦呢？」可是他們的意思大概不太一樣。你不能拿威爾許的決定怎麼樣，因為公司的組織架構就是為了避免這種可能性；最上面的那個人，就是負責一切事情的人。

這些年以來，維基百科發展出一套政策和機制，讓社群（也就是網路）可以做出和修改決定。當網路沒辦法取得共識時，其他的機制就會啟動，這包括一個仲裁委員會，以及很少動用的最高單人仲裁委員會，也就是威爾斯本人。不過，事情如果必須提升到更高的層級，就會被認為是大家偏好的體系失敗了（這個體系指的是個人先大膽行動，再經由社群檢視和評論）。威爾斯告

訴我：「早期我做了很多政策方面的決定，可是這種作法不太能持續下去。[15]」如今，他大多只是在社群各方均勢時，做出像擲銅板的裁決，或是像法官一樣施行一些準則，讓社群全體都信服。威爾斯的決定來自社群，而且在做出決定之後，這些決定會再由社群重新詮釋和轉述。

領導權分散到整個網路的情形，並非只發生在維基百科上。

一九九一年時，一位叫托瓦茲的二十一歲芬蘭學生，在一個Usenet 討論板上貼了一篇文章，提到他開始開發一個免費的作業系統。到了二〇〇六年時，Linux 成為世界第二常用的作業系統（最常用的是微軟的視窗作業系統），托瓦茲估計全世界大約有五千人從事相關的開發工作[16]。Linux 社群完全不像一個平面，不過社群階級架構的目標是讓所有對 Linux 有貢獻的人保有最大的自主性，同時確保他們能創作出高品質又可靠的軟體。在一篇一九九七年的文章裡（這篇文章在開發人員之間盛名遠播），著名軟體工程師雷蒙將公司企業開發軟體的方式比擬為建造大教堂一般，而 Linux 的方式比較像「一個由各種不同議題和方法組成的龐大、喧囂市集。[17]」不過，Linux 這個市集有個很明確的中心；托瓦茲以軟體工程師的身分廣受大家敬重，他也會以這個身分做出跟 Linux 核心有關的重大決定。一個複雜的參與者網路會負責接下來的事情，有如傳統的領導人員一樣[18]。就某種程度來說，這只不過是傳統賦予權威的方式而已；但是對參與其中的人來

說，這不像是被賦予某種權威性，反而更像是貢獻自己的心力。

　　事實上，負責維護 Debian（一個包含其他應用軟體的 Linux 版本）的社群的組織章程裡就明確指出：「如果有人不想做被交付或指派的事情，他就不需要做這件事。[19]」社群裡的叛逆份子（像是不遵守大家共同約定的品管方式的人），仍然會受到權威制裁，從公開羞辱到剝奪存取權都有可能；另外，一如所有網際網路上的大型合作計畫，Debian 社群也有仲裁糾紛的制度。雖然如此，這些計畫與其說是有階級，還不如說是網路，只是有些節點比其他節點更平等。領導權會盡可能廣布到網路上面。

　　這樣會有多廣呢？Debian 確實有個每年票選產生的領導人。任何一位開發人員都能把參選政見放在網站上，參與一系列的線上討論和問答，來競選領導人一職。領導人和其他事項的投票方式相當複雜，這種方式的用意是為了保障少數族群，並避免社群為了爭議而分裂。領導人的權力受限，而且理論上只能針對其他人沒有負責的項目做出決定──這跟有階級的權力架構相當不同。領導人的權力之所以受限，是刻意為了讓社群其他人保有最大的自主權。在《數位首領：線上部落的自主和權威》一書中，作者歐尼爾寫道：「Debian 必須兼顧每位開發人員的自主權和對差異的尊重，以及生產一個複雜的作業系統所需的最高品質標準。[20]」正因如此，軟體分成許多的模組，「讓開發人員對他們的封包或團隊有完整的管理權限，宛如一個迷你的大教堂模

式。」開發人員必須針對他們的模組遵守嚴格的規範，讓這些模組可以輕易地跟整個作業系統結合。Debian 也要求社群成員提供真實身分，不能匿名參與，因為只有獲得同儕信任的成員才能存取關鍵的資源；這些資源若是落入心懷不軌的人手裡，可能會讓整個計畫遭殃。Debian 盡可能將領導權和決策權平整地分攤開來，同時又顧及計畫的核心主旨：產出有效率、可放大或縮小、強大、可靠又創新的軟體。

這種分散決策權力的方式還能再往前進一步。迪克沃是美國國務院的一位資深新媒體顧問[21]。（他也是一位聞名世界的刻南瓜高手。[22]）迪克沃本身致力將科技應用在全球性的社會問題上（特別是在開發中國家）。傳統的方式，會是建立一個世界性的非營利組織，並由這個組織出資資助開發人員來處理問題。世界銀行和美國國際開發署就是這樣子做的，不過迪克沃說，獲得資助的人是那些善於獲得資助的人——這不見得是一位獨具創意和生產力的「駭客」（這裡用的是這個詞的正面意思）會具備的能力。迪克沃採用的方法，是建立「微型生態」，讓地方上的社會工作組織人員跟世界各地的軟體開發人員連結起來。迪克沃說，「這不是用由上而下的方式，決定問題有哪些，要如何解決問題，以及把錢給一些開發人員；這是一種更加草根性質的方式，只有少數幾個外人參與」，仲介這些連結。他也指出：「你會讓當地的人有力量。你讓他們帶領計畫。同時，你也讓網路成為他

們的指導社群。」

　　迪克沃舉了一個這類計畫的例子，他自己和他所創立的「危機公共空間」團隊，都受到這個例子的啟發。二○一○年海地大地震的救援工作之所以無法順利進行，是因為從來沒有人完整替海地首都太子港的街道畫過地圖。OpenStreetMap.org 於是把太子港的衛星影像放在他們的維基頁面上，讓世界各地的人（特別是旅居海外的海地人）標上街道名稱。迪克沃說，不過兩周的時間，這份地圖就「詳細到不可思議」，而且包括世界銀行、聯合國、美軍南方司令部、美國海軍陸戰隊、美國海岸防衛隊等單位（簡單來說，就是「任何想要在城市裡移動的人」），都固定使用這份地圖。到了第三周，世界銀行開始資助 OpenStreetMap 的人員訓練海地當地的人使用衛星定位器材，增加更多對當地的認識。

　　這種讓在地人士與分散各地的開發人員網路合作的模式，迪克沃希望能變得更尋常，而不是等到災難降臨才讓大家啟動。因此，他在全世界舉辦由美國國務院資助的「科技營隊」。舉例來說，在一場二○一○年末於智利首都聖地牙哥舉行的科技營隊裡，來自巴西和阿根廷的團隊就希望有方法統整各地選舉觀察人員的資料，讓他們可以知道選舉日的整體概況。提案人士撰寫了一個「問題提議」，還製作了一個短片來說明這些問題。科技營隊將這些資料傳給一個稱為「善意隨機駭客」的鬆散組織，他

們會贊助周末舉行的「駭客松」（即馬拉松式的編寫程式），讓大家編寫對社會有益的軟體。一次於肯亞首都奈洛比舉行的駭客松，就開發出一套選舉觀察系統；這套系統後來用在肯亞，不過之後還會再應用到南美洲和其他地方。科技營隊之後還會在印尼、摩爾多瓦、立陶宛和印度舉辦。

正因迪克沃所做的事看似跟領導和決策無關，使得這件事成為領導和決策的最佳實例。迪克沃和同僚建立的網路，結合了有需求的在地人士，以及有社會意識、有能力應付這些需求的駭客。哪些人該負責哪些計畫，是由具有最多在地知識的人所決定的——包括那些切身知道問題的人，以及熟知軟體可能性的開發人員。這是一種具有高度效率和效用的決策方法。這種方式之所以有用，就是因為它是一個網路。

不過，這裡仍有些傳統領導權的元素。迪克沃和危機公共空間的共同創辦人布蘭夏，大部分的時間都花在組織活動和合作計畫上。迪克沃能夠這樣做，主要不是因為他在美國國務院的職位所致；事實上，他會被國務院聘用，就是因為危機公共空間相當成功。迪克沃身為一個領導人的權力，來自他能以其想法為中心建構網路的能力。這個由聰穎的駭客和在地社會運動組織人員組成的生態系統，能夠成功地處理一些迫切的議題，就是因為他們把領導權盡可能分散到當地去。迪克沃、布蘭夏和其他人的領導工作，只在於他們讓這些地方組成一個網路。

這一切都跟我們知識策略的改變有關。

奇異公司的威爾許站在一個金字塔上面，所有的重大決定都源自那裡。他會諮詢他的下屬，而這些下屬又分別詢問過他們的下屬。這個階級每往上一階，資訊就會變得更少：有愈來愈多的細節會被抽離出來，而每一步的影響力也愈來愈廣大。如果非要到最上層才能做出決定，那麼過濾、減少和集中資訊是唯一合理的策略。就算如此，威爾許必須「憑靠直覺」（這也是他那本回憶錄的副標）來下決定，從這也看出奇異公司大到沒辦法用大腦來理解。

在此同時，英文版維基百科有數百萬篇文章，就算威爾斯再怎麼有遠見和領袖特質，也不會有人期望他成為一切事情的專家。事實上，跟社群裡其他人比起來，威爾斯也不算是個「百科全書宅」（也就是百科全書特性和歷史的專家）。

這也就是為何問題送到威爾斯的層級時，他下的決定不像執行長那樣，而比較像是最高法院的判決：他會引述某個大家公認的維基百科管理原則。維基百科的社群網路是由大家共有的熱忱、精神和組織原則維繫住的。與其說威爾斯掌握權力，還不如說他只是盡力讓這個網路能一起運作。

當然，維基百科、Linux、Debian、危機公共空間建立的全球軟體計畫網路，以及其他網際網路大型合作計畫的成功，並不

代表公司企業會轉而將決策過程分散到網路上去。各地的政府都要求公司企業必須有責任階級制度；另外，「到底要不要投下原子彈」這種事，有時候非得有一個人來決定。再者，如果（所謂的）生產過程本來就完全在網際網路上，要把領導權力轉移到網際網路上也比較容易。雖然如此，傳統的公司企業可以從這些建構在網路上的事業中，學到一些東西。

首先，跟傳統的決策方式比起來，網路式的決策方式比較容易放大規模（至少某些狀況下如此）。舉例來說，在一篇二〇〇六年的論文裡，丹寧和海斯羅斯就認為，若要應付像二〇〇五年卡翠娜颶風那種規模的事件，必須使用「超網路」，亦即夠巨大、分散、多樣，並由許多模組構成的組織[23]。這些超網路沒有位在上層的階級，憑靠的是分散的決策過程。丹寧和海斯羅斯描述的架構，可以說就像大型的網際網路計畫：如果維基百科和 Linux 靠的是集中的領導管理，它們就不會發展這麼快，也不會發展這麼好。

第二，當決策需要大量的在地知識時（特別是當情況變化快速又多樣，或是前進的方向不明朗時），網路式的決策方式也會特別有效。如果目標已經由外在的單位訂定，工作流程有許多相依的部分，過程已經相當清楚，或是參與者覺得需要遵照指示時，網路式的決策方式就沒有那麼管用。

第三，當由上而下的階級式決策方式會讓人失去動力時，網

路式的決策方式會有激勵的作用。階級架構在擴大時，常常會抑制差異性和不一致之處。不過，根據丹寧和海斯羅斯（兩人都是美國海軍研究院的資深學者，也都有豐富的實務經驗）所說：「超網路裡的組成組織……採用非集中式的決策方式，因為這讓它們可以朝共同目標推進，同時又不會失去各別的身分。」如果各個成員必須放棄各自的身分和認同，前文提到的各種網路式合作組織就會馬上空無一人。

第四，當各種決定分布到整個網路上時，就能應用更多的在地知識。當然，這當中需要一個平衡，因為你不會想讓各地的領導人做出有違整體利益的決定。這也是為什麼合作式網路常常會把自己架構成具有相當自主性的模組（就像 Linux 和 Debian 那樣）：在地的專業知識能更有效果，整體的風險也不會那麼大。

第五，當整個網路各處都能做出決定時，這些決定比較可能反映各地成員的利益（這些成員通常都是志願參加的）。這是讓「企業的社會責任」不只是公司簡報上一個項目的一種方式。當然，前文描述的各種網路式合作計畫都有些架構，確保各地的單位或個人不會離大家決定的道路太遠。

第六，跟把領導權分散到彼此互聯的網路相比，把金字塔尖端交由一個人負責的階級式組織比較沒那麼堅韌。這是伯格斯想要領導權分散到整個野戰單位的一個主要原因。

第七，階級式的決策方式完全是我們傳統「縮減」策略的一

部分，也就是我們以往應付大到無法知道全貌的世界時，所採用的策略。這也無可厚非，因為決策幾乎都跟不同知識來源帶來的相對好處有關：你該相信哪個，告訴你某個投資風險太大的銀行分行，還是說這個投資是金礦的市場分析專家？在市場環境日益複雜之時（拜全球化和急速膨脹的網際網路所賜），縮減的策略愈來愈可能會因為忽略當地情形的細節，而錯估情勢。網路式的決策方式可以讓各種決定盡可能貼近當地──就危機公共空間這個全球組織來說，更是如此。

從這幾個方面來看（另外，也因為新世代的期望取決於他們的網際網路經驗），階級架構做出的決定，會愈來愈像網路做出的決定。

我在這一章的開頭提出了問題：當一個領導人必須做出「是」或「否」的決定時，知識的網路特性（知識包含各種差異和爭論，知識不會完完全全定下來），是否變得無關緊要？當然，在大多數的企業環境裡，最上層的領導人依然必須做出關鍵的決定，把公司帶往特定方向[24]。網路化的知識所帶來的改變，是否完全沒有影響到傳統由上而下的決策方式？

答案：有一部分「是」，但大部分來說「不是」。

威爾斯有時候確實需要做出二選一的決定。但是，如果我們把這些決定抽離所屬的網路脈絡，只視為某個特定時刻所下的決

定，我們就沒辦法真正理解它們。在一個網路化的合作組織裡，每個決定都只是一個波浪的一部分，而這個波浪會擴散到整個架構裡。每個決定都有歷史，反映許多各地的利益，也會被整個組織吸收，讓決定變成組織的一部分。

當採用舊時階級式決策方式的企業愈來愈無法與網際網路切割之時，就算決策者本身沒有清楚意識到，這些決定也會開始有些網路的特性。奇異公司的執行長可以完全置身網路之外，但公司的工程師、產品經理和行銷人員還是會在網路上漫遊，並試探一些在整體決策下，會影響他們所屬部門的想法。決定下達之後，他們會與網路互動，得到一些可能會影響決定執行方式的反饋意見。組織本身融入這個決定的方式，也會透過網路來進行，而網路上的人（就某種程度來說，一定會包括廣大公眾網路上的人）也都可以看到這個過程。

因此，知識的網路化不會停止在一張孤單、獨立於網路之外的桌上，讓決策者在「是」或「否」之間二選一。現在，下決定的那瞬間是網路上一個清楚的節點；這個決定不但由網路而生，也會在網路裡脈動。之所以會這樣，有一個很明確的原因：網路所包含的知識，遠遠超出任何一位領導人能控制、利用或掌握的範圍。在組織愈來愈龐大、從根本上愈來愈難與網際網路抽離之際，若要做出最有智慧的決定，必須要用網路的力量。

第九章

# 建立知識的新架構

在前面八章裡面，我相信一定有不少你我之間不一致的議題和想法。不過，有件事情應該相當肯定才是：我們身處在知識的危機之中。

假如是缺水造成的危機，解決之道顯然是要找到方法，讓水源充足。可是在知識危機裡，我們連「知識」是什麼都不能意見一致，所以也不知道解決的方法長什麼樣子。所以無可厚非地，我們常常會從一些簡單的東西開始來找立足點：這些跟知識有關的改變是好的還是壞的？在不過分計較的情況下，我們想要知道知識的網路化會讓我們變聰明還是變笨。

這個問題很難回答，而且也不只是因為「笨」這個字會被用來做人身攻擊。更難處理的是「讓我們」這幾個字，因為這暗示了一種科技決定論的論調，亦即科技會讓我們用特定的方式來使用和理解科技。在最極端的情形下，科技決定論認為網際網路會大軍壓境，使得暴政必亡、媒體集團必定瓦解，而合作式的堡壘

會從地面升起。對那些認為網際網路一定會讓我們變笨的人（像卡爾所說，重塑我們大腦內的迴路），科技決定論也如出一轍。反科技決定論的人士（如社會學家哈吉塔和社群媒體研究者波伊德）則點出我們的社會階級、年紀和次文化會如何影響我們使用網際網路的方式，以及網際網路對我們的意義。對某些人來說，網際網路可能是一個電子的文人共和國，但另一些人可能會覺得被排除在外，因為他們沒有許多網際網路論壇偏好的科技能力、空閒時間和激進人格。對某些國家來說，網際網路與其說是一個開放的思想市集，還不如說是嚴密控制的政治宣傳來源。

　　另一方面，對幾乎所有透過瀏覽器接觸網際網路的人來說，都會感覺到一些網際網路的基本特性。這種共有的經驗並非必然如此，而且大家的反應也不會一樣；不過，我們理解知識的方式似乎很可能會受到這種經驗的影響。如果你是一位用瀏覽器體驗網際網路的西方人，你很可能會有這樣的感受：

- **豐饒**。比起以前只有電視和實體圖書館的年代，我們現在可以取得的東西遠遠超出那時的想像。
- **連結**。想法可以用超連結結合在一起，只要用滑鼠點一下，就能從一個想法跳到另一個。
- **不用特別准許**。網際網路的預設設定是，大家都能任意在網際網路上閱讀、發表和建置他們想要的東西。

‧ **公開**。你看得到的東西，其他人通常也看得到。網際網路是一個廣大的公開空間，讓訪客或內容受到局限才是例外。

‧ **沒有定論**。花在網際網路上的時間愈久，就會看到愈多證據，說明我們不可能完全同意任何事情。

　　現在就來看看這些從網際網路上學到的基本通則，瞧瞧我們的認知方式會因此變得更好還是更差，以及知識本身的特性如何受到影響。

## 豐饒

　　如果我們把「豐饒」定義為「多到我們不可能用得完」的話，那麼早在網際網路到來以前，書本的知識就已經夠豐饒了。就算在書本問世之前，古代亞歷山卓圖書館裡面上萬份的卷軸也已經多到沒辦法在大火中全數搬運出來，更遑論在一輩子中讀完了。哈佛大學圖書館系統的實體收藏裡，每年只有大約百分之二流通出去，而且絕大多數都是前一個年度就在流通的作品[1]。

　　新的豐饒樣貌，讓舊時的豐饒相較之下顯得貧瘠。光是Google 掃描圖書的計畫，就已經收錄了一千五百萬本圖書，而搜尋這些圖書也輕而易舉，比你把放在床頭的書拿起來，翻開索引來找某個單詞還要簡單[2]。第六章提到的哈佛大學圖書館館長

達恩頓，是「美國公共數位圖書館」的提倡者之一[3]。這個提議受到公共圖書館和研究圖書館館員、政府，以及一些大型網際網路計畫的重視。不論計畫最後會不會達成，網際網路最終很可能會收錄當前圖書館內的大部分收藏，只有一些私人收藏或難以數位化的收藏會排除在外。這還只是小菜。在這些綜合的圖書館內容之上，再加上目前已經上線的一兆個網頁，這才是真正的豐饒。

若有一種讓人存取全世界作品的知識架構，而且可以取得的數量又比以前的方法還要多，再加上雖不完美但已經十足讓人驚嘆的現有搜尋工具，這對尋求知識的人來說，肯定比一個沒辦法讓人找到那麼多知識的機制還要好。事情並不會就此打住，因為我們也更容易取得各種錯誤的說法，可是有這樣的開頭，未來似乎充滿希望。

如果你是一位研究人員，這個超級豐饒的線上世界已經改變了你的工作方式。假如某本期刊沒有把一篇論文數位化，或是要你花上一大筆錢才能取得那篇論文，你若是有辦法，就會試著找另一篇文章。你大可以說，不上圖書館去找出那篇論文的紙本，說穿了只是懶惰而已（而且後果有時候會不堪設想）；可是，這樣的作法感覺起來比較有效率。更進一步來說，現在探索各種事情非常簡單，只要用滑鼠點一下，就能從馬爾薩斯那本巨著的第六版倒回去看，發現第一版幾乎完全沒有任何數據 —— 這在你以

前的小型圖書館裡八成是不可能的事。新的機制，讓研究人員四處瀏覽或深入鑽研的能力都大幅加強。這種新的便利性是否會讓研究人員變得只做表面功夫，端視研究人員自己而定。

不過，新的架構不只是開啟一個更豐饒的世界而已。這種架構還讓我們看得見世界有多豐饒，而這件事改變了我們理解知識的方式。雖然世界再怎麼豐饒，我們一次依然只能看見一個螢幕的內容而已，不過這個螢幕充滿各種連出去的連結，我們也知道這些連結又會指向更多的連結。許多螢幕畫面都會特別指出它們背後有多麼豐富：用 Google 搜尋「豐饒」，搜尋結果頁面會先寫出「大約四千零五十萬項結果（〇‧二七秒）」。這裡寫出搜尋時間，不僅炫耀了搜尋引擎有多麼強大，還告訴使用者，這麼豐饒的結果唾手可得。若是在一間傳統的圖書館裡，你花〇‧二七秒又能做什麼事情呢？

當然，我們有辦法從網際網路上取得的東西，絕大多數都不能算是知識。在我們的文化裡真正崇高的知識（亦即會讓我們進步、讓我們感到驕傲、代表我們整個物種最好的一面，而且會讓我們想要加上粗體來強調的**知識**）從來都沒有豐饒過。它向來很稀少，得來也不易，就像達爾文與藤壺，或是美國化學家鮑林與他的疫苗一樣\*。我們把**知識**視為一個細心維護的領域，但每個

---

\* 原文有誤，鮑林並沒有發明疫苗。

超連結都引導我們進入狂妄不羈的網際網路上，打破了這樣的看法。在文化層面上，我們似乎選擇不以「細心維護」為起點，而是先竭盡所能讓事情「豐饒」，而且新的知識架構也強力把我們指向這個方向。先講求包含一切，再想要怎麼過濾。儘管如此，過濾器並不會濾掉任何東西；它們會向前過濾，而不會把東西排除在外。

在這個豐饒的世界裡，知識不是一座圖書館，而是一個跟我們當前興趣相符的播放清單。它不是亙古不變的真實內容，而是足以讓我們應付當前工作的東西。它不是一個領域，而是一條道路，讓我們可以到達想去的地方。

## 連結

知識向來都身處在某個脈絡之中，這個脈絡從某種型式的網路中發展出來，並由某種型式的連結加以維持。《物種起源》本身也許沒有什麼注解，可是這本書指向其他人提出來的質疑，而且作者本身也身處在一個由同僚和反對者組成的社交網路裡。現今的學術作者會盡可能標上注解，一方面是為了佐證作者的想法；另一方面，在現今的經濟體系裡，各種再怎麼小的想法都要區分出擁有者，所以注解更常是為了避免在這個瘋狂的體系裡冒犯到別人。

知識還是用紙張來傳遞和保存的時候，由於各種想法表現在

一個非連線的媒介裡，知識就必須設法因應這個限制。你知道很少會有人真的找出你在注腳裡提到的其他著作，所以你必須盡可能地把你提到的著作塞進你自己的本文裡（同時還得冀望滿懷嫉妒的著作權之神格外開恩）。正因如此，你在你的知識網路裡，成為他人的代言人。你會盡可能保持公正，但你也知道自己把學術同僚縮簡為你所選的那個段落而已。你也別無選擇，因為你不可能把那另一本書直接放進你自己的書裡。

現在，你可以這樣做了。你還是會在自己的著作裡放進你引述（或連結）的著作裡相關的一段話，可是當你這樣做的時候，也很清楚你的讀者可以立即檢視你所引述的著作，讀到比你的引文還要長的段落。連結讓作者的控制權退化了。

連結也改變了知識的基本樣貌。長篇的著作依然會有人繼續寫，因為複雜的知識需要花時間才能發展出來，一如任何的敘述一樣。不過，拜處處連結起來的網際網路之賜，讀者正學習把任何一部發展某個想法的作品，視為一個生命體，生長在可任意遨遊的互聯網路裡。我們知道，每個主題都會延伸到書封和書底以外的境地，因為我們每天會看到上千個連結，穿越進入各種網頁裡。

連結不僅顛覆了停駐點式的知識體系，也改寫了支撐這個體系的認證機制。資格認證依然會有效，特別是當我們談論的主題相當重要，又可能確確實實塵埃落定時 —— 舉例來說，像是給糖

尿病患者的飲食建議，而非什麼樣的鞋子比較舒適。在有需要的情形之下，我們只能希望我們的後代和其他人能認真看待資格認證。不過，即使在資格認證相當重要的情況裡，經過認證的著作也會存在一個網路之中，而在這個網路裡，他人的推薦和意見也有一定的分量。撇開別的不論，你當初會跑來某個有認證的網站，八成也是透過沒有認證的網頁推薦。

我們之所以把知識塑造為停駐點組成的體系，一方面是因為紙張讓事情如此發展，另一方面也是因為這是一種非常有效率的策略。在紙本的生態裡，我們的資料來源可能不如原先期望的那樣可靠（那個，有人知道 EGCG 的溶解度到底怎麼樣嗎？），但是如果沒有停駐點，我們哪裡都到不了。我們給自己建造的互聯架構裡也有停駐點，但是還隱藏了「外面還有更多」的訊息。現在，「最終的說法」不再可能是最終的說法了。

因此，我們每次上網時碰到的連結，徹徹底底改變了知識的形態，改變了權威和資格認證所扮演的角色，以及我們決定讓問題停下來的地方和理由。

## 沒有權限

知識的新架構所具備的前兩種特性，似乎與我們認為「知識想要什麼」（這裡呼應的是凱利一本絕妙的書的標題《科技想要什麼》[4]）的想法如出一轍。我們可以用連結輕易遨遊過剩的知

識大海，又能抱怨什麼呢？

另一方面，網際網路不需要權限這件事，又像是對傳統知識的挑戰。以前的知識像是一個俱樂部，新會員（一本書、一篇文章、一個想法）必須經過有資格認證的專家審閱之後，才會獲准加入。倘若大家都能任意發表東西，或是只要把幾個連結放在一起就能管理收藏，那麼知識俱樂部就沒有價值了。雖然網際網路並非完全沒有權限（你受限於所在國家的法律，還有「無聲的權限」，也就是你能利用的休閒時間和金錢），但知識已經喪失了獨特性。

在網際網路沒有權限的生態裡，知識俱樂部（也就是有人管理、提供可靠資訊的網站）依然存在，我們也應該感到慶幸。其實，我們看到網際網路上這一類的俱樂部愈來愈多。不過，雖然網際網路處處有這樣的俱樂部，但各種不同的入會方式，開始嚴重干擾以既有機構和制度決定誰是專家的方式。在網路化知識的生態裡，升等委員會看到四本通過學術審查的書籍，以及一萬兩千零四十五篇推文和三千七百五十四篇部落格文章，要怎麼評量孰輕孰重？新會員在其他部落格的回應區寫下的學術論證，又要怎麼評斷呢？

問題在於，以前俱樂部稀少的時候，我們知道它們代表什麼意義：如果你有篇文章被《自然》期刊登出來，這一定會寫在履歷表最上面。在一個豐饒、沒有權限的出版環境裡，元資料（亦

即跟資訊有關的資訊）變得比以前更重要。「鳥類是恐龍的後代」這句話，如果是網際網路上某個陌生人說的，跟《自然》期刊上寫的分量有差；這個差異就是表示《自然》是可靠的元資料。以前的情況是，權威性的元資料會隱藏在知識傳遞的方式中：這個知識來自《自然》期刊，或者是你的醫生親口說的。如果一本書是某個有聲望的出版社發行的，這件事本身就是一筆元資料，代表至少有些權威人物覺得這本書有價值。在沒有權限的世界裡發文，不會傳遞任何跟權威性有關的元資料，所以這種元資料現在必須用更明白的方式呈現出來。正因如此，許多網站有繁複的元資料信任機制，並且會依網站和需求而有所不同──比方說，亞馬遜網站上的評論文章；或是銀行網頁上顯示你銀行帳戶的最後幾碼，來證明這個頁面是真的。連結本身所織成的網也可以拿來證明權威，不過我們當然也可能被誤導，自古以來一直都有這種可能。

從結構上來說，網際網路整體沒有權限機制，使得知識比較不像自我成立的內容（從佛舍的觀點來看，就是「磚塊」），而比較像是各種節點。這些節點如果身在將它們連結起來的網路之外，就無法完全信賴，或甚至不能加以理解。

## 公開

我們曾經認為，讓一般人沒辦法取得重要知識，其實是對他

們好。這就是為什麼在十四世紀時，教宗把英國神學家威克里夫斥為異端份子——只因他是第一位將聖經譯成英文的人[5]。長久以來，我們教小孩子的東西並不多，只夠讓他們可以進田裡或工廠工作就好。現在，我們讓一般大眾不只可以接受教育、造訪各地的圖書館，更讓大家只需要用滑鼠點一下，就能取得幾近無窮的知識和文化著作。

事實上，我們不僅讓大家都能存取這些作品，更替它們開啟一個新的公眾空間。這個空間裡的頁面會附加連結，而每個連結的內容會反映作品的意義和價值。這些連結組成的網本身也有自己的意義和價值，而這些又能加以探索，並反饋回去網路裡面。把一部作品放在這種新的公眾空間裡，便會讓它產生一種放在實體圖書館書架上不會有的脈絡情境。

在這個沒有權限的新式公眾空間裡出版或發表的費用，常常低到我們不僅會把完成的作品放上去，連草稿（甚至形成作品的編輯討論）都會一併發表。假如知識像是一大串連接在一起的香腸，我們可以看見整串香腸一節一節製造出來的過程。我們看得出來，以前曾被奉為知識經典的作品，其實端視我們選擇了哪些過濾器，以及我們怎麼應用這些過濾器而定。

我們曾經認為，知識是獨立於我們之外仍然為真的事物。現在，我們必須面對的情形是，知識不是反映自然的一面鏡子，而是一道由各種連結組成的網；我們怎麼看待這道網，又會以我們

的起點、觀點，和身為人類必有的關注事物而定。我們本來希望知識是獨立於我們之外的。現在我們知道，它絕對不是。

## 未定

從知識形成之初，幾何證明向來就是知識的典範，因為在既定的前提之下，我們一定知道結果為何。隨著西方哲學的演進，我們不斷提高確定性的標準，直到我們讓笛卡兒自己一個人坐在房間裡（在網際網路時代以前，就已經有人想要避開日常生活的紛擾），讓我們開始懷疑，就連「我們存在」這個事實，是否也可能是心懷不軌的神明故意欺騙我們？如果我們對某件事的確定性，連一絲絲、一丁點的懷疑都禁不住，那麼我們根本不知道這件事。至少笛卡兒和受他影響的傳統會這樣認為。

確定性的標準不斷提高，跟機場安檢日益侵犯隱私一樣，似乎是必然的事情。但是，十九世紀的哲學家又提出看法，認為有些知識也許根本不建立在理性之上，而必須抱持萬分敬畏的心態才能視為確定（祁克果）。也許知識的確定性只是利用靈魂脆弱的人的弱點，而又隱藏更宏偉、更嚇人、更愉悅的真理（尼采）。也許我們把小心建構的理性知識視為通往真理之道，但這只是建立在某個生物體在特定時間和地點之下的生命經驗，而這個生物體所知道最重要的東西，就是他有一天必然死去（海德格）。也許透過科學所知道的東西，其實取決於決定哪些問題可

以問、哪些答案算數的典範（孔恩）。也許「知識」這個概念本身是一種權力的工具，用來保住那些可以決定哪些人、事、物可以進入知識殿堂的人的特殊地位（傅柯）。

我們已經經歷過太多次動搖根本的思想革命了，所以會覺得自己應該不是活在一個總算可以釐清一切事物的時代。不過，在知識海洋的一端，一般的信念仍舊認為，知道一件事情就是要破除一切疑慮。「我知道我住在哪，但我不太確定」這句話是說不通的。跟這個概念並行的是，我們保有一種基本的認知，認為知識是由那些理性的人都該同意的真理所組成的。

但是，我們新的知識媒介沒辦法區隔資訊、通訊和社交性。你發表一篇文章，可能會看到同僚和同伴幾乎完全同意你的話，看到有人從文章裡得到莫名其妙的結論，還會看到有人就連最明白的地方也加以否定。你會體驗到你一直以來都知道的事情：對某些人來說，你就是沒辦法找到方法說服他們。以前啟蒙時代的理想，只有當喋喋不休的世界透過層層過濾，除去廣大又醜陋的分歧而由我們接收之後，才顯得有可能。

意見不一致的必然性雖然表露無遺，但這並不會改變一切。一位研究化合物溶解度的科學家，依然會使用相同的器具和技術。歷史學家若要研究製糖產業在奴隸貿易中的地位，還是會走訪同樣的地方、翻閱同樣的帳目，並用大致上相同的方式記錄工作內容，只是會利用線上資源而已。雖然如此，網際網路的公開

性已經讓我們無法避免以下這條實際的真理：

我們共有的，不是大家都同意的知識，而是共享一個大家始終意見不同的世界。

## 「太多」的策略

沒有人知道最後會變成什麼樣子。首先，我們創新的過程還沒結束。再者，我們不知道網際網路以後是否依舊是一個研究、言論和創造的公開平台。

比較抱持希望的情境是，我們會重複歷史中看得到的模式。識字率提高、印刷、便宜的平裝書籍和電視，都讓以前既有的形式更加通俗。未受教育和沒有興趣的人浪費了他們的時間，用這些工具把自己變得更粗俗；但是我們進化了。某部分來說，我們從那些被斥為粗俗的東西裡，找到有價值的寶藏。但是我們會進化還有另一個原因：那些致力於發現知識、探索知識深淵的學門，把整個文化向前推動。領先的一端會慢慢拖著後面向前進——世界上所有像達文西一樣的人所學習和創造的東西，終究會讓大家的生活更好。這並非必然之事，但它還是會發生。我們可以期待，既然當今知識的媒介比以前更容易存取，這個進程也許會更快、更平均。

但光是抱持希望沒什麼用。假設我們不把「網際網路是否讓

我們變笨？」這個問題，當成像「外頭有沒有下雨？」這類問題，而是當成「我支持的政黨下次選舉會不會選輸？」這種問題；最後這個問題最好的答案，不只是一項預測，還要加上一個條件：「會選輸，除非你出來做點事。」

我們能夠做什麼呢？我在這本書裡一直強調，知識為網路所擁有，而非知道事情的個人、包含知識的物體，與讓知識流通的傳統機構和制度所擁有。那麼，就來看看我們能做什麼事，讓這個超連結、超豐饒的網路成為更好的知識環境。

我對知識決定論提出的看法，暗示著一種通則式的應對方法。如果在我們的文化裡，網際網路通常會以某一種方式呈現，而不會以另一種方式展現，且如果幾乎所有參與網際網路的人都應該會學到某些事情，那麼最好的前進方式，就是接納這種特定網路的特定特徵。舉例來說，不要用人工的手段（像是把實體圖書館本來具有的不便，強加在數位圖書館之上）來減低網路天生具備的豐饒特性。或者，如果我們文化裡面的網路天生就偏好弱連結（而非深度、強力、長時間的關係），那就接受弱連結可以延伸知識的觸角這件事實[6]。這種柔韌的方式（像柔道一樣，順著拳頭的力道移動），優點就是能利用網際網路最強的傾向。

那麼，如果我們想要利用這種「包含」而非「排除」的新知識策略，並且盡可能利用網際網路本身的傾向，我們又要怎麼呼應在「網際網路是否讓我們變笨？」這個問題裡，隱約聽見的行

動口號呢？

我們可以用以下五種方式，幫助網路化的知識成為福音，實現它該有的樣貌：

## 一、開放存取

紙張會迫使出版社必須仔細選擇哪些東西要印刷出來，這固然說得通。不過，出版社把著作的定價弄得過高，只有少數菁英才有辦法讀得到，這就說不通了。當學術期刊的訂閱費用高達兩萬美元時，它們不是讓知識流通的助手，反而是阻礙。這個代價太高了（而且還不只是金錢上的代價）。正因如此，在各種社會和經濟運動裡，開放存取是一種幾乎一定會成功的運動。

如果我們的知識體系不是以紙本開始的話，開放存取的**期刊**會是知識系統運作的方式。它們的文章有經過學術審查，更多人可以從中學習，而它們包含的資訊也能更快流通。開放存取的**典藏**是一個公開的空間，學者和研究人員可以讓大家看見他們工作的任何一個階段。這些典藏資料庫讓資訊和想法可以更快流通出去，而且還能讓大家看到有時候沒有通過學術審查卻深具價值的想法。我們應該支持它們。

開放的生態還有一點很重要：在這樣的生態下，「先包含一切，事後再過濾」的策略更容易實行。如果在出版之前先過濾了，我們就受制於其他人最合理的臆測，猜想讀者應該會覺得哪

些東西有用。不論管理人員多麼專業,他們不可能預料到大家所有感興趣之事,或是歷史的每一個轉折。舉例來說,在二〇〇八年以前,沒有任何一位負責任的管理者會覺得美國阿拉斯加州瓦西拉市議會在一九九六年討論當地圖書館問題的議程,會在全國的層級上有舉足輕重的分量[7]。使用者如果可以在出版後使用過濾工具(不論是搜尋引擎或是高科技個人導航系統),他們就能用自己覺得有道理的方式找到資訊,並取得原先可能覺得沒有保存價值的內容。

在開放的生態裡,圖書館採購委員會、期刊編輯、書籍出版商,和其他管理人員的決定,我們依然會覺得有用。所有過濾器的交集,讓我們得到最多的助益。我們正在學習如何綜合過濾器、用其他過濾器來過濾這些過濾器,以及用某些過濾器來當成反指標。舉例來說,我指導的哈佛大學圖書館創新實驗室就開發出一個程式,用來瀏覽哈佛大學圖書館系統的一千兩百萬筆收藏。這個程式把流通紀錄、課堂指定閱讀紀錄、學生評價,和書籍多常有人催還,當成一本書在學者和學生社群裡的重要性指標。但是,由於沒有任何一種排序方式可以應付一切的需求,因此這個程式可以讓使用者自行加權各項指標。我在寫這本書的時候,我們正致力從其他圖書館匯入類似的資訊,讓這些過濾器可以調得更精密。過濾器變得更加明顯和公開,就像承載知識的器具一樣。一個人若是擅長過濾,開放的網際網路對他的用處就愈

大，也愈有價值。

　　我們也能用政治的方式來支持開放性。世界各地都有政府和強大的商業利益團體侵犯網際網路。不論是實際或是腐敗的原因，這些團體和組織（特別是網際網路服務系統商，和他們的政治夥伴）正合力縮減網際網路，把某些內容排在其他內容的前面、限制存取、剝奪匿名性，並把網際網路當作一種主要的管道，用來傳送乾淨、安全的商業內容。我們必須當心才是。

　　另外，就算我們愈來愈能從開放存取獲得助益，著作權的限制卻也變本加厲。從一九八九年起，美國所有的作品都自動擁有著作權，就算你不想要也一樣有。這就是為什麼雷席格（你可能還記得他在第二章出現，他擔心開放政府資料會有些不想要的後果）和另外幾個人在二〇〇二年創立創用 CC，或簡稱 CC。CC讓人可以輕而易舉宣告，別人可以不用經過准許，就直接使用某個作品。目前已經有幾億項作品公開在 CC 的條款之下。直到我們有辦法改寫著作權法律（希望是在太陽毀滅之前），用 CC 的方式發表作品，並支持 CreativeCommons.org，可以讓開放的知識生態發展。在新的開放存取時代裡，我們應該要效法美國開國元老的智慧：他們把著作權視為必要的暫時限制，應該保持一段合理的時間（那時是十四年，現在是著作權所有人死後七十年），而後作品就進入公眾領域裡 —— 這樣可以合理平衡創作動機，和受過教育、有創造性的大眾的利益。

## 二、提供智慧可以用的攀附之處

豐饒的策略有兩個主要的危險：首先，我們找不到想找的東西；第二，我們會找到很多只滿足最低俗欲望的東西。有一種作法可以應付這兩種疑慮，但也並非完善之道。

解決資訊過載的問題，就是製造更多的資訊：元資料。你在資料夾上貼個標籤，就是使用元資料來讓你可以找到資料夾裡面的文件。在網際網路的新公眾領域裡發表文章時，如果提供元資料，就能讓人更容易找到。我們也更能理解這樣的內容，就像是說明文字可以讓我們理解一張照片一樣。

元資料也有助於解決一個開放又超豐饒的系統的天生問題：絕大多數的東西都是垃圾。所以，我們需要判斷和過濾的方法，而這又特別困難，因為一個人的垃圾可能是另一個人的黃金。

這樣新增元資料，有一部分需要確確實實的人力：我們會管理收藏、留下評價、寫下評論和使用心得。但是，有不少具有高度價值的元資料，其實可以從我們不經意留下的線索來推斷。亞馬遜和同類的網站就是這方面的專家：只要分析大家的點閱內容、每個人分別購買的項目，和整體銷售的項目，亞馬遜就能用訪客可能會感興趣的其他項目來誘惑他。亞馬遜在這方面所使用的資料，不是訪客刻意留下來的資料。正因如此，它會揭露特定的真相。

過去幾年來，從電腦狂的圈子開始，有人致力用系統化的方

式在網際網路上增加元資料，讓人可以蒐集和利用網際網路各處的資料。舉例來說，一個區域性的小圖書館、Google 圖書和亞馬遜，可能都有關於《物種起源》的線上資訊：編目資訊、評價、評論、單字出現頻率的分析資料等等。但是，由於每個系統辨別這本書的方式都不一樣，因此沒辦法用簡單的方式寫一個程式，讓這一切資訊可靠地彙整在一起。如果這些網站都依循「語意網」所定義的成規（語意網是網際網路發明人柏納李在千禧年左右開創的概念），電腦程式就更能知道這些地方指的是同一本書。事實上，語意網可以讓大家分享比這複雜許多的資訊，而且橫跨許多網站。如果大家可以同意要怎麼編碼元資料，網際網路就能表現出比放在上面的內容還要多的知識。這就是「聰明網路」的定義。

不過，創建這樣的元資料可能相當艱困，特別是因為許多遵守語意網規範的網站本來採用的方式，是實體世界各種領域的邏輯表現方式，而這些又大又複雜。撰寫這種所謂的本體論可能非常困難。假設你想要寫出一個打毛線的模型，這也許不會太複雜：你得表現出所有的物體（毛線針、毛線、織圖、毛線機、毛線器具等等），以及它們之間的關係（毛線器具包括毛線機，毛線機需要毛線針，毛線針有不同大小等等）。不過，若要撰寫金融市場的本體論，大家必須同意「交易」、「債券」、「規範」和「報告」在定義下必須有哪些元素，還要處理金融市場與其他

領域（像是法律、經濟和政治）之間的所有細節和關聯。

　　所以，有些語意網的支持者（包括柏納李[8]）覺得，不必等待大家同意大規模的本體論，把資料以標準化但不完美的形式（也就是用所謂「鍵連資料」的方式）讓人取用，助益會更大，也會更快展現。假設你儲存了跟化合物有關的資訊，你可以把它們化成一些基本的說法，並放在網際網路上。這些基本的說法稱為「三鍵」，因為它們的形式是兩個元件之間以一種關係連接起來：「汞是一種元素。」「汞的原子量是二○○・五九。」「汞的沸點是攝氏三百五十六・七三度。」「汞的售價是每公斤一千五百三十一・三七美元。[9]」如果讓大家可以公開存取這一切的資料，那麼研究人員、開發人員和商人就能利用程式把全網際網路的資料彙整起來，找出汞的新特性、用法和市場。用這種方式處理大量的資料，包括科學、商業、醫藥、文化、政府、經濟、社會等層面，我們就擁有一個前所未有的資源，可以根據對世界既有的認知，找出新的想法。這個資源是**資料共享空間**，而我們現在才正開始理解它帶來的改變。

　　鍵連資料之所以成功有一個關鍵：它不會太在意它的元資料。一本書的元資料裡，應該把那本書的作者標示為「作者」、「作家」還是「創作者」？鍵連資料的提倡者會說，這個問題不用解決：不要在你的三鍵裡使用這些名稱，而是把這種關係表示成一個連結，指向一個替你定義好這個關係的知名網站。所以，

你不會用「作者」這個稱呼，而是放一個連結到都柏林核心標準[10]（一套出版文件時可以使用的詞彙），指向這個標準裡對「作者」這種關係下的定義。這樣，任何一個想要理解這項三鍵的程式都知道，這種關係依循的是都伯林核心的定義。這種作法也許很不俐落，也不完美，可是比起你因為沒辦法把元資料完全弄對而不把資料公開，這種作法確實比較好。

這本書探討了知識的轉變，而鍵連資料的崛起，就概括了這整個轉變。原本的語意網強調的是要建構世界「知識表徵」的本體論；但是，如果我們直接放出大量鍵連卻不完美的資料，並以標化的形式開放讓大家廣為取用，網際網路就成為一個大為進步的知識架構了。

鍵連資料，本身只不過是一種更廣義的作法的例子而已：這種作法就是創造出元資料，讓別人可以重複利用你的資訊。鍵連資料之所以有用，是因為它指向自己以外的東西，連到跟某項資訊有關的資訊。這就是為什麼一個跟「mercury」有關的三鍵，可以表示為跟汞、水星，或是羅馬神明墨丘利有關。資料的原子之所以能連在一起，只因為它們共享元資料。

事實上，一點點的元資料可以發揮很大的作用。這點相當重要，因為在豐饒的網際網路裡，我們需要與作品權威性相關的元資料，這遠比有認證資格的機構所能提供的還要多。從網際網路開創以來，我們見識到這方面數一數二豐富的創新。舉例來說，

eBay 上某位賣家的一萬四千次交易裡，有百分之九十九‧九都有「滿意」的評價；網站上列出這樣的通知，比起知道這位賣家在牛津大學教書會來得更有用。你知道你的社群網路喜歡某間當地的餐廳，比你知道當地挑嘴的餐廳評鑑家不喜歡這間餐廳來得有用。我們必須持續發展這樣的系統，而且我們也毫無疑問會繼續發展下去。

網際網路若有更豐富的元資料，就會有更多更可用和更好用的知識。

### 三、連結所有的東西

展現作品的內容其實是一件好事。舉例來說，你可以請WolframAlpha 把德國和義大利的每人平均收入加起來，再除上法國和英國每人平均收入的總和。如果答案（百分之九十八‧六）跟你所想的不一樣，WolframAlpha 有個「顯示細節」的連結，告訴你它在運算的時候用了哪些資訊。

當然，展現工作內容不一定都這麼直接。當新聞部落客羅森連結到一個支持某種說法的資料來源，就是讓他得到這個結論的過程變得透明，同時也增加自己文章的權威性。

連結也會把你的作品放置在所屬的情境脈絡裡，並督促我們學習更多的事情。美國一位倡導言論自由的部落客約克，在她的部落格裡發表一篇經過深思的文章，回應《紐約客》雜誌葛拉威

爾寫的一篇關於阿拉伯之春與社群媒體的文章時，她就放了一個超連結到突尼西亞部落客賓加比亞的貼文[11]。約克把我們轉介到那裡，不只是表明她的想法是從那裡出來的，也是希望我們進入以賓加比亞的部落格為中心的網路裡。

這樣大方的作法，跟一般商業網站會想盡辦法讓讀者留在網站上（至少網際網路初期的時候是這樣）的作法相反。同時，這種作法也跟紙本寫作相反：大部分以紙本為主的作品會想要讓讀者不中斷、不分心，一直到最後一頁。從這種作法衍生出來的，是一種新的閱讀和研究模式，會從一篇文章裡不斷超連結出去，再超連結回來。那些希望讀者不間斷地閱讀完的著作，當然有很高的價值。不過，一個由各種想法組成的網路，如果能讓我們窺見頁面背後是什麼，又能讓我們根據自己的興趣進入廣大的領域裡，也一樣是個聰明的模式。

更多連結，更多連結。


## 四、不拋棄任何機構化或制度化的知識

在網際網路問世之前，各種機構和制度（像是大學）會把一些人放在同樣的空間裡，讓他們發展想法，而這些機構或制度會定義出知識的條件，並授予認證資格讓其他人可以信賴這些知識。

傳統機構和制度的優點，也正是它們的缺點。它們可以把有

知識的人集合在一起，但能通過門檻的人並不多。這些機構和制度讓人可以不受紛擾，但同時也隔絕了思想。就算我們稱之為「思想的學院」，它們卻常常是回聲室。

相較之下，網際網路狂野又高度連結的特性，完全不遵守機構與制度的界線。界線以外沒有認證資格的人不僅可以跟界線裡的人混在一起，界線裡面的人也沒辦法讓自己的工作不受到干擾。在工作台上進行實驗的科學家，會發現當別人談論實驗對道德倫理或環境的影響時，她無法置身事外。這會引發一段切身相關的關係（也許只是暫時的，也許是深深的敵意），有時又會演變成政治運動。網際網路不會讓資訊與通訊和社交切斷開來。

網際網路不會讓所有的機構和制度瓦解；相反地，這些機構和制度更加嵌入網際網路裡。另外，網際網路也發展出自己的機構和制度，而它們有跟傳統的機構和制度一樣的缺點（也許這是無法避免的）[12]。如果網際網路要成為我們新的知識架構，它必須利用既有的機構和制度所發展出來的一切知識。

這些既有的機構和制度，有些很不願意把它們的內容交出來，因為少了這些內容，它們在經濟上就沒辦法存活了。《紐約時報》就因為這個問題而掙扎：身為忠實記錄一切事物的「信史報刊」，它賦予自己相當的社會責任，但同時身為一個商業公司，它又有商業上的責任；所以，它的妥協方式是根據文章的刊登日期。因此，（至少在我現在寫這本書的當下）你可以在線上

免費閱讀一九八九年十一月九日柏林圍牆倒塌的報導[13]。但是，如果你想要看比這個早剛好三年的戴歐尼寫的總統選戰報導，《紐約時報》會讓你看到第一段，並且可以再花三·九五美元來閱讀全文[14]。如果你想看一篇一九二三年到一九八〇年之間刊登的文章（也許是一九二九年「乾淨思想運動」二十周年慶的文章[15]），《紐約時報》連第一段都不會讓你看，但是你可以花三·九五美元買到這篇文章。最後，如果你想閱讀《紐約時報》資料庫裡一千三百萬篇在一九二三年以前刊登的文章（著作權延長的規定就是從這一年開始，有如通訊傳染病一樣，緊緊綁住我們不放），你都可以免費閱讀。《紐約時報》一大堆混亂的權限規定也許很煩人，可是如果你的研究跟這個資料庫免費開放的年份有關，你可能會感動得痛哭流涕。網際網路有了這樣的寶藏，就變得聰明許多。

　　這些世紀以來，我們既有的機構與制度產生了大量的知識，如果我們不把這些知識帶進網際網路裡，那簡直會是悲劇。舉例來說，我們應該敦促更多大專院校採用麻省理工學院倡導的 OpenCourseWare 開放教材模式，把課堂的影片免費放在網際網路上[16]。另外，圖書館的內容不只有書籍和期刊文章，更有圖書館館員的專業知識，和研究人員可以利用的讀者使用模式元資料，而且在由各領域最有學問的學者所組成的社群裡，圖書館更處在核心的位置。

當大家都能取得這一切知識時，網際網路就會從組織層面開始變得更加聰明。不僅所有的人都能找到和利用這些資訊，而且當其他電腦的應用程式可以取得這些資訊時，開發人員還能將其統整、分析、連結和混雜在一起，找出方式讓這些資訊更有價值。如果我們想要這種新架構引領我們向知識邁進，而不是懵懂無知的話，傳統的機構和制度必須全力挹注網際網路。

## 五、教導所有的人

若在哈吉塔面前說些跟科技決定論有關的蠢話，她就會拿出相關數據，證明如果大家只是坐在網際網路前面，他們不會就這樣成為網際網路狂人、網際網路專家，或甚至網際網路使用者。哈吉塔是一位愛好網際網路的社會學家，但她最起碼也一樣愛好數據資料。她進行了細心的研究，發現網際網路上的成功條件，就跟以前階級、收入、教育等因素一模一樣。我們必須**教導**大家怎麼使用網際網路[17]。

如果我們想要用網際網路來推動知識，我們也應該要記得，造訪網站的是世界上各種形形色色的人。網際網路的開放性，代表這些訪客裡會有些人不知道網站的思維。因此，如果能清楚說明網站裡可以進行哪些對話，以及網站內資訊的品質，這樣會有很大的助益。

但是，明白呈現的元資料再怎麼多，都一樣不足。網際網路

不僅會是共享空間，也會是一片蠻夷之地；至少我們可以這樣希望。如果想要用網際網路來推動知識，我們必須從小教導下一代如何使用網際網路、如何評量各種宣稱的知識，以及如何擁抱差異。

第一件工程最簡單，不過仍然相當艱鉅。雖然網際網路這麼複雜龐大，但是學習如何操作，其實出奇地簡單。但是，我們所關切的遠遠不只有怎麼按按鈕而已。

第二件工程（如何評量各種宣稱的知識）是一件永不止息的事。既然現在知識殿堂的守護者不能再控制我們會遇到哪些東西，跟以前比起來，我們更需要這種批判的能力。網際網路先驅瑞格德把這稱為「識字能力」。舉例來說，我們必須更能分辨垃圾謊言和有詳實紀錄的論證，並且要更開放地接納新的想法，和學習如何參與多向、跨文化的討論[18]。科技記者吉爾摩的著作中，談論了網際網路公民應該具備哪些技能，才能理解、參與這個新的媒體生態[19]。祖克曼對於我們容易偏好同類的傾向，以及如何用結構性的方法讓我們注意自己的回聲以外的聲音，進行了深度的思索[20]。我們才剛剛開始找出哪些行為和態度會形成更聰明的網路。

第三件工程（學習擁抱差異）最困難。正如我們所見，若要進行可以讓知識進步的討論和合作，回聲室是必備條件；另外，壁壘堅固的回聲室甚至還可以發揮一些作用，像是增進對政治議

題的熱忱。但是，我們也知道如果把自己局限住，只能容許最細瑣的芝麻小事來擾亂我們的底線，我們就會讓自己變笨。因此，若要讓網際網路的知識容量最大化，我們必須抗拒自己的傾向，不能只跟同類相處。

不幸的是，由於同類相聚似乎是非常強烈的人類傾向，而且就某種程度來說也是知識本身必備的條件，因此沒有任何答案可以適用一切的情形。我們可以造訪一些拓展視野的網站，來對抗安逸待在熟悉環境的欲望。我們也能連結到這些網站去，來鼓勵其他人這樣做。另外，我們也能愛上世界上其他人的聲音，以及呈現文化差異而讓我們陶醉其中的文學作品、新聞報導和藝術，更能向其他人推薦這些作品。雖然如此，我們永遠不可能變得跟理想一樣，那麼熱愛和擁抱多元性[21]。生命是屬於特定地方的。少了自己所屬的地方，我們就沒有立足點來理解臨近的世界，或是自己地方所屬的廣大世界。

不過，網際網路對我們而言，既是一種契機，也是一種模式。

契機：網際網路降低了阻礙，讓我們更容易遇見不一樣的事物，並與之互動。現在尚存的阻礙不再是科技造成的，而是我們自己。我們不再有不擁抱差異的理由。

模式：若要理解我們為何傾向只關切最貼近自己、最熟悉的事物，可以不用舊時以自己為圓心的地理方式來看。我們可以把

自己視為一個充斥各種連結的網頁，連接到一個讓我們有意義，又會接納我們，讓我們特別的世界。由於從歷史上來看，我們會以自己擁有的科技來理解自己，也許這種超連結的架構會帶來一種新的自我理解方式，讓我們更能以好奇心和同理心，跨越以自我為中心的恐懼。

我們可以在這五個領域裡，盡力讓網際網路成為更好的知識國度。我們也有抱持希望的理由。

過去十五年證明了我們有辦法齊心協力，而且經常不計報酬，建造出知識的殿堂，而且規模之大，讓以前任何一位有頭腦的人都會覺得是野心過了頭。我們不僅建造出人類史上最大的一部百科全書，也建立了學術索引、開放存取的資料庫、許多互相匹敵的照片共享空間、一個大家都能存取的「生命百科全書」、星系的圖譜，以及有注解的基因圖譜。薛基把這種突發的合作式創意，歸因於他稱為「認知過剩[22]」的情形，而且由於現在有一個可以無限放大的網路，讓我們連結全世界所有有意參與的陌生人，我們能把這種情形應用到許多難到出奇的問題上。

我們參與合作的動機很少是單純的，這點已經有許多人正確指出來了。我們著手處理這些問題的動機，也是所有人類都會有的動機。不過，我們向來都以許多不單純的理由來追求知識，只因為我們是人類。其實，我們有著各式各樣的動機，這點本身就

是讓我們抱持希望的理由：我們一起投身追求知識的原因比以前更多了。我們的學習和貢獻方式幾乎沒什麼阻礙了，所以最薄弱的理由都能引領我們貢獻自己的心力。也因此，我們還不知道在網際網路的規模之下，還有什麼是彼此連結的人類所**辦不到**的事。

## 下一位達爾文

達爾文並不是無法取代的。

沒有任何人能預料他在思想上的跳躍。這個跳躍花了許多年的時間和數千里的里程，而他進行這一切的時候，完全沒想到他正在醞釀的想法會有這麼大的影響。

但是，光從達爾文所做的觀察，是不可能浮現這樣的啟示的。要是在達爾文之前沒有提倡「用進廢退」的拉馬克，他也許不會覺得演化有可能發生。要是達爾文沒有把地質學家萊爾的《地質學原理》帶上小獵犬號，他也許就不會想到一個生物族群有可能隨著漫長的時間改變。另外，達爾文發展他的啟示時，身處在一個有許多同僚和通訊對象的豐富網路裡。最後，當他總算準備好的時候，他的著作之所以能改變歷史，是因為它快速在十九世紀的科學家網路散播開來，而後又進入作家的網路，最後進入了我們稱為「文化」和「歷史」的網路。

現代科學有一個分支叫作「生態棲位模擬[23]」，利用的是跟全球物種分布和物種生存環境有關的廣大資料庫。舉例來說，幾年前有一個科學團隊建立了馬達加斯加島上十一種變色龍的分布模型[24]。這個團隊使用了近年調查蒐集到的資訊，也檢視了博物館的收藏。他們透過遙控感應器、氣象站和地質調查取得資料。他們把蒐集到的二十五種不同資料，跟各種變色龍已知棲息地的資訊交互比對，用這個結果預測馬達加斯加島上類似的地方會不會有相似的物種。這個模型最後讓他們發現七種新的變色龍。

這是扎實的科學，但等級當然沒有達爾文的啟示那麼高。雖然如此，我們可以想像下一位達爾文可能不會是個在異地漫遊的自然學家，而是一個資料狂。像 Eureqa 一樣的程式會變得愈來愈強大，可能會開始注意到變色龍分布和環境因素的相互關係，或甚至「認為」加拉巴哥群島上的雀類有不同形狀的喙，是一種很奇怪的事。電腦把沒辦法理解的資料標為異常，而下一位達爾文就會理解這種有意思的反常現象。

下一位達爾文很可能會公開進行研究，也就是在有連線的網際網路上進行。他不會等到最後才公布結果，而會先把初步的發現張貼出來，也許還會提出推測性質的假設。當消息傳出來之後，他的周遭會長出一個由連結組成的網路。有些節點會成為暫時的集散地（至少會維持一天或一個月）。我們無法預測這些集散地的主人會是專業或業餘人士，是科學家或商人，還是科學

家或純粹來搞笑的人。不過，我們可以預測這些節點，以及連接這些節點的線路，會彼此不同意、互相爭吵、把事情弄錯、做些幼稚又自我中心的事，簡直在浪費這些無形的數位連線。雖然如此，一旦有能力的人和沒能力的瘋子接受一個想法，把想法變成自己的，再把想法傳出去以後，我們會看見這個想法如何傳播出去，以及想法所造成的效應。

這不只是知識的工具改變了。下一位達爾文所發現的知識，其性質會跟一百五十年前的達爾文所創造的知識性質大相逕庭。新的知識不再是通過一道又一道窄門、精心挑選之後的著作。我們以為知識很稀少，但其實只是我們的書架不夠大而已。我們的新知識甚至也不是一組實體的作品，而是由連結形成的架構。我們現在在這片豐饒沃土裡穿梭時，會盡可能地保持知性；換句話說，我們會一直置身在某個情境脈絡裡、身處在某個立足點上，並一直有其他人伴隨，一直保有我們認為必須保持的謹慎態度，也一直都不可能不犯錯。不論是好是壞，知識已經成為具有網際網路特性的網路了。

我們還是會爭論新的知識是否會引領我們接近真相，至少我這麼認為。不過，有一件事情似乎相當明白：網路化的知識，讓我們更接近知識的真相。

# 致謝詞

有太多人貢獻太多的心力到這本書裡，我一定沒有辦法全部一一致謝。向一個邊幅鬆散的網路道謝，是一件很困難的事。

有兩個機構對我的幫助特別大。哈佛大學的貝克曼網路與社會研究中心（我是這裡的資深研究人員）、哈佛大學圖書館創新實驗室（我擔任實驗室的共同指導），以及杜林一起創造出來的學術環境，塑造並挑戰各種想法，並提共讓瑣事成為樂趣的同儕交情，以及探索想法的資源。

我要特別向貝克曼書會（為寫作而成立的，而不是讀書會）致謝，因為這本書在發展的過程中，他們提出許多批評與建議，以及情感上的支持；所有作家就算是假裝在假裝做別的事情，都需要這樣的支持。

許多人協助了我的想法，有時閱讀一些片段、有時跟我討論，更一般來說是熱心貢獻他們的時間和專業知識。以下的名單恐怕不夠完整，但至少是依照字母順序排列：亞當、亞伯特、安克蘭、巴羅卡斯、德瑞芙斯、費德曼、吉爾摩、漢內、希頓、路易斯、馬克斯、墨里斯、諾芙克、奧林、瑞格德、蘇伯、提勒

特、懷特和威班克斯。

　　另外尚有一些人，對我的幫助特別大。能夠利用到祖克曼大到不可思議的腦袋和心胸，以及他的友誼相伴，是沒有文字可以形容的幸運。帕夫瑞以同事和朋友的身分支持我；另外，雖然我比他年長幾十年，他也是我的一位重要導師。哈佛大學圖書館創新實驗室的開發和設計團隊，每天都在拓展我覺得可能實現的事情。哈吉塔嚴謹的研究標準和詼諧幽默也影響了我，不過這些永遠不夠。桑德維跟我的討論一直都有啟發性；在這些討論中，他也熱心提供想法和資料來源。薛基身為一位朋友和思想家，對我的影響遠超出他所想像，甚至超出他所希望的情況。沙利文讓我可以依照這個題材所需，發展出這樣的形式出來。我的編輯巴特萊特對這本書提出有系統、有啟發的評論，這是所有作家夢魅以求的。奧登的審稿功夫，讓這本書在好幾個層面上有所助益。我的經紀人和朋友米勒，是我把想法發展成為一本書的關鍵人物；過去十年來，我和他與亞當絲合作了四本書，是我莫大的榮幸。我的太太蓋勒，是我的第一名讀者和最愛。我們的三位子女，妮察瑪、雷雅和內森，即使已經紛紛長大成人，依然很會取悅人心。

　　所有的錯誤皆屬維基百科之責。

# 注釋

## 前言：知識的危機

1. David Barstow, Laura Dodd, James Glanz, Stephanie Saul, and Ian Urbina, "Regulators Failed to Address Risks in Oil Rig Fail-Safe Device," *New York Times*, June 19, 2010, http://www.nytimes.com/2010/06/21/us/21blowout.html.

2. Sam Tanenhaus, "John Updike's Archive: A Great Writer at Work," *New York Times*, June 19, 2010, http://www.nytimes.com/2010/06/21/books/21updike.html.

3. Jeffrey Marcus, "When a Soccer Star Falls, It May Be Great Acting," *New York Times*, June 20, 2010, http://www.nytimes.com/2010/06/21/sports/soccer/21diving.html.

4. 這些「先前未曾公布的筆記」位在以下的網址裡：http://documents.nytimes.com/documents-on-the-oil-spill?ref=us#document/p34。

5. 坎特在二〇〇七年第一屆媒體與公關會議上提出這個觀點。

## 第一章：知識過載

1.  R. L. Ackoff, "From Data to Wisdom," presidential address to ISGSR in June 1988, *Journal of Applied Systems Analysis* 16 (1989): 3-9.

2.  參見 Milan Zeleny, "Management Support Systems: Towards Integrated Knowledge Management," *Human Systems Management* 7 (1987): 59-70; Michael Cooley, *Architecture or Bee?* (Hogarth Press [London], 1987)，引述自 Nikhil Sharma, "The Origin of the 'Data Information Knowledge Wisdom' Hierarchy," February 4, 2008, http://nsharma.people.si.umich.edu//dikw_origin.htm; 以 及 Harlan Cleveland, "Information as Resource," *The Futurist*, December 1982, pp. 34-39（亦引述自 Sharma）。

3.  此一概念的簡史參見 Nikhil Sharma, "The Origin of the 'Data Information Knowledge Wisdom' Hierarchy," February 4, 2008, http://nsharma.people.si.umich.edu//dikw_origin.htm。更多關於艾可夫的事，參見 Gene Bellinger, Durval Castro, and Anthony Mills, "Data, Information, Knowl-edge, and Wisdom," 2004, http://www.systems-thinking.org/dikw/dikw.htm。

4.  "The IBM 650"（IBM 網站裡線上歷史的一部分），http://www-03.ibm.com/ibm/history/exhibits/650/650_intro.html。

5.  Leonard Dudley, *Information Revolution in the History of the*

*West* (Edward Elgar Publishing, 2008), p. 266.

6. 「資訊轉為指令」一事，參見 Jennifer Rowley, "The Wisdom Hierarchy: Representations of the DIKW Hierarchy," *Journal of Information Science* 33 (February 14, 2007), DOI: 10.1177/ 0165551506070706, pp.163-180。這篇文章用很出色的方式，簡述了各種「資料轉為智慧」的階級架構。

7. Russell L. Ackoff, *Re-creating the Corporation: A Design of Organizations for the 21st Century* (Oxford University Press, 1999), p. 160.

8. Skip Walter, "Knowledge vs. Information," Extreme Productivity by Design blog, January 2, 2008, http://factor10x.blogspot. com/2008/01/knowledge-versus -information.html.

9. Zeleny, "Management Support Systems," p. 59.

10. Frank E. Smitha, "An Imperfect Democracy," in *Macrohistory and World Report*, http://www.fsmitha.com/h1/hell04.htm.

11. IBM 650 可以使用「具備一連串磁碟記憶單元的 IBM 650 磁鼓資料處理器，總共可以儲存兩千四百萬位數字」（http:// www-03.ibm.com/ibm/history/exhibits/650/650_pr2.html）。我在這裡的假設是，當今的桌上型電腦有一 TB 的硬碟空間。

12. Alvin Toffler, *Future Shock* (Random House, 1970), p. 350。「資訊過載」一詞至少在一九六二年就已經出現；參見 Bertram M. Gross, "Operation Basic: The Retrieval of Wasted

Knowledge," *Journal of Communication* 12 (1967): 67-83, DOI: 10.1111。Norbert Wiener 在一九四八年的 *Cybernetics* (MIT Press, reprinted in 1961) 一書中，更早就提出神經系統過載的想法。

13. 「感官過載」的概念本身也是新的。這個概念常常有人追溯回 Georg Simmel 在一九〇三年寫的一篇文章，說明城市居民經歷了高度的感官刺激後，可能會變得拘謹和遲緩。「感官過載」一詞到了一九五〇年代才出現，到了一九六〇年代才真正為人所知，因為這可以用來警告小孩子遠離迷幻藥。

14. Toffler, *Future Shock*, p. 301.

15. 同上。

16. 同上。

17. 其中一名作者 Jacob Jacoby 在十年後批評了自己的研究：「受試者被告知每個米飯／料理包的每一分量分別是高卡路里或低卡路里。」他回頭看這份研究時，覺得這樣的限制太人工了：「相較之下，顧客在現實世界裡面臨的資訊比這複雜很多。」參見 Jacob Jacoby, "Perspectives on Information Overload," *Journal of Consumer Research* (March 1984): 432-435，第 432 頁。

18. Richard Saul Wurman, *Information Anxiety* (Doubleday, 1989), p. 35, 引述自 Peter Large, *The Micro Revolution Revisited* (F. Pinter, 1984)。

19. Wurman, *Information Anxiety*, p. 34.

20. Roger E. Bohn and James E. Short, "How Much Information? 2009 Report on American Consumers," Global Information Industry Center, University of California-San Diego (2009), p. 7, http://hmi.ucsd.edu/howmuchinfo.php.

21. 此一數據引述自 http://en.wikipedia.org/wiki/Zettabyte。

22. 引述自 Ann Blair, "Reading Strategies for Coping with Information Overload ca. 1550-1700," *Journal of the History of Ideas* 63, no. 1 (January 2003): 11-28，第 15 頁。

23. 引述自 Daniel Rosenberg, "Early Modern Information Overload," *Journal of the History of Ideas* 63, no. 1 (January 2003): 1-9. at 1, http://www.jstor.org/stable/3654292。

24. 引述自 Richard I. Yeo, "A Solution to the Multitude of Books: Ephraim Chambers's 'Cyclopedia' (1728) as 'The Best Book in the Universe,'" *Journal of the History of Ideas* 63, no. 1 (January 2003): 61-72，第 62 頁。

25. Lucius Annaeus Seneca, Dialogues and Letters, translated by Charles Desmond Nuttall Costa (Penguin, 1997), p. 45.

26. 引述自 Yeo, "A Solution to the Multitude of Books," p. 62。

27. Bohn and Short, "How Much Information?" p. 7; (2007)。前文提到〇・三 ZB 的數據亦來自這裡。

28. Clay Shirky, keynote address at Web2.0 Expo, September 16-19,

2010, http://web2expo.blip.tv/file/1277460/.

29. Mary Spiro, *Baltimore Science News Examiner* blog, July 20, 2009, http:// www.examiner.com/x-6378-Baltimore-Science-News-Examiner~y2009m7d20-Science-on-the-airwaves-eight-podcasts-you-shouldnt-miss.

30. 在一九○○和一九○九年之間,美國境內總共有八萬三千五百一十二本新書出版。參見 Jacob Epstein, *The Book Publishing Industry* (W. W. Norton, 2002), p. 21;以及 Bowker press release, May 19, 2009, http://www.bowker.com/index.php/press-releases/563。

31. 如果搜尋的時候不加上引號,Google 會找到更多的結果。

32. Beth Simone Noveck, *Wiki Government* (Brookings Institution Press, 2009).

33. Gartner 2008 Annual Report, https://materials.proxyvote.com/Approved/366651/20090408/CMBO_39013.

34. Interview with Jack Hidary, May 21, 2009.

35. Interviews with Beth Noveck (February 2010) and the head of Expert Labs, Anil Dash (December 2009 and January 2010)。我參與組織創辦的會議。

## 第二章:喪失邊界的知識體系

1. Bennett Cerf, *Try and Stop Me* (Simon & Schuster, 1944), p. 75.

2. "U.S. Census Bureau's Budget Estimates as Presented to Congress: Fiscal Year 2010," May 2009, http://www.osec.doc.gov/bmi/budget/10CJ/Census%2520FY%25202010%2520Congressional.pdf.

3. Alvin Powell, "John Enders' Breakthrough Led to Polio Vaccine," *Harvard University Gazette*, October 7, 1998, http://www.news.harvard.edu/gazette/1998/10.08/JohnEndersBreak.html.

4. Bill Clinton, "How We Ended Welfare, Together," *New York Times*, August 22, 2006, http://www.nytimes.com/2006/08/22/opinion/22clinton.html.

5. Paul Rosenberg, "The Myth That Conservative Welfare Reform Worked—Part 1," OpenLeft.com, February 27, 2010, http://openleft.com/diary/17541/the-myth-that-conservative-welfare-reform-workedpart-1.

6. Jason Deparle and Robert M. Gebeloff, "Living on Nothing but Food Stamps," *New York Times*, January 2, 2010, http://www.nytimes.com/2010/01/03/us/03foodstamps.html?_r=1&th&emc=th.

7. 引述自 Samuel A. Kydd, *The History of the Factory Movement from the Year 1802 to the Enactment of the Ten Hours' Bill in 1847, Volumes 1-2* (Ayer Company Publishers [London], 1857),

pp. 46-47, http://books.google.com/books?id=qdTscxnOXfoC。

8. 同上，p. 51。

9. 參見 http://www.etymonline.com/index.php?term=fact。

10. J. A. Simpson, *Oxford English Dictionary* (Oxford University Press, 2009).

11. Mary Poovey, *A History of the Modern Fact* (University of Chicago, 1998).

12. 培根陳述這點的作品標題，《新工具論》（*Novum Organum*），呼應了亞里士多德的《工具論》（*Organum*）。

13. 見 Barry Gower, *Scientific Method* (Routledge, 1997),http://books.google.com/books?id=D3rV2t2XkWYC&pg=PA40&lpg=PA40 之第三章。

14. 同上，p. 49。

15. Poovey 將「利益」所扮演的角色追溯至霍布斯，以及之後同一流派的思想家。

16. Thomas Malthus, *An Essay on the Principle of Population*, Vol. 1 (first edition)。全文可以線上閱讀：http://www.econlib.org/library/Malthus/malPop1.html。

17. Malthus, *An Essay on the Principle of Population*, p. 229.

18. "Chimney Sweepers' Regulation Bill," *Hansard* 39 (February 16, 1819): 448-454, http://hansard.millbanksystems.com/commons/1819/feb/17/chimney-sweepers-regulation-bill.

19. Sir Llewellyn Woodward, *The Age of Reform 1815-1870*, 2nd ed. (Clarendon Press, 1962), p. 36.

20. Michael J. Cullen, *The Statistical Movement in Early Victorian Britain: The Foundations of Empirical Social Research* (Barnes & Noble, 1975), pp.10ff.

21. 事實上，《皇家統計協會會報》的標記本來是等著由其他人打穀的穀物；同上，p. 47。

22. Charles Kingsley 的 Yeast，與 Disraeli 的 *Sybil*，都是以同一本藍皮書為根據；見 Roger P. Wallins, "Victorian Periodicals and the Emerging Social Conscience," *Victorian Periodicals Newsletter* 8 (June 1975): 29, 47-59。

23. Charles Dickens, *Hard Times* (Hurd and Houghton, 1870), p. 14, http:// books.google.com/books?id=ORgKTQ66LN4C.

24. 同上，p. 15。

25. 同上，p. 14。

26. 同上，p. 130。

27. Kenneth Bensen, *Charles Dickens: The Life of the Author* (New York Public Library, 2002), http://www.fathom.com/course/21701768/session1.html.

28. 仲裁的文字紀錄參見 http://www.alohaquest.com/arbitration/transcript_001208.htm. 另見 Blount 的報告中，利留卡拉尼的抗議：http://libweb.hawaii.edu/digicoll/annexation/protest/

liliu2.html。

29. Edwin Brown Frimage, "Fact-Finding in the Resolution of International Disputes—From the Hague Peace Conference to the United Nations," *Utah Law Review* (1971): 421-473, http://content.lib.utah.edu/u?/ir-main,8725; Thomas M. Franck and Laurence D. Cherkis, "The Problem of Fact-Finding in International Disputes," *Western Reserve Law Review* 18 (1966-1967): 1483-1524.

30. 關於此一活動的討論，見《紐約時報》的索引。

31. Henry David Thoreau, entry on April 19, 1852, in *The Journal of Henry D. Thoreau 1837-1855*, Vol. 1 (Dover Publications, 1962), p. 384.

32. Henry David Thoreau, Walden (Princeton University Press, 2004), p. xiii；厄普代克撰寫的前言中引述這段話。

33. Letter to J. D. Hooker, May 10, 1848, in *More letters of Charles Darwin: A Record of His Work in a Series of Hitherto Unpublished Letters*, Vol. 1 (J. Murray, 1903), p. 65.

34. 參見 Jeffrey Cramer 對梭羅的簡介：Jeffrey S. Cramer, ed., *Walden: A Fully Annotated Edition* (Yale University Press, 2004), p. xx。

35. Charles Darwin, A *Monograph of the Sub-Class Cirripedia, with Figures of All the Species. The Lepadidæ; or,Pedunculated*

*Cirripedes*, Vol. 1 (The Ray Society, 1852), p. 77, http://darwin-online.org.uk/content/frameset?itemID=F339.1&viewtype=side&pageseq=1.

36. White House Press Office, "Transparency and Open Government," January 21, 2009, http://www.whitehouse.gov/the_press_office/transparencyandopengovernment/.

37. Vivek Kundra, "They Gave Us the Beatles, We Gave Them Data.gov," January 21, 2010, http://www.whitehouse.gov/blog/2010/01/21/they-gave-us-beatles-we-gave-then-datagov.

38. 出自諾芙克於二〇一〇年四月二十九日在哈佛大學法學院的演講：http://www.hyperorg.com/blogger/2010/04/29/berkman-2b2k-beth-noveck-on-white-house-open-government-initiatives/。

39. Clay Shirky, *Cognitive Surplus: Creativity and Generosity in a Connected Age* (Penguin, 2010)；薛基在這本書裡為「預設值」下了絕佳的解釋。

40. 這個資訊可在以下的網址裡找到：http://www.fueleconomy.gov/feg/download.shtml。

41. Lawrence Lessig, "Against Transparency," *The New Republic*, October 9, 2009, http://www.tnr.com/article/books-and-arts/against-transparency.

42. 福特汽車工程師史卡納估算，一張可以記錄九十行的打孔卡可以寫進一百一十二‧五個位元組，所以一GB需

要九百五十四萬四千四百七十二張打孔卡才能記錄下來。參見 ”Re: How Many IBM Punch Cards in 20 Giga Bytes of Data?”, *MadSci*, August 26, 2000, http://www.madsci.org/posts/archives/2000-08/967332303.Cs.r.html。

43. Scott M. Nelson and Debbie Lawlor, “Predicting Live Birth, Preterm Delivery, and Low Birth Weight in Infants Born from In Vitro Fertilisation: A Prospective Study of 144,018 Treatment Cycles,” *Public Library of Science Medicine* 8, no. 1 (January 2011), DOI: 10.1371/journal.pmed.1000386, http://www.plosmedicine.org/article/info%3Adoi%2F10.1371%2Fjournal.pmed.1000386.

44. 參見 http://www.hfea.gov.uk/fertility-treatment-facts.html。

45. 參見鍵連資料的網站：http://www.linkeddata.org。

46. 參見 http://en.wikiquote.org/wiki/Daniel_Patrick_Moynihan。


## 第四章：專業知識在雲端

1. *Report of the Presidential Commission on the Space Shuttle Challenger Accident*, 1986, http://www.chron.com/content/interactive/special/challenger/docs /report.html.

2. Geoffrey Chaucer, *The Complete Works of Geoffrey Chaucer: Boethius and Troilus*, edited by Walter William Skeat (Clarendon Press, 1900), http://books.google.com/books?id=xWERAAAAIAAJ.

3. Donald Abelson, *A Capitol Idea: Think Tanks and U.S. Foreign Policy* (McGill-Queen's Press, 2006), p. 50. Note that Abelson disagrees with this dating of the origins by Dickson。要注意的是，Abelson 不同意 Dickson 在這裡提出的開始時間。

4. James A. Smith, *The Idea Brokers* (Free Press, 1991), pp. 24-27。另見 "Why Think Tanks," *United Press International*, January 10, 2001，以及 Albert Wiggam, *The New Decalogue*，引述自 Thomas Leonard, "American Progressives and the Rise of Expertocracy," *History of Economics Society Meetings* (June 2006), Grinnell, Iowa. Wiggam 的書把種族主義的優生學當作一種大家都應該接受的新宗教。關於 Wiggam，另見 Christine Rosen, *Preaching Eugenics: Religious Leaders and the American Eugenics Movement* (Oxford University Press, 2004), pp. 128ff。

5. Leonard, "American Progressives and the Rise of Expertocracy."

6. Ellen Swallow Richards 引述自 Leonard, "American Progressives and the Rise of Expertocracy," p. 10。

7. 同上。

8. Jane Rankin, *Parenting Experts: Their Advice, The Research and Getting It Right* (Praeger, 2005)。以下文章亦討論了這本書：Wendy Leopold，"Do Spock, Other Parenting Experts Get It Right?" *Observer Online*, January 26, 2006, http://www.northwestern.edu/observer/issues/2006/01/26/parenting.html。

9.   David Riesman, Nathan Glazer, and Reuel Denney, *The Lonely Crowd: A Study of the Changing American Character* (Yale University Press, 1950).

10.  裡面的兩百三十三名兒童逃走了。見 Leslie M. Harris, *In the Shadow of Slavery: African Americans in New York City, 1626-1863* (University of Chicago Press: Chicago, 2004)。其中 "The New York City Draft Riots of 1863" 一章的選文，參見 http://www.press.uchicago.edu/Misc/Chicago/317749.html。

11.  Howard Rheingold, *Smart Mobs: The Next Social Revolution* (Basic Books, 2003).

12.  James Surowiecki, *The Wisdom of Crowds* (Random House, 2004).

13.  Jeff Howe, "The Rise of Crowdsourcing," *Wired* 14, no. 6 (June 2006), http://www.wired.com/wired/archive/14.06/crowds.html。另見同作者的 *Crowdsourcing* (Crown Business, 2008)。

14.  "Darpa Network Challenge: We Have a Winner," https://network-challenge.darpa.mil/Default.aspx.

15.  "How It Works" (MIT), 2009, http://balloon.mit.edu/mit/payoff/.

16.  Darren Murph, "MIT-Based Team Wins DARPA's Red Balloon Challenge, Demonstrates Power of Social Networks (and Cold Hard Cash)," December 6, 2009, http://www.engadget.com/2009/12/06/mit-based-team-wins-darpas-red-balloon-

challenge-demonstrates/.

17. 參見 Jonathan Zittrain 的 "Minds for Sale" 影片：http://www. youtube.com /watch?v=Dw3h-rae3uo。

18. 拙著 *Everything Is Miscellaneous: The Power of the New Digital Disorder* (Times Books, 2007) 充分討論了這個議題。

19. Calvin Trillin, "Where's Chang?" *The New Yorker*, March 1, 2010, pp. 26-29.

20. 參見 Office of Response and Restoration 首頁：http:// response. restoration.noaa.gov/type_subtopic_entry.php?RECORD_ KEY(entry_subtopic_type)=entry_id,subtopic_id,type_ id&entry_id(entry_subtopic_type)=687&subtopic_id(entry_ subtopic_type)=8&type_id(entry_subtopic_type)=4。（ORR 是 美國國家海洋和大氣管理局所屬的機構。）

21. Kermit Pattison, "Crowdsourcing Innovation: Q&A with Dwayne Spradlin of InnoCentive," *FastCompany*, December 15, 2008, http://www.fastcompany.com/blog/kermit-pattison/fast-talk/millions-eyes-prize-qa-dwayne-spradlin-innocentive.

22. "InnoCentive Solver Develops Solution to Help Clean Up Remaining Oil from the 1989 Exxon Valdez Disaster," InnoCentive press release, November 14, 2007, http://www. marketwire.com/press-release/InnoCentive-Solver-Develops-Solution-Help-Clean-Up-Remaining-Oil-From-1989-Exxon-

Valdez-792827.htm.

23. "2010 International Contest on LTPP Data Analysis," http://www.fhwa.dot.gov/pavement/ltpp/contest.cfm.

24. Stefanie Olsen, "DOT Proposes Contest to 'Green' Jet Fuel Industry," July 10, 2008, http://news.cnet.com/8301-11128_3-9987675-54.html.

25. Adam Ash, "Deep Thoughts: The Internet, Is It a Stupid Hive Mind, or the Potential Savior of Mankind?" May 31, 2006, http://adamash.blogspot.com/2006/05/deep-thoughts-internet-is-it-stupid.html。另見 Don Tapscott and Anthony D. Williams, "Ideagora, a Marketplace for Minds," *BusinessWeek*, February 15, 2007。

26. Cornelia Dean, "If You Have a Problem, Ask Everyone," *New York Times*, July 22, 2008, http://www.nytimes.com/2008/07/22/science/22inno.html.

27. 英國國家海事博物館有篇關於哈里森的好文，作者是 J. O'Donnell (November 15, 2002)。見 http://www.nmm.ac.uk/harrison。

28. 引述自 Dean, "If You Have a Problem, Ask Everyone"。

29. 引述自 Netflix 二〇〇九年九月十八日的討論板，http://www.netflixprize.com//community/viewtopic.php?id=1537。Netflix 本來要舉行第二輪比賽，可是研究人員發現，公司公開出來的資料可能可以用來辨認出 Netflix 使用者的身分，以

及他們選擇哪些電影。參見 Ryan Singel, "Netflix Cancels Recommendation Contest After Privacy Lawsuit," Wired.com, March 12, 2010, http://www.wired.com/threatlevel/2010/03/netflix-cancels-contest/。

30. David Pogue, "The Twitter Experiment," *New York Times*, January 29, 2009, http://www.nytimes.com/2009/01/29/technology/personaltech/29pogue-email.html.

31. David Pogue, tweet on January 31, 2011, http://twitoaster.com/country-us/pogue/anybody-know-of-exact-spots-in-manhattan-where-an-att-iphone-call-drops-every-time-for-sure-thanks-in-advance/comment-page-2/.

32. Interview with Mike Wing, vice president of Strategic and Executive Communications at IBM, June 12, 2009.

33. Email from Richard Polt, March 17, 2010.

34. 參見 http://www.facebook.com/group.php?gid=104873080692&v=info.

35. Carlin Romano, "Heil, Heidegger!" *The Chronicle of Higher Education*, October 18, 2009, http://chronicle.com/article/Heil-Heidegger-/48806/.

36. Interview with Michal Cenkl, January 23, 2010.

37. Interview with Jean Tatalias, January 23, 2010.

38. Interview with Les Holtzblatt, January 23, 2010.

## 第五章：網路的多元與回聲

1.  David Halberstam, *The Best and the Brightest* (Random House, 1969).

2.  Victor Navasky, "How We Got into the Messiest War in Our History," *New York Times Book Review* (November 12, 1972), http://www.nytimes.com/books/98/03/15/home/halberstam-best. html.

3.  Interview with Beth Noveck, February 6, 2010.

4.  Scott Page, *The Difference* (Princeton University Press, 2008), pp.137, 158.

5.  同上，p. 137。

6.  同上，p. 153。

7.  同上，pp. 159-162。

8.  參見 Noel Sheppard, "Media Slowly Noticing Sotomayor's 'Wise Woman' Comments," *NewsBusters*, June 6, 2009, http:// newsbusters.org/blogs/noel-sheppard/2009/06/06/media-slowly- noticing-sotomayors-wise-woman-comments.

9.  出自 Annie Sprinkle 首頁的「個人簡介」：http://www anniesprinkle.org/html/about/short_bio.html。

10. Email to the author, May 12, 2010.

11. Annie Sprinkle, "My Conversation with an Anti-Porn Feminist," http://anniesprinkle.org/writings/pocketporn.html。另見 Annie

Sprinkle and Gabrielle Cody, *Hardcore from the Heart: The Pleasures, Profits and Politics of Sex in Performance* (Continuum International Publishing Group, 2001), pp. 110-118。

12. Interview with Jon Lebkowsky, May 9, 2010.

13. 瑞格德於我在二〇一〇年六月三日個人民主論壇裡主持的一場討論中提出這一點，後來在對談中的時候亦再重申。

14. "Where Is the Wikitorial?" *Los Angeles Times*, June 19, 2005, http://www.latimes.com/news/opinion/editorials/la-wiki-splash,0,1349109.htmlstory.

15. "A Wiki for Your Thoughts." *Los Angeles Times*, June 17, 2005, http:// articles.latimes.com/2005/jun/17/opinion/ed-wiki17.

16. James Rainey, "'Wikitorial' Pulled Due to Vandalism," *Los Angeles Times*, June 21, 2005, http://articles.latimes.com/2005/jun/21/nation/na-wiki21.

17. "Los Angeles Times Launches Editorial Wiki," *Wikinews*, June 19, 2005, http://en.wikinews.org/wiki/Los_Angeles_Times_launches_editorial_wiki.

18. Ross Mayfield, "Wikitorial Fork," *Corante* blog, June18, 2005, http://many.corante.com/archives/2005/06/18/wikitorial_fork.php.

19. Don Singleton, in his blog: "Write the News Yourself," June 20, 2005, http://donsingleton.blogspot.com/2005/06/write-news-

yourself.html.

20. Harvard Law School announcement, http://www.law.harvard.
    edu/news/2008/02/19_sunstein.html.

21. Cass Sunstein, *Republic.com* (Princeton University Press, 2001).

22. 同上，p. 57。

23. 同上。

24. 同上，p. 60。

25. 同上，pp. 65ff。

26. 同上，p. 69。

27. 同上，p. 71。

28. 同上。

29. 同上。

30. Cass Sunstein, *Republic.com* (Princeton University Press, 2002),
    p. 206。桑斯坦在這裡指的是網際網路一般來說是否會威脅
    到民主。

31. Interview with Clay Shirky, March 30, 2010.

32. 參見Francesca Polletta, Pang Ching Bobby Chen, and Christopher
    Anderson, "Is Information Good for Deliberation? Link-Posting
    in an Online Forum," *Journal of Public Deliberation* 5, no. 1
    (2009), http://services.bepress.com/jpd /vol5/iss1/art2/。作者在
    摘要裡指出，「張貼網址連結所得到的互動，不僅比沒有張
    貼網址的意見所得到的互動還多，而且反映我們所謂公眾討

論裡的『縮放與領會』問題。從反面來說，線上資訊容易取得一事，完全不會讓討論平衡，反而有可能讓本來已有優勢的群體更加掌握優勢。即使是有積極管理的群組裡，亦有此現象。線上資訊容易取得，亦有可能在某些場合下，造成以偏見而非資訊主導的討論。我們的結論是，網際網路的時代裡，資訊能以新的方式存取，可是也會以不熟悉的方式被政治化。」

33. Matthew Gentzkow and Jesse M. Shapiro, "Ideological Segregation Online and Offline," *National Bureau of Economic Research* (April 2010), http:// www.nber.org/papers/w15916. NBER Working Paper No. 15916。另見 David Brooks, "Riders on the Storm." *New York Times*, April 19, 2010, http://www.nytimes.com/2010/04/20/opinion/20brooks.html。

34. Gentzkow and Shapiro, "Ideological Segregation Online and Offline," p. 4.

35. 祖克曼的部落格 "The Partisan Internet and the Wider World," May 24, 2010, http://www.ethanzuckerman.com/blog/2010/05/24/the-partisan-internet-and-the-wider-world/。

36. Nicholas Carr, *The Shallows: What the Internet Is Doing to Our Brains* (W. W. Norton, 2010), p. 14.

37. 同上，p. 139；引述自「任教於加州大學洛杉磯分校的知名發展心理學家葛琳菲德」的一篇文章。

38. Carr, *The Shallows*, p. 139.

39. Al Gore, *The Assault on Reason* (Penguin, 2008).

40. 同上，p. 1。

41. 同上，p. 6。另見 pp. 259 和 260。

42. 同上，p. 260。

43. Sam Stein, "New GOP Initiative Stumbles Early, Poster Calls For Repealing Civil Rights Act," *Huffington Post*, May 25, 2010, http://www.huffingtonpost.com/2010/05/25/new-gop-initiative-stumbl_n_588748.html.

## 第六章：長篇的形式 vs. 網路的形式

1. 這個版本是成立的，不像俄國小說家納博科夫在小說《微暗的火》裡所說的諷刺版本：「其他人會死，但我／不是其他人；因此我不會死。」見 *Pale Fire* (Random House, 1989), p. 40。

2. Robert Darnton, *The Case for Books: Past, Present, and Future* (Public-Affairs, 2010), pp. 75-76。這篇文章本來刊登在 New York Review of Books (March 18, 1999)，標題是 "The New Age of the Book"。達恩頓在 *The Case for Books* 登出的版本，有些段落將重複的部分修掉了：http://www.nybooks.com/articles/archives/1999/mar/18/the-new-age-of-the-book/。

3. 同上。

4. 同上，p. 77。

5. 同上，p. 68。

6. 我在此必須澄清：達恩頓主掌我所任職的圖書館系統，但我跟他並無往來，連間接往來也沒有。

7. Nicholas Carr, *The Shallows: What the Internet Is Doing to Our Brains* (W. W. Norton, 2010), pp. 164, 174.

8. Sven Birkerts, *The Gutenberg Elegies: The Fate of Reading in an Electronic Age* (Faber and Faber, 1994).

9. Sven Birkerts, "Resisting the Kindle," *The Atlantic*, March 2009, http:// www.theatlantic.com/magazine/archive/2009/03/resisting-the-kindle/7345/.

10. Birkerts, *The Gutenberg Elegies*, p. 137.

11. Carr, *The Shallows*, p. 196.

12. 同上，p. 197。另外，卡爾認為他的神經細胞「開始躍動」，似乎否定了他這本書的宣稱：網際網路會改變大腦的生理結構，而且不易復原。

13. 參見 Lewis Hyde, *Common as Air: Revolution, Art, and Ownership* (Macmillan, 2010)；此書聚焦在美國獨立革命時期，以絕佳的文化共享空間歷史論述闡述了這個論點。

14. 參見 http://www.edge.org/discourse/carr_google.html。

15. Email from Jay Rosen, July 17, 2010.

16. 參見 http://journalism.nyu.edu/pubzone/weblogs/pressthink/2010/

07/07/obj_persuasion.html。

17. 同上。

18. Email from Jay Rosen, July 17, 2010.

19. 我在我的部落格文章裡進行相關的討論時，費德曼指出了這一點；參見 http://www.hyperorg.com/blogger/2010/07/18/jay-rosen-carpenter/。

20. David T. Z. Mindich, *Just the Facts: How "Objectivity" Came to Define American Journalism* (New York University Press, 1998), pp. 4-5.

21. 我在自己的部落格曾討論過這個議題：http://www.hyperorg.com/blogger/2004 /07/28/objective-rhetoric/。

22. Glen Johnson, "Kennedy Leads the Attack," *Boston Globe*, July 28, 2004, http://www.boston.com/news/politics/conventions/articles/2004/07/28/kennedy_leads_the_attack/.

23. David S. Broder, "Democrats Focus on Healing Divisions; Addressing Convention, Newcomers Set Themes," *Washington Post*, July 27, 2004, http:// www.washingtonpost.com/wp-dyn/content/article/2008/08/13/AR2008081303419.html.

24. 有些哲學家會認為，客觀性是一種錯誤的理想，因為所有的理解過程都處在特定的歷史、文化、語言和心理立場；假如我們真的有辦法完全客觀看待這個世界，我們會完全無法加以理解。

25. Jay Rosen, "The View from Nowhere," PressThink.org, September 18, 2003, http://archive.pressthink.org/2003/09/18/jennings.html。內格爾 *The View from Nowhere* 一書於一九八六年由 Oxford University Press 出版。

26. 收錄於 *The American Magazine*, Vol. 6 (1887), p. 112 (The American Magazine Company) (http://books.google.com/books?id=mZ48AAAAYAAJ)，並在以下出處引用：John Beatty, Review of "Fair and Balanced: A History of Journalistic Objectivity," *Journalism and Mass Communication Quarterly: Association for Education in Journalism and Mass Communications* 83, no. 1 (April 2006), http://vlex.com/vid/fair-balanced-journalistic-objectivity-61539404。歷史學家 Sheila McIntyre 認為，之所以會要求公平性與準確性，是因為十七世紀的政府官員也要負責報導和傳播新聞消息；參見 Sheila McIntyre, "'I Heare It So Variously Reported': News-Letters, Newspapers, and the Ministerial Network in New England, 1670-1730," *New England Quarterly* 71, no. 4 (December 1998), pp. 593-614, http://www.jstor.org/stable/366604。

27. 「新新聞主義」的來源，明顯是 *The New Journalism*, edited by Tom Wolfe and Edward Warren Johnson (Harper & Row, 1973)。

28. Jay Rosen, "Questions and Answers About PressThink," http://

journalism.nyu.edu/pubzone/weblogs/pressthink/2004/04/29/q_and_a.html.

29. Malcom Gladwell, "Small Change: Why the Revolution Will Not Be Tweeted," *New Yorker*, October 4, 2010, http://www.newyorker.com/reporting/2010/10/04/101004fa_fact_gladwell。我在以下的部落格文章予以回應：http://www.hyperorg.com/blogger/2010/10/02/gladwell-discovers-it-takes-more-than-140-characters-to-overturn-a-government/。

30. Malcolm Gladwell, "Does Egypt Need Twitter?" NewYorker.com, February 2, 2011, http://www.newyorker.com/online/blogs/newsdesk/2011/02/does-egypt-need-twitter.html。我發表了回應：http://www.hyperorg.com/blogger/2011/02/04/gladwell-proves-too-much/。

31. Louis Menand, "Books as Bombs," *New Yorker*, January 24, 2011, http:// www.newyorker.com/arts/critics/books/2011/01/24/110124crbo_books_menand.

32. 舉例來說，南卡羅來納州紀念美國內戰開始一百五十周年的活動，就再次點燃爭議的戰火。參見 Wayne Washington, "150 Years Later, S. Carolina Celebration Sparks New Civil War," McClatchy.com, December 19, 2010, http://www.mcclatchydc.com/2010/12/19/105532/150-years-later-s-carolina-celebration.html。

33. 尼爾森在 *Computer Lib: Dream Machines* (1974) 一書中創造了「糾混」（intertwingularity）一詞。Frank Hecker 看到我在《亂是一種新商機》裡使用這個詞，並追溯出尼爾森 "Everything is deeply intertwingled" 這句話的正確出處；這項工程比想像中的難，因為尼爾森以許多不尋常的方式發表著作。欲了解細節，可參見以下網址：http://www.everythingismiscellaneous.com/2007/06/09/untwingling-nelsons-intertwingularity-quote/。

34. 參見 WolframAlpha 常見問題集：at http://www.wolframalpha.com/faqs.html。

## 第七章：太多科學了

1. Allison Aubrey, "Nervous About Alzheimer's? Coffee May Help," *Morning Edition*, June 28, 2010, http://www.npr.org/templates/story/story.php?storyId =128110552.

2. Alix Spiegel, "'Mozart Effect' Was Just What We Wanted to Hear," *Morning Edition*, June 28, 2010, http://www.npr.org/templates/story/story.php?storyId =128104580.

3. "Evolution of the National Weather Service," NOAA's National Weather Service, http://www.weather.gov/pa/history/timeline.php.

4. Larry Greenemeier, "Rainforest Climate Change Sensor Station

Goes Wi-Fi," *Scientific American*, March 20, 2008.

5.　Bernard K. Forscher, "Chaos in the Brickyard," letters section of *Science*, October 18, 1963, p. 339。感謝桑德維指出這一點。

6.　參見 http://www.sdss.org/。

7.　這裡指的是鹼基的數量。參見 Christopher Southan and Graham Cameron, "Beyond the Tsunami: Developing the Infrastructure to Deal with Life Sciences Data," in Tony Hey, Stewart Tansley, and Kristin Tolle, eds., *The Fourth Paradigm: Data-Intensive Scientific Discovery* (Microsoft Research, 2009), p. 117. http://research.microsoft.com/en-us/collaboration/fourthparadigm/。

8.　美國國會圖書館的數據，由在該圖書館任職的 Steve Herman 加以確認（email to the author, February 28, 2011）。另外，感謝該圖書館的 Barbara Tillett 予以協助。

9.　參見 http://www.trancheproject.org。

10.　Interview with John Wilbanks.

11.　Southan and Cameron, "Beyond the Tsunami," p. 117-118.

12.　Hiroaki Kitano, "Systems Biology: A Brief Overview," *Science* 295, no. 5560 (March 1, 2002): 1662-1664.

13.　Steven Johnson, *Emergence* (Scribner, 2001) 有非常出色的介紹。

14.　參見 http://www.icosystem.com/labsdemos/the-game/。

15. Eric Bonabeau, "Agent-Based Modeling: Methods and Techniques for Simulating Human Systems," *Proceedings of the National Academy of Sciences* 99, suppl. 3 (May 14, 2002): 7280-7287, www.pnas.org/cgi/doi/0.1073/pnas.082080899.

16. Kellan Davidson, "Eureqa and Technological Singularity," *Ithaca Action News*, May 12, 2010, http://ithacaactionnews.wordpress.com/2010/05/12/eureqa-and-technological-singularity/.

17. 引述自 Brandon Keim, "Download Your Own Robot Scientist," *Wired Science*, December 3, 2009, http://www.wired.com/wiredscience/2009/12/download-robot-scientist/#ixzz0vrP0I4G9。另見 *RadioLab* 節目對這個主題的傑出報導："Limits of Science," April 16, 2010, http://www.wnyc.org/shows/radiolab/episodes/2010/04/16/segments/149570。

18. Nicholas Taleb Nassim, *The Black Swan* (Random House, 2007).

19. 這個故事有可能不是真的；參見 Nicholas Wade, "A Family Feud over Mendel's Manuscript on the Laws of Heredity," May 31, 2010, http://philosophyofscienceportal.blogspot.com/2010/06/gregor-mendel-and-pea-breeding.html。

20. Jennifer Laing, "Comet Hunter," *Universe Today*, December 11, 2001, http://www.universetoday.com/html/articles/2001-1211a.html.

21. Jennifer Ouellette, "Astronomy's Amateurs a Boon for Science,"

*Discovery News*, September 20, 2010, http://news.discovery.com/space/astronomys-amateurs-a-boon-for-science.html.

22.  Mark Frauenfelder, "The Return of Amateur Science," *Boing Boing*, December 22, 2008, http://www.good.is/post/the-return-of-amateur-science/.

23.  我在自己的網站上徵集範例，感謝以下諸位回應：Garrett Coakley、Jeremy Price、Miriam Simun、Andrew Weinberger、Jim Richardson，以及Lars Ludwig。參見http://www.hyperorg.com/blogger/2010/08/12/2b2k-suggestions-wanted-amateur-scientists/#comments。

24.  參見 http://www.galaxyzoo.org/story。

25.  參見http://watch.birds.cornell.edu/nestcams/clicker/clicker/index。

26.  See http://www.networkedorganisms.com.

27.  Luigi Folco et al., "The Kamil Crater in Egypt," *Science*, June 29, 2010, http://www.sciencemag.org/cgi/content/abstract/sci;science.1190990v1.

28.  Jess McNally, "Asteroid Crater Hunting from Your Home," *Wired Science*, August 10, 2010, http://www.wired.com/wiredscience/2010/08/crater-hunting/。另見 "The Physics arXiv Blog" post for August 10, 2010, *MIT Technology Review*, http://www.technologyreview.com/blog/arxiv/25583/。

29.  Sarah Reed, "Astronomical Find by Three Average Joes,"

*Science*, August 12, 2010, http://news.sciencemag.org/sciencenow/2010/08/astronomical-find-by-three-avera.html.

30. Seth Cooper, Firas Khatib, and Adrien Treuille et al., "Predicting Protein Structures with a Multiplayer Online Game," letters section of *Nature* 466 (August 5, 2010): 756-760, http://www.nature.com/nature/journal/v466/n7307/full/nature09304.html.

31. 參見 http://www.patientslikeme.com/about。另見 http://www.als.net/。另見 Deborah Halber, "Stephen Heywood, Son of Prof. John Heywood, Dies at 37," *MIT News*, November 28, 2006, http://web.mit.edu/newsoffice/2006/obit-heywood.html。

32. 霍金的論文主題是辨認手寫文字,他也能感到自豪,因為他看到他的研究有成功的商業應用,亦即他發明的 Palm Pilot PDA 機器。

33. Interview with the author, October 25, 2010.

34. Alexia Tsotsis, "Attempt at P ≠ NP Proof Gets Torn Apart Online," August 12, 2010, *TechCrunch*, http://techcrunch.com/2010/08/12/fuzzy-math/。另見 Vinay Deolalikar 的部落格:http://www.hpl.hp.com/personal/Vinay_Deolalikar/。

35. Tsotsis, "Attempt at P ≠ NP Proof Gets Torn Apart Online".

36. Richard Smith, "The Power of the Unrelenting Impact Factor—Is It a Force for Good or Harm?" *International Journal of Epidemiology* 35, no. 5: 1129-1120, DOI:10.1093/ije/dyl191,

http://ije.oxfordjournals.org/cgi/content/full/35/5/1129.

37. 同上。

38. Interview with Victor Henning, August 18, 2010.

39. 當然，活躍使用者和非重複的文章數目比這個數字低。

40. Interview with Peter Binfield, October 8, 2009.

41. Interview with Jean-Claude Bradley, August 25, 2010.

42. UsefulChem 的部落格位於 http://usefulchem.blogspot.com/。
維基的網址在 http://usefulchem.wikispaces.com/。

43. Jean-Claude Bradley, "Secrecy in Astronomy and the Open Science Ratchet," July 11, 2010, http://usefulchem.blogspot.com/2010/07/secrecy-in-astronomy-and-open-science.html; Alan Boyle, *The Case for Pluto* (John Wiley & Sons, 2010)。

44. Interview with Peter Binfield, October 8, 2009.

45. Email from Peter Suber, February, 24, 2011.

46. Bruno Latour, *Pandora's Hope* (Harvard University Press, 1999).

47. 波普爾的《科學發現的邏輯》一書在一九三四年以德文 *Logik der Forschung* 出版。他後來將這本書翻譯為英文，於一九五九年以 *The Logic of Scientific Discovery* 出版。

48. Michel Foucault, *The Archaeology of Knowledge*, translated by Alan Sheridan (Psychology Press, 2007)。另見 Linda Martin Alcoff, "Foucault's Philosophy of Science: Structures of Truth/Structures of Power," in Gary Gutting, ed., *Continental*

*Philosophy of Science* (Wiley-Blackwell, 2005), pp. 211-223, http://www.alcoff.com/content/foucphi.html。

49. 參見 Juan Carlos Castilla-Rubio and Simon Willis, "Planetary Skin: A Global Platform for a New Era of Collaboration," March 2009, http://www.cisco.com/web/about/ac79/docs/pov/Planetary_Skin_POV_vFINAL_spw_jc_2.pdf。

50. Interview with Juan Carlos Castilla-Rubio, March 17, 2010.

51. Interview with Timo Hannay, February 12, 2010.

52. Interview with John Wilbanks, December 14, 2009.

53. Richard Rorty, *Philosophy and the Mirror of Nature* (Princeton University Press, 2009).

54. Richard Rorty, *Consequences of Pragmatism* (University of Minnesota Press, 1986), p. xvii.

55. "Climate of Fear," *Nature* 464, no. 141 (March 11, 2010), DOI:10.1038/464141a, http://www.nature.com/nature/journal/v464/n7286/full/464141a.html.

56. 參見 Mary Elizabeth Williams, "Jenny McCarthy's Autism Fight Grows More Misguided," *Salon*, January 6, 2011, http://www.salon.com/life/feature/2011/01/06/jenny_mccarthy_autism_debate。

57. Steven Pinker, "Mind over Mass Media," *New York Times*, June 10, 2010, http://www.nytimes.com/2010/06/11/opinion/11Pinker.

html。反駁的文章參見卡爾的部落格文章："Steven Pinker and the Internet," June 12, 2010, http://www.roughtype.com/archives/2010/06/steven_pinker_a.php。

58. David Quammen, *The Reluctant Mr. Darwin: An Intimate Portrait of Charles Darwin and the Making of His Theory of Evolution* (W. W. Norton, 2007), p. 84.

59. 同上，p. 76。

60. 同上，p. 141。

61. 同上，p. 137。

62. 同上，p. 162。

63. 同上，p. 172。

64. Jean-Claude Bradley, "Dangerous Data: Lessons from My Cheminfo Retrieval Class," January 2, 2010, http://usefulchem.blogspot.com/2010/01/dangerous-data-lessons-from-my-cheminfo.html.

65. "Eggs Good for You This Week," *The Onion*, April 28, 1999, http://www.theonion.com/articles/eggs-good-for-you-this-week,4144/.

## 第八章：聰明的網路式決策

1. Jack Welch, with John A. Byrne, *Jack: Straight from the Gut* (Warner Business Books, 2001) p. 103.

2.  "Fortune Selects Henry Ford Businessman of the Century," November 1, 1999.

3.  Welch, *Jack: Straight from the Gut*, p. 101.

4.  同上，pp. 100-103。

5.  同上，p. 103。

6.  Interview with Rob Stanton, February 22, 2010.

7.  我在 *Harvard Business Review* 的部落格上，以西點軍校和領導權為主題發表文章："'Powering Down' Leadership in the U.S. Army," November 2010, http://www.eiu.com/index.asp?layout=EBArticleVW3&article_id=1057614890。另見伯格斯在該網站上的部落格文章："What's Your Primary Focus: Leadership or Effectiveness?" May 11, 2010, http://blogs.hbr.org/imagining-the-future-of-leadership/2010/05/whats-your-primary-focus-leade.html。

8.  出自以下維基百科條目："Virginia Tech Massacre," http://en.wikipedia.org/w/index.php?title=Virginia_Tech_massacre&oldid=418336016。

9.  Andrea Forte and Amy Bruckman, "Scaling Consensus: Increasing Decentralization in Wikipedia Governance," *Proceedings of HICSS [Hawaii International Conference on System Sciences]*, Waikoloa, Hawaii, January 2008, http://dlc.dlib.indiana.edu/dlc/bitstream/handle/10535/5638/ForteBruckmanScalingConsensus.

pdf%3Fsequence%3D1.

10. "Virginia Tech Massacre," http://en.wikipedia.org/w/index.php?-title=Virginia_Tech_massacre&oldid=418336016.

11. 參見 http://en.wikipedia.org/wiki/Wikipedia:NOT。

12. 引述自 Forte and Bruckman, "Scaling Consensus," p. 6。

13. 參見 http://en.wikipedia.org/w/index.php?title=Wikipedia:Notability&oldid=386469793。

14. Interview with Jimmy Wales, October 1, 2010.

15. 同上。

16. Kristie Lu Stout, "Reclusive Linux Founder Opens Up," World Business section of CNN.com, May 29, 2006, http://edition.cnn.com/2006/BUSINESS /05/18/global.office.linustorvalds/。有人猜測，開發 Windows 7 的工程師總共有一千人；這個數據根據的是 Steve Sinofsky 在以下部落格的文章："Engineering Windows 7" blog on August 17, 2008 (http://blogs.msdn.com/b/e7/archive/2008/08/18/windows_5f00_7_5f00_team.aspx)。不過，要做到完全一樣的類比其實非常困難。

17. Eric Steven Raymond, "The Cathedral and the Bazaar," http://catb.org/~esr/writings/homesteading (May 1997)。該文作者後來以同一個標題出版了一本書。

18. "The Scalability of Linus," Slashdot, July 23, 2010, http://linux.slashdot.org/story/10/07/23/123209/The-Scalability-of-Linus?

19. 參見 http://www.debian.org/devel/constitution，以 及 Mathieu O'Neil, *Cyberchiefs: Autonomy and Authority in Online Tribes* (Pluto Press, 2009), p. 132。

20. O'Neil, *Cyberchiefs*.

21. Interview with Noel Dickover, February 25, 2011.

22. 參見 http://www.fantasypumpkins.com/.

23. Peter J. Denning and Rick Hayes-Roth, "Decision Making in Very Large Networks," *Communications of the ACM [Association for Computing Machinery]* 49, no. 11 (November 2006): 19-23。

24. 有些相當舉足輕重的例外。舉例來說，Charlene Li 就描述了思科系統的執行長 John Chambers 如何把決策過程下放了好幾個層次。參見 Charlene Li, *Open Leadership: How Social Media Can Change the Way You Lead* (Jossey-Bass, 2010), pp. 40-43, 250-252。

## 第九章：建立知識的新架構

1. 哈佛大學圖書館的 Michael Barker 在一封二〇一一年三月三日的電子郵件裡，確認了這個大概的數字。

2. James Crawford, "On the Future of Books," October 14, 2010, *Inside Google Books* blog, http://booksearch.blogspot.com/2010/10/on-future-of-books.html.

3. Robert Darnton, "A Library Without Walls," *New York Review*

*of Books*, October 10, 2010, http://www.nybooks.com/blogs/
nyrblog/2010/oct/04/library-without-walls/。在此必須澄清：
我是美國公共數位圖書館「技術工作流程」中的一員；在這
本書付梓之前，我共同指導的圖書館實驗室也會送件，參與
美國公共數位圖書館的計畫發想徵集活動。

4. Kevin Kelly, *What Technology Wants* (Penguin, 2010).

5. James Aitken Wylie, *The History of Protestantism with Five
   Hundred and Fifty Illustrations by the Best Artist*, Vol. 1 (Cassell,
   1899), p. 113, http://books.google.com/books?id=kFU-AAAAY-
   AAJ.

6. 參見祖克曼絕佳的文章："Shortcuts in the Social Graph," October
   14, 2010, http://www.ethanzuckerman.com/blog/2010/10/14/
   shortcuts-in -the-social-graph/。

7. 在二〇〇八年美國總統大選裡，共和黨副總統參選人裴琳
   被人指控，說她強迫一位地方上的圖書館員查禁一些
   書籍。參見 Rindi White, "Palin Pressured Wasilla Librarian,"
   Anchorage *Daily News*, September 4, 2008, http://www.adn.
   com/2008/09/03/515512/palin-pressured-wasilla-librarian.html。

8. Tim Berners-Lee, "Linked Data," July 27, 2006, http://www.
   w3.org/DesignIssues/LinkedData.html.

9. 這是 Fisher Scientific 在二〇一一年六月十一日的報價。參見
   http://www.fishersci.com/ecomm/servlet/itemdetail?catalogId=2

9104&productId=3426224&distype=0&highlightProductsItemsFl
ag=Y&fromSearch=1&storeId=10652&langId=-1。

10. 參見 http://www.dublincore.org。

11. Jillian C. York, "The False Poles of Digital and Traditional
Activism," September 27, 2010, http://jilliancyork.com/2010/09/27/
the-false-poles-of-digital-and-traditional-activism/.

12. 關於權威和新的線上制度，參見 Mathieu O'Neil, *Cyberchiefs:
Autonomy and Authority in Online Tribes* (Pluto Press, 2009)。
另見波伊德以下的談話："The Not-So-Hidden Politics of Class
On-line," at Personal Democracy Forum, New York City, June
30, 2009, http://www.danah.org/papers/talks/PDF2009.html。

13. Serge Schemann, "Clamor in the East; East Germany Opens
Frontier to the East for Migration or Travel; Thousands Cross,"
November 10, 1989, http://www.nytimes.com/1989/11/10/world/
clamor-east-east-germany-opens-frontier-west-for-migration-
travel-thousands.html?scp=4&sq=berlin+wall&st=nyt.

14. E. J. Dionne, "The Political Campaign: From Politics Barely a
Pause: Candidates Already Living '88," *New York Times*, Nov.
10, 1986, http://www.nytimes.com/1986/11/10/us/the-political-
campaign-from-politics-barely-a-pause-candidates-already-
living-88.html?scp=1&sq=&st=nyt.

15. 出自《紐約時報》網站上的摘要：http://select.nytimes.com/

gst/abstract.html?res=F5061EFA3454127A93C2A8178AD95F4
D8285F9&scp =7&sq=&st=p。

16. 參見 Open Courseware Consortium 的網站：http://www.
ocwconsortium.org/。

17. E. Hargittai, "The Digital Reproduction of Inequality," in Da-
vid Grusky, ed., *Social Stratification* (Westview Press, 2008),
pp. 936-944。另見 E. Hargittai, "Digital Na(t)ives? Variation
in Internet Skills and Uses Among Members of the 'Net
Generation,'" *Sociological Inquiry* 80, no. 1 (2010): 92-113。

18. Interview with Howard Rheingold, August 2, 2010。另見他的
新書：*Net Smarts: How to Thrive Online* (MIT Press, 2012)。

19. Dan Gillmor, *Mediactive* (2010), http://www.mediactive.com.

20. 參見祖克曼的新書；在這本書寫作的當下標題未定。

21. 關於這個主題最睿智、最海量的想法，請追蹤祖克曼的文章
（包括他的新書），以及他的部落格：http://www.ethanzuc
kerman.com/blog/。

22. Clay Shirky, *Cognitive Surplus* (Penguin Press, 2010).

23. 墨里斯向我指出這個領域。

24. Richard G. Pearson, "Species Distribution Modeling for
Conservation Educators and Practitioners" (2007), available at
biodiversityinformatics.amnh.org/.../SpeciesDistModelingSYN_
1-16-08.pdf, pp. 40-41。另見 C. J. Raxworthy, E. Martinez-

Meyer, N. Horning, R. A. Nussbaum, G. E. Schneider, M. A. Ortega-Huerta, and A. T. Peterson, "Predicting Distributions of Known and Unknown Reptile Species in Madagascar," *Nature* 426 (December 2003): 837-841。

本書的書目可在以下的網站裡找到：
http://www.TooBigToKnow.com。

# 索引

**九畫**

## 地名與組織

### 三至五畫

### 六畫

## 十五畫

## 十六畫以上

數位新世界 8

資訊爆炸之後：網路思想先驅溫柏格解構資訊爆炸、知識轉型與資訊焦慮

（初版書名：TOO BIG TO KNOW）

| | |
|---|---|
| 作　　　者 | 溫柏格（David Weinberger） |
| 譯　　　者 | 王年愷 |
| 企畫選書 | 陳穎青 |
| 責任編輯 | 吳欣庭（一版）、王正緯（二版） |
| 協力編輯 | 曾琬迪 |
| 校　　　對 | 魏秋綱 |
| 封面設計 | 徐睿紳 |
| 版面構成 | 張靜怡 |
| 行銷統籌 | 張瑞芳 |
| 行銷專員 | 段人涵 |
| 總 編 輯 | 謝宜英 |
| 出 版 者 | 貓頭鷹出版 |

發 行 人　涂玉雲
發　　　行　英屬蓋曼群島商家庭傳媒股份有限公司城邦分公司
　　　　　　104 台北市中山區民生東路二段 141 號 11 樓
　　　　　　畫撥帳號：19863813；戶名：書蟲股份有限公司
城邦讀書花園：www.cite.com.tw　購書服務信箱：service@readingclub.com.tw
購書服務專線：02-2500-7718~9（周一至周五上午 09:30-12:00；下午 13:30-17:00）
24 小時傳真專線：02-2500-1990~1
香港發行所　城邦（香港）出版集團／電話：852-2877-8606／傳真：852-2578-9337
馬新發行所　城邦（馬新）出版集團／電話：603-9056-3833／傳真：603-9057-6622
印 製 廠　中原造像股份有限公司
二　　　版　2021 年 7 月
定　　　價　新台幣 510 元／港幣 170 元（紙本平裝）
　　　　　　新台幣 357 元（電子書）
Ｉ Ｓ Ｂ Ｎ　978-986-262-493-7（紙本平裝）
　　　　　　978-986-262-496-8（電子書 EPUB）

讀者意見信箱　owl@cph.com.tw
投稿信箱　owl.book@gmail.com
貓頭鷹臉書　facebook.com/owlpublishing

【大量採購，請洽專線】(02) 2500-1919

**城邦讀書花園**
www.cite.com.tw

國家圖書館出版品預行編目資料

資訊爆炸之後：網路思想先驅溫柏格解構資訊爆炸、
知識轉型與資訊焦慮／溫柏格（David Weinberger）
著；王年愷譯 . -- 二版 . -- 臺北市：貓頭鷹出版：英
屬蓋曼群島商家庭傳媒股份有限公司城邦分公司發
行, 2021.07
面；　公分 . --（數位新世界；8）
譯自：Too big to know: rethinking knowledge now that
　　　the facts aren't the facts, experts are everywhere,
　　　and the smartest person in the room is the room
ISBN 978-986-262-493-7（平裝）

1. 資訊社會　2. 網路社會　3. 知識社會學

541.415　　　　　　　　　　　　　　　110009918